LE TESTAMENT DE DIEU

DU MÊME AUTEUR

BANGLA-DESH : NATIONALISME DANS LA RÉVOLUTION, Maspero, 1973.
LA BARBARIE À VISAGE HUMAIN, Grasset, 1977.

BERNARD-HENRI LÉVY

LE TESTAMENT DE DIEU

BERNARD GRASSET
PARIS

A Sylvie,
à Justine.

AVANT-PROPOS

Sans doute faut-il quelque insolence pour parler encore d'espoir au siècle des chambres à gaz et des camps de concentration. Comme tout homme de mon Age, je sais dans quelle emphase, quelle débauche de gais savoirs, les bourreaux de tous pays taillent les pavillons qui flottent aux mâts de leurs ossuaires. L'époque entière témoigne contre un optimisme qui, toujours, du haut des plus hautes tours, scande la peine des galériens qui souquent au fond des cales, des geôles ou des taudis du monde. J'ai même écrit naguère une *Barbarie à visage humain* où, voyant tant de fascismes solder leurs monstres souriants au grand marché d'Espérance, je concluais par un appel à la plus intransigeante, la plus « négative » peut-être, des lucidités critiques. Ce livre-ci, bien sûr, ne renie rien de cette exigence. Mais il commence, simplement, au point de doute et de suspens où elle butait encore. Il pose, il suppose, il parie que l'heure du désarroi est, d'une certaine manière, passée. D'un mot et sans détour, il se propose de filer cette unique, inlassable, intraitable question : l'horreur étant ce qu'elle est, au nom de quoi les hommes peuvent-ils, ici, maintenant, concrètement, s'y opposer et la refuser ?

Car *c'est un fait* qu'ils la refusent. Partout dans le monde, à l'Ouest autant qu'à l'Est, des hommes et des femmes se lèvent, de plus en plus nombreux, qui, infiniment las de la mystification séculaire, tentent l'aventure d'un Nom et d'une singulière révolte. Ce sont des milliers, des millions de solitaires qui lancent à la face du monde cette fière et vaste assurance que le Vrai, le Bien, le Juste, ne sont pas les vains mots que croient les techniciens de la souffrance et du malheur. Ce sont d'immenses foules de nouveaux fous, qui, bouches cousues et rage à l'âme, se moquent de la « révolution », de la « libération », du « socialisme » quand, sous le fard de Science, d'Histoire, ou maintenant d'Islam, ils conspirent à la dégradation et à l'abaissement des corps. N'entendez-vous pas comment, de Moscou à Buenos Aires, de Hanoï à Téhéran, tintent les chaînes du mensonge et se redressent les nuques raides ? Faut-il si vite oublier qu'à Auschwitz et Buchenwald encore, aux régions extrêmes de la détresse, certains se révoltaient qui, debout auprès d'eux-mêmes, disaient non à l'inévitable [1] ? Ces héros, ces martyrs, je n'aurai garde ni vanité de pavoiser à leurs côtés. Mais il est pourtant vrai que, sans eux, je ne me risquerais sans doute pas à cette nouvelle entreprise. Il est certain que, grâce à eux, les travaux de la liberté conservent un sens et une urgence qu'un siècle vagabond a bien allègrement sacrifiés. L'antifascisme est une idée neuve, en Occident et à l'Orient : c'est cette idée, c'est ce défi que, modestement mais fermement, je voudrais ici relever.

Il est sûr également que ce dessein n'eût guère été pensable si je ne m'étais aussi souvenu d'une tradition plus ancienne, plus haute s'il se peut. Une insoumission sans âge, proprement immémoriale, qui affirme constamment, depuis deux mille ans maintenant, le plus long, le plus entêté, le plus opiniâtre des refus dont la chronique d'Humanité se soit, à ce jour, illustrée. Un cas absolument unique, rebelle à toute logique, à toute désuétude, à tout génocide parfois, d'obstination à dire non, à démentir le verdict des faits, à braver la machine des siècles, en son cortège de semonces et de fatalités assassines. Une expérience si singulière, si inouïe, qu'elle s'inscrit aux tables d'une sainte Loi que déplace si peu le Temps, qu'elle n'a cessé, plutôt, d'éprouver, d'inquiéter, de destituer l'Histoire elle-même et ses prétendus impératifs. Je parle du peuple juif, bien entendu. De ce peuple indomptable dont la persévérance à être demeure l'une des plus profondes énigmes qui se posent a la conscience contemporaine. De cette communauté d'errance mais aussi de lumière et de confiance qui, portée par le destin aux limites de la douleur, n'a jamais abdiqué le simple orgueil d'être homme. Cette communauté-là, c'est sans ambiguïté, cette fois, que je m'y reconnais. C'est ardemment, fièrement, que je choisis d'en porter et illustrer les couleurs. Je prétends — et prouverai — que les auteurs du Livre sont aussi les inventeurs de l'idée moderne de Résistance.

Car je prétends surtout qu'il y a là, dans ce Livre lui-même, dans cette Parole claire et rare, gravée au burin d'une lettre, consignée aux pierres d'une mémoire, un héritage immense, un témoignage incalculable dont on commence à peine de découvrir la vivante actualité. Relire la Bible ? Des maîtres m'y ont initié, dont il me suffit de nommer[2] le grand philosophe Emmanuel Levinas et le catholique René Girard, pour dire tout le prix que j'attache à un dialogue judéo-chrétien dont l'air du temps, curieusement, voudrait si vite effacer la trace. Revenir au monothéisme ? Le monothéisme, on le comprendra bientôt, n'est ni un monisme ni un théisme, mais une éthique concrète, une célébration de Droit, un gage sur l'Universel et le miracle d'une Raison, dont l'impossible chiffre est peut-être la plus sûre et la dernière ressource contre les périls de démission et de soumission consenties. Dieu est mort ? « Dieu est inconscient » plutôt, comme dit Jacques Lacan, et il nous lègue un Testament dont on verra pointer la leçon, tout doucement d'abord, puis de plus en plus rudement, à mesure que s'affirmera le fil de cette enquête. Car telle est, au fond, l'hypothèse centrale qui, peu à peu, la guidera : cette morale de Résistance, cet antifascisme conséquent à quoi le Siècle nous oblige, c'est peut-être là, dans ce souvenir du Dieu-Un et sa passion de Loi, que réside toute chance de lui intimer réalité.

Faut-il préciser enfin — pour conclure ce préambule où je n'ai déjà que trop tardé — que cette ressource est un recours davantage qu'un retour, comme on pourrait croire étourdiment ? Qu'il n'y a rien de commun entre la méditation d'un Texte dont le fin mot fut toujours la lutte contre l' « idolâtrie » et ces résurgences du « sacré » que nous chante si souvent la rengaine de modernité ? Que c'est même *contre* ces résurgences, contre ces régressions, contre les romantismes sombres dont elle se paie ici et là, que vaut le pari sur le Nom et l'éclat froid de la flamme où je mets tout mon espoir ? Le mosaïsme n'est pas un archaïsme et rien, on ne le sait pas assez, ne lui est plus étranger que cette quête de « racines », cette nostalgie des « sources », où revient toujours rôder le hideux « esprit des bois » que fustigeaient déjà les Prophètes. Le primat de la Loi n'est pas une théocratie, mais la méfiance au contraire de toutes les normes incarnées, de tous les dieux profanes, de tous les dieux tout court, où reflue de nouveau, en cette fin du XXe siècle, l'obscurantisme lâche des plus antiques polythéismes. Que la Bible soit le livre de Résistance de notre temps, cela veut dire aussi que la contradiction principale où se noue et se joue l'époque, est celle du paganisme et du monothéisme. Le Testament de Dieu, c'est encore la mort de Dieu, c'est toujours la mort de Dieu, menée au terme de son parcours, de ses conséquences et de ses symptômes : au terme d'une désacralisation qui commence, par exemple, par le culte du Politique.

PREMIÈRE PARTIE

LIMITER LE POLITIQUE POUR FAIRE PLACE À L'ÉTHIQUE

Faut-il, une fois de plus, revenir au Politique ? à ce lieu commun bavard où n'en finit pas de communier le chœur de modernité ? à cet éternel « problème » qu'on voit partout disputé, célébré jusqu'à la nausée ? Le Politique agonise, disent-ils : et l'on a rarement vu, pourtant, si longue toilette funèbre. Il n'est plus que le fantôme et l'ombre de lui-même : mais il faut croire que les fantômes vivent aussi, pour faire soudain si grand tapage. Abolie, l'Illusion ? On la dirait plutôt semblable à ce Messie dont Kafka dit qu'il n'en finit pas de mourir et de ressusciter d'entre les morts[1]*...*

C'est pourquoi la véritable urgence est peut-être d'en finir avec le principe même de ce manège. De réduire, de limiter, de désacraliser *un souci qui, jusqu'en ses dénégations, reconduit très classiquement les pompes du culte dénié. De scruter ces désaveux justement, où sont les formes les plus discrètes — les plus sournoises aussi — de la vieille idolâtrie. Le Politique n'est pas, ne doit plus être un « problème » du tout. Il n'est ni le Soleil qu'il dit ni l'infernale horreur qu'on croit. Le haïr c'est comme l'adorer, l'envers de la même Religion. Et c'est ce que tenteront d'établir les quelques remarques qui suivent : à lire comme autant d'efforts pour dégager, frayer, montrer la voie de l'exigence éthique*

1

ÉLOGE DE L'ÉTAT

Ainsi de la fameuse et tant ressassée « question de l'État ». C'est l'exemple typique de cette idolâtrie pendulaire où s'éternise la dévotion. Voilà deux siècles bientôt que l'histoire des intellectuels occidentaux pourrait presque se résumer à cette singulière et énigmatique cadence. Deux siècles qu'ils se partagent — qu'ils oscillent surtout — entre la fascination aveugle et une non moins aveugle répulsion conjuratoire. Tantôt, ils ne jurent que par les idéologies de midi qui, à l'instar du marxisme ou du jacobinisme classique, ne conçoivent point de salut hors des gigantesques machines à programmer, socialiser, instituer le bonheur. Tantôt ils se retournent, comme au terme d'une catastrophe qui aurait décrit son orbe, vers des pensées du crépuscule où, à l'image d'un anarchisme soudain brandi comme un fétiche, il n'est point de tâche plus urgente que de nier l'État comme tel, devenu source de tous les maux, figure du mal absolu et haïssable absolument. On a suffisamment — et opportunément, bien sûr — montré les méfaits des premiers et de leur statolâtrie forcenée qui libère l'humanité dans les camps de concentration. Il reste à rappeler aux seconds et à leur antiétatisme de principe quelques évidences notoires qui suffisent à faire de leur rêve l'envers du même cauchemar, et du « dépérissement de l'État » un slogan redoutable qui n'a strictement rien à voir avec une philosophie de Résistance…

L'évidence c'est, d'abord, que nous vivons aujourd'hui, en

cette fin du xxe siècle, dans le sillage d'un désastre, probablement sans précédent, et qu'il faut bien appeler la révolution totalitaire. Que cette révolution *réussie* — la seule, nous le savons, dont l'époque puisse s'illustrer — demeure largement impensée, j'en conviens tout à fait. Qu'elle soit comme une hantise, une lave mal refroidie qui suinte en tout pouvoir, dès lors qu'il peut absolument, ce n'est pas discutable. Qu'elle traverse de part en part le spectre politique et que peu de systèmes échappent à la contagion, c'est également probable... Mais cela ne veut pas dire pour autant qu'il faille lui concéder l'essentiel de ce qu'elle demande — la complaisance au Neutre et l'indifférence de toutes les valeurs. Cela ne veut pas dire non plus qu'il ne reste, face au Mal, qu'à abdiquer toute analyse et à se replier amèrement sur des solutions de misère qui, sous couvert de « vigilance », interdisent en réalité toute authentique *critique*. Cela ne signifie pas, cela ne signifie surtout pas, qu'à l'image de ces hommes de Ninive dont la Bible raconte qu'ils ne savaient plus, les maudits, distinguer leur droite de leur gauche [2], nous devions cesser de *diviser* le monde, selon le seul critère qui vaille, celui du meurtre et de sa démence. S'il est vrai, autrement dit, que le débat de notre temps est celui du fascisme et de l'antifascisme, l'idée qu'un État en vaut un autre est sans doute une idée fasciste. S'il est exact que, dans ce débat, l'enjeu majeur soit celui des droits de l'homme, il faut dire et répéter que dans « droits de l'homme » il y a « Droit » et que c'est d'États diseurs de Droit que nous avons *aussi* besoin. La haine de l'État comme tel repose sur une homonymie dont il devrait être clair que, jouant sur les mots et les noms du sort des hommes, trafiquant les souffrances et faisant commerce de leurs degrés, elle est, littéralement, une forme de *trahison*.

D'autant qu'elle repose également sur une douteuse et périlleuse naïveté philosophique que je nommais ailleurs — trop de malentendus m'obligent à le rappeler [3] — « l'illusion naturaliste ». Faisant du Pouvoir un linceul ou un postiche qui viendraient tardivement corrompre une imaginaire nature humaine, elle traîne toujours derrière elle les vieux fantasmes réactionnaires d'un retour aux origines et aux sources vives de l'archaïsme. Niant la réalité de l'Interdit dont les freudiens nous ont appris qu'il voue le désir des hommes à l'inévitable sceau de la Loi, elle porte toujours devant elle l'utopie révolutionnaire d'un recommencement radical et d'un mythologique « homme nouveau ». Imaginant une fin historique du Pouvoir en une Histoire qui est, par définition, l'histoire du Pouvoir lui-même ou de l'Impossible qui le rend nécessaire, c'est cette Histoire, en tant que telle, qu'elle projette, en fait, d'abolir — et on sait, depuis les Cambodgiens [4], l'atroce fortune de ce projet. Entrer en État ? comme le dit Eric Weill, on n'y entre pas comme dans un club de joueurs de boules — et c'est l'individu plutôt qui, sans l'inscription de l'État, ne serait plus concevable du tout, au sens où nous le concevons [5]. Sortir de l'État ? on n'en sort pas davantage comme d'un habit mal ajusté, — car c'est l'habit qui, pour une fois, fait le moine, à lui entrelacé, tramé dans le même drap, moderne tunique de Nessus. Une société sans État ? dans l'univers des États constitués et constituants, le mot d'ordre n'a guère plus de sens que n'en avaient jadis les spéculations idéalistes sur la réalité du monde. Le sens d'un paradoxe. Au mieux, d'un défi ou d'un pari. Au pis d'une hypothèse. Et rien n'est pire qu'une hypothèse quand s'éprouvant, là encore, dans le vif du lien social, elle fait de la Cité son monstrueux laboratoire.

Tel était bien d'ailleurs le projet des pères fondateurs de la tradition anarchiste. Jusqu'à quand continuera-t-on de fêter des héros dans ces coupe-jarrets qui arpentaient la vieille Russie, à la fin du siècle dernier, la tête farcie de fantasmagories et de desseins mortifères ? Doit-on tenir pour rien les divagations d'un Pisarev ou d'un Tkatchev qui se flattait, lui, tout simplement, de liquider la trace et la mémoire du vieux monde en exterminant tous les adultes au-dessus de vingt-cinq ans [6] ? Peut-on relire sans effroi les statuts de cette « Société de la Hache » que fonda Netchaïev à Pétersbourg sur ordre de Bakounine et où l'on trouve l'hymne le plus hallucinant qui soit à la Sainte Révolution, conçue comme solution finale et holocauste parfait[7] ? Quand se décidera-t-on à lire Bakounine précisément, celui qu'une légende têtue présente comme le réfractaire éternel au socialisme autoritaire alors qu'en réalité, de la théorie de la plus-value à l'économisme radical, de l'éthique du Travail au procès des libertés bourgeoises, il en partageait la plupart des postulats et des conclusions théoriques[8] ? Ces braconniers de la lutte anti-autoritaire étaient aussi, on l'oublie trop, de furieux antisémites, et c'est chez Bakounine encore qu'on rencontre pour la première fois[9] le futur thème hitlérien de la triple internationale — « bourgeoise », « cléricale » et « marxiste » — tramée par le « complot juif ». C'est dans leur idéologie, bien davantage que dans la philosophie allemande du XIXe siècle triomphant, qu'un Lénine puisera bientôt l'essentiel de la théorie du Parti, du Militant et du Coup d'État qui lui permettra de jeter les bases du totalitarisme rouge[10]. Et il n'est pas très surprenant alors que ce soit dans les délires de la « bande à Baader », chez les derniers héritiers conséquents de la vieille famille donc, que l'Allemagne des années 70 ait vu resurgir avec stupeur, en même temps que les pages les plus sombres de l'album de famille stalinien, le spectre refoulé d'Auschwitz où, selon la *libertaire* Ulrike Meinhof, « 6 millions de Juifs furent tués et jetés au fumier de l'Europe pour ce qu'ils étaient : des Juifs d'argent... Les Allemands étaient antisémites, c'est pourquoi maintenant ils soutiennent la Fraction armée rouge. Ils n'ont pas encore reconnu cela parce qu'ils n'ont pas encore été absous du fascisme et du meurtre des Juifs. Et on ne leur a pas encore dit que l'antisémitisme était en réalité la haine du capitalisme[11] ».

Et si c'était cela, du coup, le type même de délire à quoi l'État fait pièce ? Et si l'État — oui, le hideux, l'abominable État — était aussi une machine à censurer de telles divagations ? La présomption n'est pas absurde. C'était la conviction d'un Thomas Hobbes par exemple. C'était le dessein même de la forme étatique moderne, à l'heure de son institution. Et je crois bien qu'ici encore un détour généalogique s'impose et impose ses évidences… On n'entendra rien en effet à la déduction hobbienne du contrat si on persiste à y chercher, comme on fait un peu partout, une théorie de l'absolutisme et pourquoi pas ? du totalitarisme. Ils disent exactement l'inverse, les textes, qui se fondent *théoriquement* sur le plus achevé des individualismes et débouchent *pratiquement* sur la forme la plus avancée d'un libéralisme à peine éclos[12]. On y trouve notamment l'expresse affirmation que le Souverain ne saurait, sans péril grave, intervenir dans les consciences, endoctriner les cervelles, « corriger l'esprit »[13] des dissidents de l'ordre social établi. L'axiome clé de ce pacte est celui d'une « loi naturelle » qui fait, du « Droit » et non du « Devoir », le fait moral fondamental dont le Prince est le gardien, le vigile majestueux mais constamment scrupuleux[14]. Quel meilleur garde-fou contre l'écueil naturaliste que cet étrange « état de nature » dont Rousseau et Montesquieu notaient qu'il est, en fait, un « état civil », forme a priori du lien social et d'une impossible harmonie des égoïsmes immédiats[15] ? « Il faut très peu de force, disent les premières lignes du *Corps politique*[16], pour ôter la vie d'un homme. » *Trop* peu de force autrement dit, pour qu'une économie, une homéostatie du meutre soit spontanément possible. *Si* peu de force aussi qu'il suffit d'un troc pour l'annuler, le troc du pouvoir de tuer contre le droit de vivre. *Tant* de forces en même temps, innombrables et dispersées, qu'il faut rien moins que Léviathan pour opposer, à leur aveugle jeu, un jeu de codes et d'illusion. Très peu, trop peu, si peu et tant de forces… : toute la politique de Hobbes n'est rien peut-être que l'énoncé, l'enchaînement de ces jeux de forces. Il y a une physique de l'État, une mécanique subtile et rouée qui le rend à la fois nécessaire et nécessairement salvateur.

Car que dit cette physique ? Que signifie cette mécanique ? Elles sont étrangement d'ordre sacral et religieux. Elles s'entendent, même si le mot n'est pas dit, comme économie d'un mystérieux et fondamental *sacrifice.* On raconte que jadis des cheptels de monstres et d'humains offraient périodiquement une part de leurs richesses à des dieux, cruels et saturés d'outrages, dont ils espéraient en retour le pardon et la clémence. De la même façon, semble dire le philosophe, les individus, à l'heure du contrat, immolent une part d'eux-mêmes à un dieu tout-puissant mais unique désormais, cruel lui aussi et saturé de violence, dont ils attendent en retour la paix des âmes et des corps. Cette part maudite dont ils se défont c'est une part d'eux-mêmes cette fois, non plus de leur richesse, mais bien de leur désir. Cette part qu'ils sacrifient, c'est celle qui, en chacun, pousse à donner la mort et expose mécaniquement au risque d'y succomber. Cette physique du sacrifice est juste le contraire, donc, de la chimie du génocide inventée par les modernes. L'absolu qu'elle fonde et projette vers le ciel n'est pas celui de la force mais de la forme qui l'annule et en censure l'excès. A l'inverse du totalitarisme, la foi hobbienne dans l'État est un culte dont l'encens célèbre moins le crime qu'il ne le conjure et l'exorcise. Et s'il y a, entre la formule de Léviathan et la preuve de Dieu selon saint Anselme, une si troublante proximité, c'est que l'étatisme en son aurore est mieux qu'une religion ou une sacralisation païenne du Politique : une politique plutôt — la dernière probablement — qui suspend son essence à l'ordre du Transcendant [17]. Cet État-là, on le voit bien, est l'envers absolu du fascisme : la version profane de l'antique « tu ne tueras point » des plus anciens commandements [18].

La leçon paraît-elle vaine, dépassée, paradoxale ? Je crains que le paradoxe n'ait plus d'actualité qu'on pense. Et j'en vois un exemple, un exemple parmi bien d'autres : le cas de la peine de mort. Que disent ses défenseurs, de Robespierre aux modernes ? Curieusement, sur l'essentiel, la même chose que ses adversaires : la guillotine est le point fixe, la patère magistrale ou abjecte dont se soutient l'autorité, la majuscule de l'État — pour Beccaria l'abolitionniste comme pour Hegel le partisan, un Prince qui exécute c'est un chef qui terrorise. Que répondrait, que dirait Hobbes, le Hobbes du *Corps politique ?* Le contraire probablement, à égale distance des deux partis : la guillotine n'est pas le triomphe mais l'éclipse de la Loi, le point où elle défaille et où recule le Droit, l'échec sanglant de l'État à conjurer l'appel du sang — un Prince coupeur de têtes c'est un Prince terrorisé... Concrètement ? C'est bien cela qui se passe quand un tribunal se résout à envoyer un homme à l'échafaud : c'est souvent la foule en délire qui, hurlant à la mort du suspect aux portes des prétoires, s'est faite juge des juges, substitut des procureurs, *arbitre* de l'État. C'est bien ce qui arrive chaque fois qu'un homme d'État, sur la foi muette d'un « sondage », ému par la rumeur de sa silencieuse majorité, refuse à un condamné l'ultime recours de sa grâce : ce n'est pas le Droit qui tranche, mais la passion et l' « opinion » à quoi il a cédé. Violence d'État ? l'expression n'a de sens qu'à condition d'ajouter : cette tête-là ne roule pas sur l'autel de la Raison, mais toujours raison d'État sur l'autel de l'illégalisme. Meurtre légal ? sans doute, mais à condition de rectifier : meurtre de la légalité, violence faite à la Loi, par « le peu de force qu'il faut pour ôter la vie à un homme »...

Cas d'exception ? C'est ce cas-là qui se généralise, tous les jours, dans les sociétés totalitaires. Dans l'Argentine du général Videla, j'ai croisé des hommes et des femmes qui, chaque soir, se couchaient la conscience vacillante, les yeux larges ouverts sur l'horreur de la nuit qui vient, dans la terreur des commandos aveugles, des polices parallèles et de leurs spadassins fous [19] : ces hommes et ces femmes ne réclamaient rien, face à l'Arbitraire et au règne de l'insensé, qu'un état de Légalité ou une légalité d'État. Au pays du Goulag, dans les grandes nécropoles où l'on torture au nom d'innommables lois, dans les sablières obscures où chaque homme qui s'éveille est comme un rescapé de la veille, dans ces abattoirs géants où le Droit cède la place à la loufoquerie d'un meurtre sans rime ni raison, que disent ceux qui ont gardé une voix pour dire et pour crier ? Que mieux vaut un État que pas d'État du tout, mieux un État de classe qu'un autre qui ne croit plus l'être, mieux même un pur tyran que le prodigieux « égocrate »[20] qui dilate son propre corps aux dimensions d'une société. Les libertés formelles ? Demandez ce qu'ils en pensent à ceux qui, face à l'oppression, n'ont de recours que dans la forme, la *pure forme* de la Liberté. Le rejet de l'État comme tel ? Demandez ce qu'il veut dire à ceux que l'on enferme au nom d'un État qui dépérit. Feu sur les appareils et les institutions ? On sait depuis Mao que les premiers touchés sont toujours les hommes concrets. Pour les dissidents du monde entier, le combat pour l'État ne fait, en ce sens, que commencer.

Car enfin, il faut s'y faire. C'est peut-être une fâcheuse habitude qui nous fait accoler l'un à l'autre, comme si cela allait de soi, les mots « Ètat » et « totalitaire » : l'expression est malheureuse pour dire les sociétés dont le rêve avoué est parfois de se passer d'État ; pour désigner des États dont le fantasme est toujours de disparaître à l'horizon de la société civile ; pour nommer des despotes qui entendent moins régner que se fondre et se confondre — s'abolir corps et âme dans les corps et dans les âmes de leurs sujets martyrisés. C'est une erreur aussi de voir le comble de l'oppression dans je ne sais quelle munificence d'un État solaire et souverain, trônant en majesté au firmament de la société, édictant ses oukases comme un dieu ses oracles : car la pire horreur commence peut-être là où s'effondre ce firmament ; là où l'écart se comble qui tenait le pasteur séparé de son troupeau ; là où la Loi s'évanouit, et avec elle le référent au pouvoir des gouvernants — et avec lui le recours au malheur des gouvernés. C'est à tort enfin qu'on imagine le totalitarisme achevé sous les traits d'une société bloquée, d'une bureaucratie par exemple, compacte et immobile : car cette compacité, elle est bien souvent le maquis de résistance des humbles ; elle est toujours ce qui résiste au projet de transparence des chefs ; elle est cette vaine lumière dont s'épaissit leur rêve et qu'ils doivent sans relâche travailler à dissiper... Il n'est pas un Prince totalitaire qui ne s'avise un jour ou l'autre que la lourde machine n'est pas, en tant que telle, le meilleur des relais à la propagation de son pouvoir. Il n'y a pas une révolution totalitaire qui, périodiquement, ne se décide à briser, à ruiner l'État lui-même et ce vain buissonnement d'appareils où s'attarde, reflue parfois, le flux de son procès[21]. S'il y a, pour parler comme les politologues, un *modèle* totalitaire et que ce modèle ne se confond pas avec le despotique, c'est *par là aussi* qu'il passe et non point simplement par une outrance coercitive qui n'eût point suffi, on l'imagine, à embraser l'ardeur des masses. Être antifasciste jusqu'au bout c'est reconnaître cette logique et en tirer toutes les leçons, — n'en déplaise aux amnésiques et à leurs pédagogues impénitents.

Que fait Staline par exemple, au milieu de l'année 1928, à la veille d'une terreur sans nom ni précédent ? Il lance les masses sur la place Rouge, à l'assaut d'un parti qui l'a mis en minorité et retarde pour l'heure la procession du socialisme[22]. Que fait Mao, quarante années plus tard, au seuil d'une révolution qui « vise l'homme droit dans son âme » et, de chaque homme, autrement dit, rêve de faire son propre policier[23] ? Il lâche ses gardes rouges contre des « quartiers généraux » qui, formant comme un écran entre l'âme donc et elle-même, commencent de faire obstacle au fascisme ininterrompu. Que font les Khmers victorieux, au lendemain de la chute de Phnom Penh, à l'aube du grand massacre où ils s'empressent de s'illustrer ? Ils déclarent la guerre à l'État toujours, cette vieille machine bourgeoise, cet ultime vestige surtout d'un « despotisme asiatique » dont ils savent de bonne source le caractère « réactionnaire » et l'hypothèque qu'il fait peser sur la genèse du « monde nouveau[24] »... Ce sont des exemples certes, mais des exemples lourds de cadavres ; et des étapes clés, chaque fois, dans la hideuse escalade. Ce qu'ils disent unanimement, c'est que, en ses heures les plus noires, le fascisme n'est point seulement l'amour, mais la haine aussi de l'institution. Ce qu'ils nous apprennent, c'est qu'un fascisme réussi ce n'est pas seulement Léviathan en guerre contre le Peuple, mais le Peuple lui-même en guerre contre Léviathan. Ce qu'ils nous rappellent, c'est la vieille équation, tôt posée par Lénine, inscrite en lettres de sang dans la chair de tant de martyrs : un pouvoir qui se renforce, ce peut être un État qui se délabre et une société sans État c'est l'état de terreur sans limite. Je n'ai jamais attaché grand crédit à la thèse qui veut que Marx soit le plus acharné des statolâtres. Je crois plus volontiers à la profonde cohérence de ses textes qui parlent, un peu partout, de nécessaire « dépérissement[25] ». Mais je dis, simplement, que la formule de ce dépérissement est une des formes les plus subtiles du meurtre légitimé... Combien de Cambodgiens, combien de camps et de charniers, combien d'épaves et de suppliciés, nous faudra-t-il encore pour consentir à entendre que le totalitarisme réel procède de bas en haut autant que de haut en bas, et que l'abolition de l'État est un fantasme nazi ?

Oui, je dis nazi et, cette fois, sans jeu de mots. Car, contre toute attente, les hitlériens au pouvoir rêvent également à leur manière de faire dépérir l'État. En dépit de la légende, ils ne croient, pas plus que leurs rivaux en infamie, au mythe de l' « État totalitaire ». Et, qu'on le veuille ou non, ce mythe est singulièrement absent tant de la théorie que de la pratique des apôtres du Führerprinzip. Il est certes vrai que l'idée, née avec Carl Schmitt, connaît une brève fortune au début des années 30[26] ; on la retrouve, çà et là, sous la plume de quelques jeunes penseurs liés à Ernst Jünger et aux très marginales Éditions Hanséatiques de Hambourg[27] ; deux ouvrages — mais deux seulement — *le Reich en devenir* de Gerhardt Gunther et *l'État total* d'Ernst Forsthoff, la placent explicitement au centre de leur problématique[28]. Mais on oublie toujours d'ajouter ces vérités *d'histoire* qu'à peine publiés, ces deux textes sont l'un et l'autre désavoués par les ténors du NSDAP. Que tous en chœur, et dès 1934, bannissent le terme même de la langue et de l'arsenal politique nazi. Qu'ils sont unanimes à y voir un danger et un leurre — le leurre même qui perdra, disent-ils, Staline et Mussolini. Et que l'année donc où se fonde un « Reich pour mille ans », l'année où croit se fixer la définitive orthodoxie du régime, l'année où Wagner l'anti-étatiste rentre en grande pompe sous les voûtes des palais officiels[29], Carl Schmitt et ses disciples sont déjà des renégats, les « trotskystes » d'Adolf Hitler, les tenants d'une déviation qu'ont su conjurer à temps les grands prêtres du Volksgeist.

C'est Rosenberg qui ouvre le feu dans un article retentissant publié le 11 janvier 1934, où il oppose à Forsthoff l'idée d'un « parti total », d'un parti qui commande à l'État, l'absorbe et le réduit à sa fonction de pur instrument[30]. C'est ensuite Roland Freisler qui, quelques jours plus tard, contre l' « État total » toujours, avance le thème d'un « Totalvolk », d'une « total volkische Idee », d'un totalitarisme, autrement dit, fondé sur la mystique du Peuple, du Sol et de la Race[31]. Quelque temps passe, et c'est Wilhelm Stuckart qui, dans un troisième texte, donne le coup de grâce au concept, tout juste bon, dit-il, à orner les bavardages inconsistants des « Italiens » et des « Roumains » (!) — à semer la confusion et l'équivoque dans les rangs de la vraie, de la pure révolution[32]... Stuckart, Freisler et Rosenberg, le tout-puissant « ministre de la Conception du monde » : l'enjeu devait être considérable pour que trois idéologues descendent ainsi et simultanément dans l'arène. Leurs textes sont puissamment instruits qui mobilisent pour l'occasion toute la digne ressource du wagnérisme et du vitalisme romantique[33]. L'assaut est assez rude et rondement mené pour que la formule s'efface à peu près complètement de la littérature de propagande[34]. Quand, en 1937, Ernst Rudolf Huber, jadis émule de Schmitt, commence la publication du monumental *Traité de droit constitutionnel* qui fera autorité dans l'Allemagne nouvelle, il a purement et simplement choisi de l'escamoter[35]. Et, comme pour mieux se faire entendre, comme pour mieux *nous* faire entendre, il cite à l'appui de son geste cette forte parole du Führer : « Le point de départ de la doctrine national-socialiste ne réside pas dans l'État mais dans le Peuple[36]... »

Le Peuple et non l'État ? L'opposition n'est pas exceptionnelle. Elle reviendra constamment dans la bouche et dans la politique d'Hitler. Et c'est même le leitmotiv de son étrange

« étatisme [37] »... D'où le fait, peut-être, que, de 1933 à 1945, nul ne se soit soucié de doter le nouvel État d'une neuve constitution : on dirait que celle de Weimar, jamais officiellement abrogée, continue vaille que vaille de faire son modeste office. D'où, dans *Mein Kampf,* la pauvreté, la platitude, le ton emprunté et comme contraint du chapitre sur l'État, si différent dans le style, la flamme et la ferveur des pages consacrées au Parti ou à la Race : la question, manifestement, ne passionne guère l'auteur, — ce n'est qu'une « question » justement, presque une question de cours [38]. D'où enfin, d'où surtout, le combat sans merci que le Reich ne cessa de mener, jusqu'au désastre final, contre sa propre armée. Décapitée, abaissée, divisée, elle disparaît dès 1933 de la scène politique [39]. Elle perd officiellement, l'année suivante, à l'occasion d'une épreuve de force avec la SS de Prusse, l'essentiel de sa puissance et de sa raison d'être : le monopole de la violence légitime [40]. La formation politique des recrues, l'organisation des réservistes lui sont retirées en 1939, à la veille de l'entrée en guerre, et reviennent à des groupes paramilitaires *indirectement* liés à l'appareil d'État [41]. A son esprit de corps, de hiérarchie et de discipline soudé par une longue fidélité à l'État allemand en gestation, on oppose le thème spenglerien d'un corps de légionnaires, personnellement liés au Führer, nouveau César romain... Comme chez Staline, le Parti commande aux fusils. Comme en 1793, c'est la nation en armes contre l'État armé.

C'est surtout, contre l'État-nation, une nation qui, infatigablement, fait la guerre à ses institutions. On dit toujours que le parti nazi est une organisation monolithique, monumentale : ce qui frappe au contraire, ce qui a frappé Rauschning par exemple [42], c'est l'extraordinaire souplesse, la fluide plasticité de ses appareils et de ses structures. Jamais on n'avait poussé si loin la multiplication des sections, des instances de pouvoir, ramifiées à l'infini, en un tissu complexe de cellules et de micro-pouvoirs. Jamais on n'avait si fort lutté, de la base au sommet, du sommet à la base, contre les zones mortes et les risques d'ankylose, contre les poches d'inertie et les raideurs de la machine. Pas un responsable qui ne soit perpétuellement doublé, pris à revers par un autre. Pas un « gauleiter », pas un tâcheron obscur, qui ne quitte sa place et ne se déplace inlassablement d'un point à l'autre de l'appareil. Pas un centre de décision qui n'ait son contre-centre, sa cellule de surveillance [43]... Est-ce manie des complots, phobie des camarillas ? je crains plutôt que Bormann et Rudolf Hess n'inventent là l' « autogestion ». Est-ce souci d'efficacité, de rapidité dans l'action ? souci plus vraisemblable, dit Rauschning, de maintenir la masse sous pression, en état d'alerte et de permanente révolution [44]. « L'État nouveau, prophétisait Jünger, ne connaîtra pas de constitution [45] » : pas de Constitution juridique, on l'a vu ; mais pas de constitution, de *densité d'être* non plus. Comme s'il fallait, constamment, l'empêcher de cristalliser. Comme s'il fallait ne jamais cesser de le déconstruire. Comme si, avant celui de Mao et de Pol Pot, l'État d'Adolf Hitler était déjà quelque chose qui devait être dépassé.

Il doit l'être et, de fait, il le fut, au moins symboliquement, aussi bien que dans les sociétés socialistes. J'en veux pour preuve, ou au moins pour témoin, le très spécifique statut de la SS au cœur du IIIe Reich. Car enfin, voilà un corps « d'élite », une « chevalerie » païenne, adulée par le régime, armée comme nulle autre dans le pays et qui a tout de même cette particularité de ne jamais avoir, comme la SA par exemple, brigué ni visé le pouvoir [46]. Cette contre-société, ce laboratoire diabolique, creuset de l' « homme nouveau », modèle réalisé de la société d'après-demain, demeure et tient à demeurer aux marges de l'État, dans sa réserve d'impotence. Ces « SS tête de mort » pourtant, ces antéchrists de l'enfer allemand, on leur afferme en même temps toute une zone de privilèges, des plages entières d'illégalisme, où ils trônent sans partage, souverains en leur royaume, comme prêtres en leurs temples d'horreur [47]. Mieux, c'est à eux, à ces marginaux qui prétendent préfigurer l' « Empire des derniers jours [48] » et que l'on entend dresser aux règles de sélection et d'éducation « eugénistes », qu'on offre l'honneur suprême de régner sur le Saint des saints, les camps de concentration. Pourquoi la SS alors et pas la Gestapo ? Pourquoi ces « irréguliers » et pas la police *d'État*[49] ? Pourquoi les camps surtout, ces hauts lieux de la fureur nazie ? C'est que le camp d'Auschwitz, géré par le SS Hoess, c'est peut-être cette situation *exemplaire* d'un « homme nouveau » aux avant-postes des « temps nouveaux ». C'est qu'il fallait cette singulière et abominable conjonction pour témoigner, hors du vieux monde, quoique encore dans le monde, de la forme bénie des paysages du monde futur. C'est qu'il y a là, hors l'État déjà, quoique encore sur ses bords, l'image vivante et prometteuse du règne messianique où, à la fin des temps, il n'y aura plus d'État du tout.

L'anti-étatisme, là encore, est bel et bien un renversement qui conserve, intacte, la figure de ce qu'il renverse. Comme tous les athéismes, la haine religieuse de l'État n'est rien que la forme exaspérée de la religion déneguée. Et c'est pourquoi il faut enfin se décider à écouter d'une autre oreille quelques-unes des rumeurs et des thématiques contemporaines. Pour moi et pour tous ceux qui, comme moi, refusent de se laver les mains de toute la chair du siècle partie en cendres et en fumée, la cause est entendue : la question de l'État, de la fin historique de l'État est, pour l'heure, une question barbare.

2

ÉCHEC AU ROI

Cette question, cela dit, a une autre forme encore, moins ignoble bien sûr, mais peut-être plus insidieuse. Puisque l'État, dira-t-on, est cet incontournable fait, pourquoi ne pas se faire à cet état de fait et l'aménager au mieux de l'harmonie du lien social ? S'il est impossible de le casser et d'en finir avec sa fatalité, est-il impensable de le rebâtir, de commencer à le changer et d'en inverser le mauvais régime ? Si, en le refusant, on court à la servitude, ne peut-on, en l'acceptant, marcher à la liberté dont il deviendrait le berceau et l'artisan de félicité ? C'est la question de tous ceux qui, fantasmant un « bon » pouvoir, l'imaginent contrôlé, assujetti à ses sujets. C'est la position de ceux qui, projetant un « rapport neuf » des gouvernants aux gouvernés, rêvent d'un schéma où l'État serait populaire, le peuple législateur, le législateur en chacun et chacun donc au pouvoir. C'est le projet concret, et d'allure si séduisante, d'un socialisme « antijacobin » qui nous chante sa libération au son de l' « autogestion » ou de l' « autonomie », des « conseils ouvriers » ou du « contrôle populaire ». Pour ma part hélas, je crains surtout d'y retrouver une autre forme de démission, une autre figure du même leurre qui mène toujours au même malheur, et forclot tout autant les chemins de la Résistance.

C'est une longue histoire, à vrai dire, que celle de cette forclusion. C'est du côté du XVIIIe siècle qu'il faudrait tenter de rebrousser, cette fois, pour entendre sa leçon. Dans les parages d'un rousseauisme où, à la charnière des temps modernes, se noue le fil de sa nécessité. Au cœur d'un drame théorique, d'une tragédie sans précédent, dont Jean-Jacques fit très probablement la déchirante et singulière expérience. Et dont je tiens qu'il nous lègue, à travers son *Contrat social,* les stigmates de mystère et de passion… Au commencement, il y a le lapsus. Celui par exemple qui lui fait rédiger, au dos des pages manuscrites consacrées au « législateur », le texte du chapitre sur « la Religion civile [1] », — et puis, au dernier moment, comme pris d'un ultime scrupule, le reporter obscurément au terme de l'ouvrage, en un moins glorieux et presque clandestin appendice. Celui qui, dans le même passage, lui dicte la double réponse à Bayle et Warburton, — à l'un que « jamais État ne fut fondé que la Religion ne lui servît de base », au second que « le christianisme est plus nuisible qu'utile à la forte constitution de l'État [2] ». Ces dédits encore, ces énigmatiques ratures qui, dispersées à travers le livre qu'elles taraudent de leur inquiétude, ne cessent de renvoyer à une hypothétique « divinité », une « démocratie » qui, soudain, se fait redoutablement problématique, — c'est « des dieux » qu'il faudrait pour « donner des lois aux hommes [3] » et « s'il y avait un Peuple de dieux, il se gouvernerait démocratiquement [4] »… Faut-il les tenir pour rien, ces lapsus ? Faut-il les passer sous silence ces ratés ? Les porter, comme on fait toujours, aux pertes et profits de la preuve ? Je les crois, moi, trop insistants pour n'être pas éloquents. Trop répété ce retrait du divin, pour n'être pas signifiant. Trop pieux aussi, l'auteur du *Vicaire,* pour ne pas dire, là, quelque chose. Et ce qu'il dit alors c'est peut-être ceci : l'effroyable découverte d'un ciel qui se dérobe et défait soudain l'étreinte par quoi, millénairement, il se liait à la terre. L'aveu d'une religion qui indique originairement un lien brisé *mais reconstitué,* et dont le fil se rompt pour de bon, où se suspendaient jusque-là les douteuses et improbables et trop humaines hiérarchies. L'incapacité à concevoir la Révélation fondatrice — une seulement, une au moins — sans quoi, depuis Moïse, la Loi n'a jamais été pensable et dans le défaut de quoi, pourtant, il faut persister à penser. Pour la première fois, autrement dit, dans la tradition judéo-chrétienne, un philosophe s'avise que les cieux sont vides et creux où persistent à graviter ses rêveries, mais où le texte est illisible qui, toujours, a sanctifié le libellé d'Autorité. Pour la première fois, dans l'histoire du monothéisme, une réflexion sur la cité va s'obliger à l'oubli de son déclin, de l'Absent qui la ruine, de l'Idée qu'elle refuse et qui seule saurait néanmoins l'oindre de légalité. L'acte I du drame, l'ouverture de ce périple dont Jean-Jacques paiera cher, dans sa vie même, d'avoir jusqu'au bout tenté l'épreuve et le parcours, c'est, un siècle avant Nietzsche, la conscience de ce qu'il faut bien appeler *la mort historique de Dieu.*

Dans le corps du livre en tout cas, les effets ne tardent guère et il n'est point de concept majeur qui ne sorte de l'épreuve miné, chancelant, ourlé d'une improbabilité qui le menace et l'invalide, en même temps qu'il tente de se poser. La « volonté générale » par exemple est-elle cet infaillible guide qui assure une politique de ne pas errer et de se conjoindre au bien ? « De lui-même, dit le livre II, le Peuple veut toujours le bien, mais de lui-même il ne le voit pas toujours[5]. » La Loi est-elle, comme il l'affirme constamment, le nombre suprême de la liberté ? un régime qui placerait la Loi au-dessus des hommes n'est tout simplement « pas trouvable » comme il en convient « ingénument » dans une lettre à Mirabeau le Père[6]. La démocratie est-elle l'idéal qu'il appelle de ses vœux ? c'est un « idéal » justement, tout à fait illusoire autant que nécessaire puisque « à prendre le terme dans la rigueur de l'acception, il n'a jamais existé de véritable démocratie et il n'en existera jamais[7] ». N'est-elle pas un idéal *régulateur* au moins, une catégorie de la Raison, inatteignable certes, mais sans relâche postulée ? dans les *Lettres écrites de la montagne* la postulation se fixe et se fige dans cet amer constat que, « le meilleur des gouvernements est l'aristocratie[8] ». Tout le *Contrat,* en fait, peut se lire d'abord comme la chronique d'une déception et l'histoire d'un formidable échec. Au lieu du modèle de communauté et de transparence sociale qu'on y voit, ici et là, la démonstration de leur implacable et indépassable vanité. Au lieu du pacte parfait, fondé en principe et en raison, que veulent tant de commentateurs, une raison vacillante, des principes introuvables, un pacte soupçonneux et mal assuré de lui-même. Loin de la preuve, qu'on y cherche depuis deux siècles, de la supériorité du régime démocratique, celle de sa profonde, de sa radicale, de sa théologique impossibilité. Jean-Jacques ne donne pas au Droit ses titres à exister : il le montre inexistant, impuissant à se muer, à cristalliser en Fait. Il n'affermit pas sur ses bases la constitution de l'État laïc, il montre comment et pourquoi, à l'âge d'une théologie qui échappe aux prises de toute théorie, cette constitution est indicible, par définition et presque par vocation. Il ne fonde pas une nouvelle politique, mais dit d'abord la crise du Politique comme tel, idole du crépuscule, astre mort et terni qui s'abolit doucement dans la buée de son solstice. Car tel est le second acte du drame — et telle aussi sa grandeur — qu'il bute sur cette certitude que l'idée d'un « bon » pouvoir est, comme telle, dénuée de sens et que, dans le grand vide laissé par les dieux en se retirant, c'est la catégorie même de légitimité — cette légitimité dont Hobbes savait encore se garantir — qui se trouve d'un coup disqualifiée.

Le texte, malheureusement, ne s'arrête pas à cette certitude. Il ne stationne pas bien longtemps à ce constat de scepticisme. Et il peut se lire encore, troisièmement, comme le récit d'une reconquête et d'un effort exactement inverse pour s'exhausser hors de l'impasse... Car, après tout, de quoi s'agit-il ? Dieu est mort ? La belle affaire pour qui a lu Pascal, Maître Eckart et surtout Luther où l'on trouve le mot écrit en toutes lettres. La nouvelle est connue, parfaitement connue de tous, traînant depuis le Moyen Age dans le moindre traité de catéchisme, au chapitre du Calvaire et de la Résurrection [9]. La catastrophe n'en est pas une pour peu que l'on sache l'interpréter en son sens classique et liturgique de la reconnaissance, sous la dépouille et l'avatar, de la figure du Dieu Nouveau. L'obstacle n'est pas infranchissable, ni le précédent hobbien incontournable, pour qui saura, à la politique du sacrifice, opposer une politique du Calvaire, un calvaire politique, une nouvelle religion, une religion du Politique. Et c'est cela effectivement que va tenter Rousseau. Cette religion nouvelle, il en pose les pierres d'angle. Avant Nietzsche et Marx, il détourne la tradition, joue sur l'équivoque de la formule christique. Et dans une parodie de Résurrection, dans un retournement d'une audace sans pareille, il invente la dialectique sur quoi nous vivons jusqu'aujourd'hui [10]... Plus de théologie pour fonder un bon contrat ? qu'à cela ne tienne, dit-il maintenant, vous serez « comme des dieux », comme des dieux au pouvoir, tout-puissants théocrates à l'échelle d'humanité. Plus d'ancrage au divin pour enter une démocratie ? voyez comme je transplante les ancres du divin, comme je les rapatrie et les rive à la terre des hommes. Plus de Paradis ni de Référent où rapporter le lien social ? peu me chaut le Référent, moi qui dresse au social le plus Saint des Autels où s'élève toute nue l'Hostie monumentale de la volonté générale [11]. Ce Jean-Jacques-là n'est plus un mystique désenchanté : il parle le Politique dans la langue de la mystique, d'une mystique retrouvée, triomphante parce qu'immanente. Il ne renonce pas à la transcendance, il la dévoie et la transforme, — non plus borne qui sanctifie la Loi, mais pli qui la sacralise [12]. Il n'invente pas seulement l'État profane mais l'État des fétiches, des Icônes, et des Idoles, — de la déesse Raison déjà au sens de Robespierre [13]. Le *Contrat* n'est pas un anti-*Léviathan*, mais autre chose, tout autre chose, — la substitution, au vieux procès de sublimation, d'une démarche qui n'a point de meilleur nom que celui de paganisme. En termes politiques : cet État qui n'a plus droit à l'antique et failli titre de *légitimité* ne cessera plus désormais, et pendant les deux siècles qui viennent, de se baptiser *Souverain*.

Qu'est-ce alors que cette possible, trop possible « Souveraineté » sur quoi il se replie ? Au lieu de la transcendance et du mouvement vers le ciel, la plate immanence d'un cercle, ou mieux d'une spirale qui, évidant un à un ses cercles et ses ambages, fait à chaque homme concret autant d'écrins de servitude. Il y a le cercle de l'individu d'abord, tantôt donnée naturelle, fondatrice, originaire, tantôt pur artefact qu'en son geste d'institution se donne l'État païen [14] : le tour est diabolique qui, inscrivant en nature la sujétion décrétée, coupe en droit tout recours à l'âme assujettie. Il y a le cercle de la Loi, cette Loi qui n'opprime plus puisqu'elle ne dit rien, par définition, que le vœu des opprimés et qu'à travers elle ceux-ci s'éduquent à la Liberté [15] : la boucle est magistrale qui forclot toute résistance réputée inhumaine, déviante et hors la Loi. Il y a le cercle du Peuple encore, ce nouveau signifiant-maître, qui tantôt se nomme « Souverain » en tant qu'il fait les lois, tantôt « État » en tant qu'il les subit [16] : homonymie encore, qui, jouant sur noms d'une même réalité, décrétant identique ce qui soumet et se soumet, fait du « Peuple assemblé » un pur corrélat du Prince, cerné et comme serti dans l'orbe de sa volonté [17]. Il y a le cercle du Prince, enfin, Rousseau dit du « gouvernement », équivoque lui aussi puisqu'ici [18] simple « ministre », dérisoire « officier », contingent instrument de la généralité du vouloir, — et là [19] agent actif, principe de cohésion qui « réunit », « met en œuvre » et « fait dans la personne publique ce que fait dans l'homme l'union de l'âme et du corps » : la métaphore est claire qui, en bon cartésianisme, fait du banal « ministre » une authentique « substance » qui soude arbitrairement l' « être par accident [20] » de la société contractuelle, — un nouveau Dieu toujours qui scelle de l'extérieur une chimérique conjonction... Individu, Loi, Peuple, Prince : autant de signifiants qui, mis au rouet de la souveraineté et du rabattement païen, deviennent principe de despotisme.

Au pouvoir l'individu ? Il l'est bien en effet ; sans doute et sans truquage ; mais d'un pouvoir étrange qui lui commande d'accepter, de se soumettre et de gérer à l'infini le cercle de ses chaînes. Législateur le Peuple ? Sans aucun doute aussi ; incontestable auteur et sujet-roi de la Loi ; mais d'une royauté maudite qui fait des bagnards heureux, interdits d'insoumission, renonçant pour toujours à la passion du grand refus. Souverain l'État ? Il ne saurait mieux l'être ni en un sens plus strict ; mais d'une souveraineté qui, par quelque bout qu'on la prenne, ne signifiera plus désormais, pour les hommes, que l'obstruction des échappées, des recours extérieurs que d'autres contrats, autrefois, savaient leur ménager. Car tout de même, quelle différence avec le Droit médiéval, celui de Rufin par exemple qui, préférant faire du Pouvoir une simple « mission » divine, limitait, lui, en théorie, la force des puissants et fondait, dans la pratique, la résistance des humbles[21]. Que de chemin depuis Manegold et cet autre pacte social dont Rousseau s'est probablement inspiré mais qui, liant moins le Peuple à son Prince que l'un et l'autre à Dieu, commandait au Prince l'obéissance — à la toute-puissance de *la Loi* — et au Peuple l'insurrection — contre la toute-faiblesse *des lois*[22]. Quelle régression — le mot n'est pas trop fort — par rapport à Beaumanoir, Simon de Montfort, Abbon de Reims[23], tant et tant de précurseurs encore, théoriciens d'un Lien qui déliait l'individu ; d'un Pacte qui excluait le Peuple même s'il y prêtait serment ; d'un magistère qui, parce qu'il ne devait rien à l'humaine volonté de ses sujets, restait en droit révocable et en fait fréquemment révoqué[24]... Ce chemin, cette régression, ce sont, on le verra bientôt, le commencement de la méthode par quoi le « sacré » fait retour et enjambe la longue saison monothéiste. Peu importe, à cet égard, le propre nom de Rousseau et le travail de gésine qui déchire son texte du dedans. La question n'est plus là, mais dans la grande leçon qu'à son insu il administre : abolissant pour la première fois l'écart qui, séparant les gouvernés des gouvernants, séparait aussi leurs destins et laissait filtrer pour les premiers l'appel du Ciel et de révolte, — la pensée de Souveraineté fait des gouvernés-gouvernants qui sont encore des opprimés mais déjà des oppresseurs.

Les résultats concrets, nous les avons sous les yeux, nous les entendons constamment, ici, en Occident, comme dans les pays de l'Est. Un exemple parmi d'autres : cette fameuse « autogestion » qui passe généralement pour l'alternative libérale au socialisme despotique et qui apparaît, en réalité, à la lumière de ces analyses, comme foncièrement totalitaire. De quoi s'agit-il en effet ? D'une théorie de l'État d'abord, pensé comme usurpation, « prélibation » monstrueuse, extorsion de plus-value, — non de travail mais de Pouvoir — qui dessaisit le « producteur » du « législateur » qu'il porte en lui [25]. D'une doctrine de la liberté où l'on retourne à l'envoyeur son adresse égarée, au citoyen travailleur le plus-de-pouvoir confisqué, à l'individu asservi son droit sacré à gouverner [26]. D'un dessein d'autonomie où, si on donne aux mots leur sens, on ne réclame pour tous la place du souverain que pour faire de chacun un chef, un flic, un justicier [27]... Un État autogéré, à ce compte, c'est un État en miettes, un État dans chaque tête, un État *relayé* en des milliers, des millions de foyers et de suppôts. L'autogestion généralisée, c'est la généralisation de la vigilance, de la surveillance, de l'autocontrôle. Le modèle, le seul modèle de peuple autogéré, ce serait un peuple d'inquisiteurs, et donc aussi de suspects, comme on vit, par exemple, au moment de l'affaire Baader dans une Allemagne embrasée par un délire de délation, une formidable demande d'État, un inouï morcellement de la forme-État dans les consciences, à quoi un gouvernement libéral dut bel et bien *résister* [28]. Il y a des observateurs avertis — et instruits d'expérience [29] — pour dire que, horreur pour horreur, on respire mieux dans l'URSS des camps que dans la Yougoslavie des communes et des conseils ouvriers où le fascisme vient du bas, remonte depuis les « masses » et ne laisse rien échapper à sa folie prophylactique. La révolution culturelle chinoise n'est pas si loin non plus, avec ses « comités de gestion » et ses « sentinelles rouges [30] » qui, *en toute souveraineté,* purs dépositaires d'une effervescente légalité, autogéraient bel et bien les tâches de répression et illustraient cette règle absolue : quand se dissémine le Pouvoir, c'est la violence qui gagne et la pulsion de mort qui règne. Il n'est plus très loin, ce schéma, maintenant, de celui du

« dépérissement » : et il n'y a peut-être pas de « souveraineté autogestionnaire » qui ne se solde, également, par un rêve d'apocalypse et pratiquement de terrorisme.

L'autogestion, dira-t-on, c'est aussi, plus prosaïquement, une théorie de l'Usine et du travail industriel. Soit. Mais cette théorie, concrètement, que signifie-t-elle encore ? A entendre les syndicalistes, l'Atelier est une version, une déclinaison de l'État, qu'il faut « démocratiser » comme on le fit jadis dans l'ordre du Politique ; un Atelier démocratisé, c'est une unité de production, une cellule de pouvoir, tramée aux unités et aux cellules voisines qui « se corrigent, s'affrontent, et se contrôlent mutuellement [31] » ; les mêmes mots donc, encore, qui disent la liberté dans la langue de la guerre, de la discipline, de la police. A entendre les technocrates rouges, experts en efficacité, compétents de la « productivité », il s'agit d'une technique, d'une simple technique de fonctionnement qui suppose, dans l'Entreprise, une « puissance collective de décision » ; cette puissance collective, elle est elle-même le lieu où se combinent la rigueur et les contraintes du « plan » et l'anarchie des initiatives des travailleurs à la base ; toujours la même dialectique, fondamentalement rousseauiste, où, chacun collaborant à l'ordre qu'il subit, nul ne peut en toute rigueur se dire ni être dit opprimé [32]. A croire les politiques enfin, faiseurs d'idéal et chantres d'utopies, le dessein repose sur une eschatologie d'ensemble et une véritable philosophie ; il suppose, il vise une « société transparente à la raison » où « se reconstituera » un jour une « unité postulée [33] » ; il ne fonctionne donc vraiment qu'articulé au vieux fantasme d'une solution finale et d'une société sans classes, sans différend, sans différence ; à nouveau le thème, totalitaire par excellence, d'une harmonie des égoïsmes, d'une politique diluée dans la pure gestion des âmes, d'une société contre l'État, qui se fait et se veut État, qui se confond tout entière avec le corps démembré de l'État... Les principaux intéressés, hélas, je veux dire les ouvriers, ne raisonnent ni en politiques, ni en technocrates, encore moins en syndicalistes.

Laissant les rêveurs à leurs rêves, les savants à leur savoir et les délégués à leurs délégations, ils se moquent d'un système où, chacun étant pour soi-même et « sujet » et « substance », l'ordre règne aux machines dans le silence huilé d'un trop commode consensus. Redoutant une « Souveraineté » dont ils devinent qu'elle se paie d'une inédite police du travail, répugnant à une « Liberté » qui signifie, en clair, l'éternisation de leur malheur, ils préfèrent parier sur la liquidation de la condition ouvrière comme telle. Et, en attendant, lutter, résister pied à pied à la petite mort de la déchéance quotidienne.

De sorte que c'est l'idée même de cette lutte et de cette Résistance qu'il faut peut-être refondre à partir de ces remarques. On parle couramment, au nom de je ne sais quelle fidélité libertaire, d'une lutte sans merci contre l'ordre du Politique, d'une résistance à ses appareils et d'une déconstruction de ses institutions. Je dis, moi, au contraire, que le Politique c'est *aussi* le miroir où cristallise ce fond obscur qui, en chaque homme, engendre le bourreau, et que la haine du bourreau, le pari contre le meurtre, l' « esprit » libertaire même, repensé et bien compris, exigent, au sens strict, de lutter *pour* le Politique, mais *séparé et spectaculaire*. J'entends dire, ici et là, que le combat majeur de la fin du xxe siècle consistera à élargir, à « enrichir » la démocratie, à lester de « contenus » et de neuves concrétions ses bourgeoises et formelles et abstraites libertés : il faut oser répondre, forts d'un siècle de fascismes, qu'il n'y a jamais eu encore, qu'il n'y aura sans doute jamais de démocratie que formelle, de concrète liberté que dans le respect de ses formes abstraites, de démocratie élargie qu'autoritaire et fascisante, et c'est à ce fascisme aussi que j'appelle à résister tous ceux qui sont las des prêcheurs de lumière qui dépècent l'humanité en lui promettant le salut. Être « de gauche », en ces temps de confusion, c'est rêver, paraît-il, d'un rapport inouï entre dirigeants et dirigés, projeter de briser leur millénaire extériorité, imaginer des systèmes de dispersion, de sanction, de représentation qui sachent « rendre le pouvoir » à ceux qui en sont exclus :

ma gauche à moi, la gauche tout près de moi, dit exactement l'inverse, elle veut le Pouvoir lointain et le plus étranger possible, elle se bat pour l'exil et l'extériorité maximale. Oserai-je, là, me prévaloir de ce que je crois savoir du vœu des « simples gens » ? Chacun sait, en tout cas, que c'est à l'abri du *Droit* mais à l'écart du *Pouvoir* qu'ils taillent sur le corps des *lois* des plages d'*illégalisme* et de douceur de vivre. Que seul un État de droit, en son principe accepté, mais scrupuleusement éloigné, permet de souffler un peu et, parfois, de creuser, ici et maintenant, des îlots de liberté. Que ce n'est plus à l'État du tout, cette fois, qu'il s'agit de résister mais, plus profondément, plus douloureusement, à l'État dans les têtes, aux têtes étatisées, à l'*idéal de l'État* dans sa chair et sa cervelle.

Cette distinction entre l' « État » et son « Idéal » est simple mais je la crois décisive. Et c'est elle qui, par exemple, permet d'expliquer encore cet étrange mystère qui entoure aujourd'hui la stratégie des partis communistes en Europe occidentale. Mystérieuse logique des communistes français, rompus et aguerris à la théorie de la prise du pouvoir, et qu'on dirait pourtant, depuis la fin de la Seconde Guerre mondiale, organisés et programmés *pour* justement ne plus le prendre. Mystère du Parti italien, cet appareil conquérant qui, depuis les années 60, occupe une à une les provinces de la péninsule, règne presque sans partage dans les rues et dans les âmes, et qui, chaque fois, curieusement, semble reculer d'autant l'heure d'aller jusqu'au sommet. Mystérieux Santiago Carrillo qui consacra tout un livre à prouver que la prise du pouvoir n'est plus à l'ordre du jour, mais, à sa place, le « retournement des appareils idéologiques », la « démocratisation » de l'université ou de la presse, la récupération benoîte du sentiment religieux, patriote ou monarchique[34]... Je dis qu'il y a là une énigme et que les vieux crocodiles de la politologie classique la laissent impénétrée. Je dis qu'il y a là un tournant, probablement inédit, et qu'on n'y entend rien en n'y voyant qu'effet tactique et pure hypocrisie. « Les communistes ont-ils changé ? » Oui bien sûr, ils ont changé. Plus même qu'on ne l'imagine. Sans fard et sans retour. Et c'est à une authentique révolution qu'ils s'acheminent tout doucement. Car ce qui change, en fait, c'est, mieux qu'une tactique, la conception même de l'action : c'est à la source désormais qu'ils agissent — d'abord le contrôle à la base, la mainmise sur les esprits, l'hégémonie culturelle, la dissémination donc des modèles de soumission. C'est, mieux encore que l'action, le sens et l'objet de la volonté de puissance politique : rien ne sert de tenir les ressorts de l'État quand on peut être la forge où il puise son idéal — un « compromis historique » c'est une division du travail où il revient aux uns, impotents sur les cimes, d'exécuter les lois en croyant légiférer et aux autres au contraire, empressés sur les marges, d'occuper le poste neuf du tuteur et du souffleur en feignant de temporiser. Mieux, c'est à une révision déchirante de la définition du Pouvoir comme tel que procèdent les « nouveaux communistes » : et on cessera peut-être de poser l'inepte question de leur « vrai désir », de leurs « intentions » réelles ou supposées, le jour où l'on comprendra qu'ils ne sont plus les derniers professionnels de la conquête du Politique mais les premiers spécialistes de la gestion du social, — et que l'autre face de cette gestion, c'est la diffusion capillaire des semonces, l'aplatissement du Politique sur le civil, la parfaite épousaille de l'appareil et de la vie de tous les jours, bref, la forme achevée de la terreur spirituelle.

Voici peut-être, alors, à l'intention de ceux qui me font régulièrement grief de mon « anticommunisme primaire », la formule d'un anticommunisme secondaire. Qu'est-ce qui permet en effet de soupçonner et de condamner, comme fait d'ailleurs l'extrême gauche à Rome, à Paris et à Madrid, cette ligne nouvelle ? L'antistalinisme ? Il ne s'agit plus de stalinisme — d'un stalinisme qui, comme tel, n'a jamais existé : pure invention des marxistes, simple nom pour banaliser et faire l'horreur familière, c'est une astuce théorique qui baptise d'une « déviation » la brute réalité des méfaits du socialisme [35]. L'antimarxisme ? Nous sommes loin du marxisme — d'un marxisme qui, lui aussi, a cessé depuis longtemps d'exister : pure invention de staliniens, simple nom pour maquiller et faire l'horreur un peu plus digne, c'est une fiction politique qui recouvre d'une « science » la plate réalité d'un banal délire policier[36]. L'antisoviétisme de la droite traditionnelle ? Outre que, de Tirana à Phnom Penh, les exemples ne manquent pas d'antisoviétisme radical, qui, se soldant par une surenchère de crime et de totalitarisme, fait l'argument impertinent[37], je ne suis plus très sûr qu'il faille tenir pour rien les protestations d'indépendance, les très réels gestes, parfois, d'émancipation, vis-à-vis de Moscou, des partis européens[38]. La querelle convenue sur leur libéralisation interne ? Il semble bien que la ligne nouvelle de contrôle des provinces, d'hégémonie culturelle et de tutelle officieuse sur les tenants officiels du pouvoir, ce soit le PC le plus dur, le moins libéral précisément qui l'ait pour la première fois appliquée ; un parti dont la gauche française tout entière attendait en frissonnant une prise du palais d'Hiver quand il ne s'appliquait qu'à gagner des municipalités et à s'effacer prudemment derrière les forces armées : le Parti portugais, que je tenais déjà, au moment de la révolution des œillets, pour le réel inventeur de l'eurocommunisme[39]. Car tel est bien le problème : cet eurocommunisme existe. Il existe comme il le dit. Il n'est rien que la version léniniste de la pensée du souverain. La forme la plus périlleuse aujourd'hui du rêve de démocratie élargie. Et c'est pour cela, pour cela seulement, qu'il faut lui résister.

Tous ces modèles de souveraineté, je me demande alors si ce n'est pas beaucoup plus haut, bien au-delà de Staline, de Marx et même de Rousseau qu'il faudrait en retrouver et affouiller la racine. Toutes ces machines de soumission qui oppriment d'autant mieux que, leurrant leurs victimes d'une illusion de chefferie, elles commencent par les placer dans la peau de leur bourreau et soudent si fort le malheur qu'elles mettent le malheureux au centre de sa spirale de servitude, elles ne peuvent manquer de rappeler un idéal, vieux cette fois de deux mille ans, à quoi le siècle, curieusement, paraît bien nous reconduire. Je veux parler de l'idéal et de la réalité grecs du citoyen-magistrat et de la Cité des princes tels que Fustel par exemple, au nadir de l'âge chrétien, en instruisait le procès et en pressentait le retour imminent. Je songe à ce chapitre admirable où, soulignant l'erreur qui nous a longtemps fait croire que, dans la « cité antique », l'individu jouissait de « liberté pleine et entière », il concluait paradoxalement qu' « avoir des droits politiques, nommer des magistrats, pouvoir être archonte » ne fut et ne sera jamais qu'une forme subtile d'asservissement [40]. Je songe aussi à un autre texte, à peu près contemporain et qui lui fait spectaculairement écho, où c'est Benjamin Constant qui oppose aux mêmes « Anciens » faisant de l' « Individu », « souverain dans les affaires publiques », un « esclave dans les rapports privés », le rêve moderne d'un sujet qui n'est plus « souverain qu'en apparence » parce qu'il est « libre » maintenant, parfaitement libre dans sa vie de chaque jour [41]. Je reviendrai longuement sur le détail de ce modèle grec ; sur le totalitarisme fondamental qui en est le corrélat ; sur les douteuses nostalgies qu'il nous vaut périodiquement. Mais ce qui me paraît clair, pour l'heure, c'est cette vieille leçon libérale : il n'y a point de meilleure définition de la liberté que celle de l'homme « privé » ; et être « privé » c'est d'abord et surtout être *privé de tout pouvoir*.

3

LIBÉRAL-LIBERTAIRE

Cette conclusion, j'imagine, décevra les amateurs de fortes nouveautés et de rutilances philosophiques. On s'étonnera de tant de mots et de détours pour si vite échouer sur une digne mais plate leçon de prudence et de sagesse. On m'objectera surtout, et à juste titre hélas, que Constant contre Marx, cela ne fait guère le poids, et qu'ils sont si défraîchis les plis de la vieille bannière, si lourd aussi le passif qu'on ne peut guère, sans dommage, s'en faire un patrimoine. Soit. Mais entendons-nous bien. Cette prudence, cette sagesse, ce n'est pas sans réserve que je me résous à m'y rallier. Cette leçon que j'invoque, je ne la réciterai pas telle quelle, sans en frapper le blason aux armes du temps présent. Qu'est-ce aujourd'hui, qu'est-ce que peut être demain un nouveau libéralisme, un libéralisme repensé ? Quel sens peut avoir le mot d'ordre, quand, dans le fil de sa tradition, on le remet sur le métier des urgences de cette fin de siècle ? C'est cette question, la question de ce regain, la question de cette refonte qui, présentement, m'occupe et suffit à m'engager...

La réponse est simple pour peu que l'on convienne des acquis de ce qui précède. Qu'ai-je dit en effet en montrant le Prince nécessaire et nécessairement lointain, séparé, spectaculaire ? En le montrant inévitable, mais redoutable en même temps si, dans la tête des humbles, il fiche ses piques et ses insignes ? En lui reconnaissant ses titres, tous ses titres à dire le Droit, mais en lui déniant son titre, son droit à la souveraineté ? J'ai pris le parti inverse de celui des hommes du haut qui, partout dressant les arbres de leur vision politique du monde, dissimulent aux hommes du bas le maquis de leur Résistance. J'ai pris le contre-pied des potentats du bonheur qui, de leur fameux « Pouvoir », font la clé d'or ou d'airain de portes du paradis ou, pour l'instant, de l'enfer. J'ai établi, en un mot, que la liberté réelle, la liberté des hommes réels n'est pas affaire d'État, — qu'en cette affaire elle s'égare et perd toutes chances d'être pensée... Cela veut dire, si l'on préfère, que l'État n'a, comme tel, ni la dignité, ni l'ignominie que lui prêtent ses zélateurs ou ses dénigreurs passionnés. La question du Pouvoir n'est plus la question centrale pour tous ceux qui, aujourd'hui, entendent réfléchir enfin sur la misère concrète des sujets concrets. Ce n'est pas même une question pour tous ceux qui entendent échapper une bonne fois aux pièges de l'hégélianisme et à ses tours incontournables... En sorte que le voici, l'article premier d'un libéralisme conséquent : une attitude qui parie sur autre chose que le Politique ; une démarche qui choisit de réduire le Politique à sa plus simple expression ; une morale qui décrète le problème secondaire, dérivé, inessentiel. Parier, choisir, décréter : c'est une inversion, une conversion de l'âme et du regard qui désertent l'ontologie du Prince où culmine, dans la plupart des grands systèmes, le souci philosophique.

Je dis l'ontologie : cela ne signifie pas, bien sûr, qu'il faille déserter à jamais le débat politique lui-même ; mais le remettre à sa place ; le replacer en son ordre ; celui d'un débat contingent, justiciable d' « opinions vraies », d'une plate « doxographie » au sens platonicien. Je dis conversion du regard : ce n'est pas cécité ni total refus de voir ; mais refus simplement de brouiller les pistes et les genres, de traiter en « science rigoureuse » ce qui n'est plus, en fait, qu'un de ces « hauts intérêts pratiques » dont Husserl faisait l'objet de la « sagesse [1] ». Je dis problème secondaire : cela ne veut pas dire indifférent et moins encore dérisoire, car elle est cruciale, en un sens, la question de la forme concrète de l'État que nous subissons — mais en un *sens* justement, celui du Droit et de l'Institution plus que de la métaphysique et de ses pompes de raison. Je parle d'en réduire le problème à sa « simple expression » : ce n'est pas le disqualifier, mais qualifier les juristes par exemple pour en décider et y trancher... Je ne sais pas, en fait, s'ils ont tort ou raison les docteurs qui, une fois l'an, nous proposent leurs « nouvelles » théories de l'État et du Pouvoir. Je tiens seulement qu'il y a là, souvent, une conduite d'ordre magique qui, célébrant le mystère à défaut de l'élucider, n'avance jamais d'un pas sur les chemins de la liberté. Je sais qu'à leur puissante et subtile « Ontopolitique », il est urgent d'opposer, beaucoup plus modestement, une « Realphilosophie » soucieuse de « probable » beaucoup plus que de « vrai ». Je suis sûr, autrement dit, de ce second article de l'attitude libérale : substituer à la question du meilleur État possible celle de la bonne ou de la meilleure constitution...

Cette question de la bonne constitution, elle suppose à son tour un autre type d'inversion, décisif lui aussi et gros de conséquences. La sanction du « bon État » c'était le rapport qu'il entretenait au vouloir de ses sujets : la sanction doit disparaître et avec elle toute pertinence de la dialectique du Prince et de son Peuple. L'« ontopolitique » raisonnait spontanément en termes de contenus, de contenus de Pouvoir, de matérielles délégations d'intérêt et de désir : la « Realphilosophie » ce sera d'abord le refus de cette démarche, la rupture avec toute pensée de contenu ou de matière, la liberté pensée en formalisme pur. Une façon donc et une seule de juger une constitution, et de les mesurer les unes aux autres : le rapport des gouvernants, non plus à leurs gouvernés, mais à la pure forme de la Loi au nom de quoi ils règnent. Un régime n'est pas d'abord populaire ou élitaire, fidèle ou infidèle au vœu de ses mandants : il est ou il n'est pas référé à une symbolique qui, en même temps qu'elle l'institue, borne son arbitraire. Le problème n'est plus, comme chez Platon et Aristote aussi bien que chez Marx ou Carl Schmitt, de savoir qui exercera la dictature : mais comment concevoir les institutions pour que les dirigeants, bons ou mauvais, fassent le moins de dommages et de ravages possible. La constitution démocratique n'est pas, comme on le croit toujours, le contraire de l'autocratique ou de l'oligarchique : c'est le contraire du caprice, de l'État du bon plaisir, la *forme* de l'universel contre l'illégalisme des chefs et le terrorisme aveugle des foules[2]. Le meilleur des régimes n'est pas le plus souverain : c'est celui qui, à l'idéal de souveraineté, préfère l'idéal de justice — le juste recours *légal* quand menace le despotisme. Le moins mauvais des Princes n'est pas celui qui, l'œil fixé sur la source prétendue de son pouvoir, vit à l'heure du plébiscite permanent : c'est celui qui, au contraire, avant de redescendre dans la caverne de ses sujets, fait le détour par la Loi, principe de toute autorité et source de toute vision. Ce troisième article libéral, ce formalisme résolu, c'est à Moïse que j'en emprunte la formule : le Roi portera toujours avec lui le texte de la Thora dont la quotidienne méditation l'empêchera de s'élever au-dessus du cœur de ses sujets[3]...

Faut-il conclure que je plaide et me rallie à la formule théocratique ? Ce serait un peu vite dire et ne rien entendre à la tradition dont je me prévaux. Car si les mots ont un sens et que la formule désigne un État où Dieu seul gouverne, par le truchement des Princes, et où les Princes, en retour, ne sont rien que les scribes accroupis auprès de son injonction, la royauté selon la Bible était l'exact contraire d'un régime théocratique. Ses prêtres ne sont pas, comme on le croit toujours, les émissaires du Ciel dans la vallée des larmes, mais les envoyés de la terre plutôt vers la demeure céleste : véritable tribut acquitté au Tout-Puissant, le prêtre est une offrande, choisie et comme sacrifiée, selon le Deutéronome, parmi les premiers-nés de chaque famille lévite[4]. Ses rois n'étaient pas davantage, comme dans l'Ancien Régime français, par exemple, des lieutenants de Dieu par Lui mandés ici-bas, mais des délégués des hommes, par eux chargés de l'au-delà : le Prince est une dîme encore, la part maudite du groupe — il est, dit Jérémie, la part « consacrée » à

Dieu, les « prémices de son revenu[5] »... La Thora, elle-même, n'est pas le chiffre d'un idéal, le code d'une Loi séculière, le modèle d'une société dont il faudrait, à la lettre près, incarner, dans la pâte des choses, la verbeuse légèreté : c'est un modèle, rien qu'un modèle abstrait, infini dans le fini, sans terme temporel, rebelle à toutes choses et à toute idolâtrie — et c'est le sens profond de l'incroyable histoire, contée par Samuel[6], de l'investiture de Saül qui ne peut effectivement gouverner que parce que Dieu, d'avance, *a renoncé à prescrire sa Loi*[7]. Car il faut bien le dire, contre Renan et Spinoza : la cité mosaïque, c'est celle où Dieu ne règne que parce qu'il ne gouverne pas ; c'est celle d'une Loi plus sainte que toute Histoire, mais d'une Histoire, en même temps, que ne sanctifie jamais la Loi. Il faut le dire surtout contre tous les tenants modernes de totalitarisme : la bonne constitution, c'est celle qui ne disant *que* le bien se défend de *tout* le vouloir et qui — quatrième principe — ne vénère si fort la Loi que parce qu'elle la sait strictement inapplicable. Il y a là un paradoxe, essentiel à la conscience biblique, dont on verra bientôt le détail et la portée.

C'est que, contrairement à l'idée reçue, les vrais théocrates se recrutent toujours ailleurs, chez les meurtriers de Dieu plutôt que chez ses fidèles. Saint-Just par exemple, qui ne tue le Dieu absent, c'est-à-dire le Dieu tout court, que pour faire de l'Être Suprême le gouverneur omniprésent de ses « institutions républicaines » est, au sens propre, un théocrate[8]. Marx et Nietzsche qui n'exécutent le Christ que pour mieux le réaliser, partout le ressusciter, dans le corps de l'homme nouveau, sur les ruines de la fin de l'Histoire ou de l'éternel retour sont aussi des théocrates[9]. Les terroristes, ceux d'Allemagne et d'Italie, qui n'entonnent le « Ni Dieu ni maître » qu'au nom d'un Dieu plus saint, d'un maître plus divin, d'une loi superstitieuse dont ils tatouent et mitraillent le texte sur la chair de leurs victimes, sont encore des théocrates[10]. Si on appelle théocratique la volonté de confondre, d'incarner Dieu dans le monde, une politique révolutionnaire est toujours d'essence théocratique, — et toujours, effectivement, débouche sur la barbarie. Si, conformément à la Bible, on appelle monothéiste la volonté de disjoindre, de désincarner Dieu du monde, le monothéisme est le fondement, le seul fondement peut-être d'une politique qui, perpétuellement inachevée, ne croyant qu'à un bien qui toujours se dérobe, est l'autre nom de la Résistance. « Résistance monothéiste » contre « révolution théocratique » ? Un chrétien pourrait dire que toute la question politique se résume au débat noué à travers les âges entre Augustin et Joachim de Fiore — le premier, distinguant entre la cité de Dieu et la cité des Hommes, fait des contemplatifs, jamais des anges barbares ; le second, les confondant dans un grand rêve messianique, fit brûler en son nom quelques milliers d'hommes et de femmes sur les bûchers de l'Apocalypse. Un Juif dirait plutôt qu'un Messie est toujours, par définition, un faux messie, c'est-à-dire un assassin et que l'urgence politique est de distinguer entre la Loi, entendue comme agent moteur de l'histoire, et la loi considérée comme juge, simplement, de ses errances. Dans les deux cas, un cinquième principe : distinguer le commandement du « vertueur [11] » de celui de l'État de droit ; démêler scrupuleusement l'exigence infinie de la Loi et la prescription finie de légalité assassine.

D'où un sixième principe, qui étonnera sans doute mais qui se déduit rigoureusement des précédents : la bonne constitution c'est celle qui, parce qu'elle se soucie du Droit, se moque éperdument de la Morale. J'entends, çà et là, que la détresse du temps vient de ce que les pasteurs n'offrent plus à leurs troupeaux de « projet de société » et de grand dessein « mobilisateur » : je ne redoute rien tant qu'un État qui mobilise, enflamme le cœur de ses sujets, les dispense du soin de penser et, un beau matin, les conduit, somnambules, sur les sentiers de la gloire et des camps de concentration. On dit couramment que, si « les jeunes » se révoltent et parfois, au bulletin de vote, préfèrent le P. 38, c'est la faute des gouvernants qui échouent à leur fournir le fameux « sens à la vie » : comment ne pas voir qu'au contraire, c'est au trop de sens et de valeurs qu'ils en ont, les rebelles de la vieille Europe, et qu'une vie « aliénée » ce n'est pas celle qui manque mais qui regorge d'idéal ? Il faut cesser d'ânonner l'absurde litanie de la « crise de civilisation » et de ces « idéaux » qui soudain déserteraient un Occident épuisé : on n'a jamais tant moralisé qu'au siècle de Staline et d'Hitler, à l'âge des enragés qui, au nom d'une morale de la Race, de la Nation, du Prolétariat, traitent les hommes comme des chiens et font de la politique en tuant. Il faut en finir alors avec le rêve à la mode de réconcilier enfin la Politique et la Morale : car une politique morale. une morale politique, cela existe bel et bien, cela existe partout dans le monde, et cela s'appelle le fascisme ou, plus banalement, l'*ordre moral*... Mon idéal de l'État, autrement dit, c'est l'État sans idéal [12]. Le moins mauvais des régimes, c'est celui qui s'avoue totalement incompétent quant à ces « valeurs fondamentales » dont s'enorgueillissent toujours les despotes. Et si j'ai, par exemple, refusé en 1978 l'union de la gauche en France, ce n'était ni par haine de la « gauche », ni par amour de la « droite » : mais par dégoût d'une politique qui prétendait « changer » une vie qui n'appartient qu'à moi.

Derechef, qu'est-ce que cela signifie ? Le pire abus de pouvoir c'est celui des États qui, au nom de leur idéal, nous promettent la jouissance. Le leurre maximal c'est celui des nouveaux princes qui, non contents de promettre, offrent parfois la paix et la sérénité. La barbarie contemporaine n'échange plus seulement la paix contre la douleur, mais contre le bonheur aussi et souvent de préférence. Oui le bonheur, l'esclavage par le bonheur. Saint-Just l'annonçait déjà, cette neuve idée d'une servitude heureuse, dorée et consentie. Comte ne disait rien d'autre quand il réservait à ses « serviteurs de l'humanité » les vertiges de la connaissance et les ivresses de la souffrance [13]. Nous avons tous en mémoire les formules terribles du Grand Inquisiteur dans *les Frères Karamazov* et de Pierre Stepanovitch à la fin des *Possédés :* « Dans le chigalevisme, il n'y aura plus de désir. Nous nous réservons le désir et la souffrance. Les esclaves auront le chigalevisme [14] ». Alexandre Zinoviev est là, encore, pour nous rappeler que le modèle connaît de riches heures dans une Russie soviétique, où les masses soviétisées trouvent leur compte à l'oppression et au grand sommeil de l'âme qui en est le corrélat [15]... De fait, tout l'âge moderne n'a peut-être rien fait d'autre que ressasser la leçon de cet esclavage plaisant : donne ton âme, cède sur ton désir, ce fardeau inutile, ce luxe qui te ruine et tu auras en échange la jouissance par l'institution. Tout l'Occident même, et dès son origine, en a probablement rêvé comme l'indiquait déjà l'ouverture bien connue de l'*Éthique à Nicomaque :* à la question de savoir quelle est la science et l'architectonique du Bonheur, Aristote déjà répondait, au terme de l'enquête, que ce ne pouvait être que le Politique [16]. Raison de plus pour poser, face à ce troc infâme, ce septième et dernier principe : l'État sans Idéal c'est d'abord celui qui renonce à l'idéal de béatitude et la meilleure constitution, celle qui décrète que le bonheur est une idée totalitaire.

On le voit : la formule est toute proche, et très loin en même temps, de celle de Constant et de Fustel. Toute proche par le souci, partout, de *minimiser le Politique :* l'État démocratique est un État minimal, l'État du moins d'État possible. Très loin aussi quand pointe avec le refus de conjoindre morale et politique, avec la méfiance des appareils qui pensent à travers nos têtes, la marque d'une tradition que je dirais « libertaire » si le mot ne me paraissait redoutablement connoté. Libéral ou libertaire ? Je n'ai rien tenté d'autre, par ces quelques pages, que de conjoindre deux lignages que tout tient séparés, fors l'étymologie. *Libéral-libertaire :* c'est le nom qu'il faudrait donner à une démarche politique qui exclura le Politique de l'essentiel et le réduira, comme disait Gorki [17], à une dérisoire « émotion » qui « ressemble aux basses nécessités physiologiques, avec cette désagréable différence que les nécessités politiques s'accomplissent obligatoirement en public ». Car nous le savons maintenant : le seul État qui vaille c'est celui qui, tenant ferme le monopole du *droit*, abandonne à ses sujets la responsabilité du *sens.* La seule démocratie qui tienne est celle qui, inflexible sur les lois, laisse les valeurs refluer du côté des simples gens. La seule philosophie qui tienne et vaille c'est celle qui, de ce reflux tirant toutes les leçons, se décidera à un pari encore, à une dernière conversion du regard qui fera de l'intellectuel un homme du bas désormais, un « penseur des souterrains », changeant de point de vue, chaussant d'autres lunettes, celles de l'individu et de sa singulière conception du monde. Ce qui peut encore se dire, en parodiant le mot célèbre : limiter le Politique pour faire place à l'Éthique.

4

RÉSISTER À LA PLÈBE

Encore faut-il s'entendre sur la définition de ces souterrains. C'est un autre poncif, en effet — le plus tenace de tous peut-être — que celui qui fait du « *Peuple* » le propre nom du bas et la source bénie de toute légitimité. Il suffit, semble-t-il, de la grâce d'un mouvement de « masse » pour que toute valeur défaille et que la pire des barbaries, soudain, s'auréole de sainteté[1]. On nous parle même d'une divine « Plèbe », réelle ou imaginaire, qui cristallise en sa gloire tous les attributs ruinés du Prolétariat défunt et les porte à l'incandescence d'une juste « rébellion ». Or, je dis qu'il y a là un dernier leurre encore, et un fameux signifiant maître. Le pivot de l'idolâtrie politique peut-être, de sa forclusion de l'Éthique et des principes de Liberté. Le plus sûr moyen, paradoxalement, de manquer, de *murer* les souterrains du vouloir où se cherchent et se pensent, à tâtons, les résistances. Et je me demande, alors, si le premier des droits d'en bas, le premier des droits de l'homme n'est pas de résister *aussi* à ce peuple, à cette masse et à cette plèbe qu'a tant vantés le siècle.

Sacrilège ? Écoutez donc les maîtres de la terre et les péans qu'ils chantent en l'honneur de leur bon *Peuple.* Entendez comme ils s'acharnent, côté droite comme côté gauche, à vanter ce sacre plébéien qui, disent-ils, les a faits rois. Voyez l'insistance qu'ils mettent, aussi mortifères qu'ils soient, à se réclamer de lui quand, dans les chambres de torture, hurlent les suppliciés. N'est-il pas singulier que, tous ces massacres et ces forfaits, on tienne si fort à nous assurer qu'ils furent perpétrés sous l'œil des « masses » et pour leur souverain « bien » ? Suffit-il de répondre qu'ils mentent, les assassins, quand tous mettent le même zèle à avérer leur tromperie et parfois même — pourquoi pas ? — à s'abuser eux-mêmes ? Non, il y a là un symptôme qu'il faut traiter comme tel car il est trop régulier pour ne pas être éloquent. On touche ici à une loi qui, pour être non écrite, n'en est pas moins exemplaire et caractéristique de l'âge moderne. Elle semble dire, cette loi, que le Peuple est, comme tel, la source et le principe, le référent et l'horizon de tout pouvoir digne d'exister et digne d'être cru. Qu'un État, quel qu'il soit, avant d'être démocratique, oligarchique ou totalitaire, est toujours et d'abord, nécessairement et par définition, un État « populaire » qui, du Peuple et de lui seul, tire l'alibi de son éminence. Qu'il n'est pas alors, ce Peuple, une brute réalité qui préexisterait à son usage, mais le titre et le blason de chefs qui n'en refusent pas mieux le baptême que leurs ancêtres, jadis, n'auraient pu se dérober à la divine onction[2]... Et si c'était lui, dans ce cas, mieux que Léviathan, le Dieu du XXe siècle ? Et si c'était lui, mieux que le Parti marxien, l'introuvable « Prince moderne » ? Ce qui est sûr c'est que son nom béni, scandé en toutes langues, martelé en toutes guerres, répété en écho d'hécatombe en hécatombe, est comme un talisman que se dispute sauvagement la grande famille des bourreaux, et qu'il y a là un signe troublant, un problème bien réel, qu'on ne peut prétendre esquiver comme simple effet d'imposture ou d'« idéologie ».

Le problème est d'autant plus réel que cette loi n'est pas seulement implicite. Les historiens des idées le savent, elle fut bel et bien écrite jadis, à l'aube de la modernité, par la poignée de penseurs qui, aux XVIIe et XVIIIe siècles, s'essayaient à penser l'énigme du pouvoir humain. On la trouve en toutes lettres chez Hobbes, par exemple, dans le fragment du *De cive* où il déclare que « le Peuple est ce qu'il nomme le Souverain », — qu'il n'est rien donc qu'un « nom », un arbitraire décret, un artifice ou artefact qu'invente le théoricien pour qualifier son lien social[3]. On la trouve aussi chez Grotius, Marsile de Padoue ou Jurieu[4], tous unanimes à répéter cette mystérieuse tautologie que « la souveraineté du Peuple est exercée par le Souverain[5] », que celle-là fait donc celle-ci, et celle-ci réciproquement celle-là, en un cercle indéfini où c'est en un même geste, une double mais contemporaine détente, que s'instituent le « Maître » et, avec lui, la « multitude assemblée ». On la retrouve chez Rousseau encore, où elle prend tout son éclat, avec cette doctrine de la « souveraineté » dont la « volonté générale », on l'a vu, n'est pas le préalable mais le corrélat, — moins une partie, un membre ou un organe du corps social réel que le corps en personne, le corps en majesté, pourvu qu'on le regarde sous l'angle de sa cohésion et du point de vue de son harmonie... Ce qui apparaît là, chaque fois, en se levant du Politique dont nous sommes, bon gré mal gré, les héritiers irréfléchis, c'est l'inouï concept d'un « Peuple » surgissant soudain, dans l'Histoire, à la place qu'y occupèrent longtemps « Dieu », le « Roi » ou même les « simples gens ». Mais qui a cette curieuse et décisive particularité de n'être pas, comme eux, empiriquement repérable et repéré. De n'exister plus, en fait, que par convention ou arbitraire. D'être à la lettre, par conséquent, une pure *Institution*.

Cette Institution peu banale, à quoi doit-elle servir ? Sans s'attarder au détail des textes ni au dédale des théories, on peut, des unes aux autres, observer un même sophisme qui est le vrai ciment où se scelle leur unité. De ce que le Peuple d'abord est « ce qu'on nomme le Souverain », il suit mécaniquement qu'il faut le doter d'un « Corps » — et c'est ce que signifie, chez Hobbes, le frontispice fameux de la première édition du *Léviathan*. De ce qu'il est un « Corps », il faut conclure, ensuite, qu'il est doué de « volonté », que cette « volonté » est « une », qu'elle le meut d'un seul mouvement — et c'est le sens, bien sûr, des métaphores les plus célèbres du *Contrat social* de Jean-Jacques. De cette volonté-une encore se déduit l'exigence, que dis-je ? l'évidence d'un « officier » qui ne sera plus disjoint du « vouloir » qu'il administre, mais qui fera corps, au contraire, avec le corps où il s'incarne — et c'est la raison pour laquelle tout le XVIIIe siècle, en son versant despotique autant que démocratique, n'a pas cessé de rêver d'un « pouvoir » qui résiderait, demeurerait en son « souverain ». De cette résidence enfin, de cette substantielle jointure, il ressort que le Peuple n'est rien que l'autre nom du Prince, le tronc et la tête du Roi, l'image réelle et dilatée de son corps et de son âme, à qui il confère, du coup, et en toute rigueur cette fois, la preuve et l'attribut de toute-puissante excellence... Réponse miraculeuse à l'éternelle énigme du Politique, il figure le rêve des chefs de gouverner leurs sujets avec leur consentement tacite, sinon leur enthousiasme. Solution finale à la plus insoluble équation, il est ce qui permet au pasteur de dire : je suis, moi qui le pais, identique à mon troupeau. Libre ? Serf ? Pur miroir de l'État, simple machine à pouvoir, le Peuple naît d'abord comme ce mirobolant principe d'ordre qui dissout toute résistance dans le silence pesant des pacages d'humanité.

On pourrait relire à partir de là le *Second Traité* de John Locke qu'une tradition têtue présente depuis deux siècles comme la charte et la bible des droits de l'homme au sens moderne... Parle-t-il d'une « loi de nature » où puissent s'ancrer ces droits et se fonder leur légitimité ? Ce n'est jamais dans le sujet mais dans la collectivité qu'elle trouve son expression et son plus digne séjour [6]. Brosse-t-il le portrait d'une créature « raisonnable », capable « de jugement », au lieu de la soumission qu'induisent les dictatures ? c'est le portrait de la « majorité [7] » plus que des hommes qui la composent et qui lui ont, à tout jamais, abandonné leurs pouvoirs [8]. Évoque-t-il la possibilité d'un « arbitrage » suprême, d'un « appel » à la justice du « ciel », d'une résistance aux puissants quand ils trahissent le « trust [9] » dont ils avaient la charge ? c'est de la « communauté » qu'il s'agit encore, de la communauté qu'il s'agit *toujours,* car à elle seule revient le devoir de trancher et, parfois, de s'insurger[10]. En va-t-il autrement du droit imprescriptible à la vie, à l'intégrité du corps, à la « propriété » même, où l'on a coutume de voir, pour s'en réjouir ou le déplorer, la marque d'un « individualisme possessif[11] » ? là encore, les textes foisonnent où ce n'est pas à l'individu comme tel que se rapporte ce droit, mais paradoxalement au « groupe[12] », seul mandataire, de nouveau, de la Loi de l'Éternel[13]. Qu'en est-il alors de la « personne privée » quand l'injustice la frappe et que, dans une « lutte religieuse » par exemple, elle a « perdu ses biens[14] » ? elle hésitera longtemps, recommande le philosophe, avant d'entrer en dissidence car elle doit savoir, l'ignorante, qu'une infortune ne vaut que si elle « émeut le Peuple » et que le « Peuple », en sa sagesse, ne s'émeut guère d'intimes calamités[15]. S'obstinera-t-elle néanmoins à revendiquer son dû et à clamer partout sa vaine et bruyante souffrance? qu'elle ne s'étonne pas alors si, menacé en ses intérêts vitaux, le « plus grand nombre » la réprime, médiatise sa dérisoire révolte et use même de la « force » pour réduire sa sédition[16]... John Locke, on le voit, a beau être le penseur de l' « habeas corpus » : il ne reconnaît vraiment de « corps » qu'à la « communauté » ; il ne donne dignité de sujet qu'à cette « majorité » abstraite où disparaissent « ambition », « orgueil » et « turbulence[17] » ; fils de son siècle et d'une philosophie du « Peuple », il ne pouvait voir dans l'homme seul qu'une demi-créature, un degré zéro d'humanité, renvoyé sans sommation à ces marges d'illégalisme où grouillent, avec mendiants et vagabonds, tous les rebuts de la société de Raison[18]...

Reste, bien entendu, que le *Traité* ne se réduit pas, tout entier, à ce schéma de coercition. On y trouve *également* les très précieux rudiments d'une théorie des droits de l'homme. Comme toutes les philosophies du XVIIIe, il est secrètement partagé au long d'une ligne de crête, qui a probablement le salut du sujet pour enjeu. Loin de le nier donc et de condamner en bloc les « Lumières » dans leur ensemble, c'est pour une estime nouvelle, un inventaire critique que je plaide en ce moment.

Mais un inventaire, une administration de l'héritage qui vont exactement à rebours de la tradition et de ce que veut l'idée reçue... Contre les experts en police philosophique qui distinguent, par exemple, le bon Rousseau, celui du *Contrat,* et le mauvais, celui des *Rêveries,* je choisis, moi, le second parce qu'affirmant péremptoirement la douleur et l'odyssée d'une âme, il me paraît plus proche, plus sympathique à la voix muette des gueux. A l'inverse de l'interprétation classique qui fait gloire aux Lumières d'établir à jamais une doctrine du « Souverain » où puisse s'asseoir le Politique, c'est là que je vois plutôt leur plus subtil maléfice, où continue de s'éterniser, aux couleurs de Liberté, le millénaire esclavage des humbles, têtes ployées sur l'Autel de l'État athée. Loin de voir dans leur éthique ou dans leur « religion », dans la « tolérance » voltairienne ou dans la religiosité diffuse de Diderot, dans les *Carnets* de Montesquieu ou dans « l'Appel du Ciel » de Locke, des séquelles, des résidus, des miettes anachroniques de l'ancien monde, j'y vois l'essentiel au contraire, l'essentiel de ce qu'elles nous apportent, l'essentiel de ce qui nous reste, à nous, si démunis face aux triomphes de barbarie. A la question de ce qu'il faut garder et de ce qu'il faut rejeter de l'individualisme « possessif » et « bourgeois », la seule réponse qui tienne, et tienne face à l'horreur, c'est, à l'inverse de ce qu'on dit toujours : oui à tout ce qui sauve, permet d'épargner un corps, non à tout ce qui préserve, garantit le corps du Peuple ; oui à tout ce qui protège, conserve le conatus du sujet, non à tout ce qui combat, réduit l'égoïsme d'une âme. Où sont les « progressistes » ? Où sont les « réactionnaires » ? Si les mots ont un sens, ce qui fait progrès dans le XVIIIe, c'est sa part bourgeoise justement, jusques et y compris ce fameux et malfamé « droit de propriété » qui est, on le verra bientôt, le seul étai possible d'une intériorité ; et il est réactionnaire, précisément, par tout ce qu'on y encense et applaudit d'habitude : cette « volonté populaire » que, de 1793 à Staline, adoreront les dictateurs.

Car, « que veut le peuple » ? C'est très précisément la

question que pose Hérault à Hanriot, le soir du 2 juin 1793, à la veille de l'arrestation et de l'assassinat des Girondins. « Le peuple, répond Hanriot, veut qu'on lui livre vingt-deux coupables » — et les coupables lui seront livrés, sacrifiés au divin vouloir, sous la menace des canonnières mais à l'ombre aussi des assurances de la philosophie du Souverain[19]. « La Raison », avait pourtant objecté Isnard, ne demanderait-elle pas plus de mesure, plus de respect peut-être, sinon de l'Assemblée, du moins de la vie de ses membres ? L'Assemblée, tranche Hérault encore[20], sait que « la force de la Raison et la force du Peuple sont la même chose » et qu'il lui suffit de s'exprimer, de « demander un magistrat », pour que les « représentants du peuple » s'exécutent, *l'exécutent* et l'offrent à la « soif » populaire. Il ne suffit plus là de dire que le fascisme réel s'exerce de bas en haut autant que de haut en bas et qu'il ne se lasse pas de lancer les masses à l'assaut des appareils : il faut préciser que son pouvoir n'est si absolument meurtrier que parce qu'il n'y a plus, dans la tête de ses acteurs, ni « haut » ni « bas » du tout et que les faîtes de « Raison », cette pauvre « Raison » d'Isnard, se sont brusquement écroulés dans les abîmes de la « Force » plébéienne. Laurent Dispot a admirablement décrit le schéma de cette « Machine à terreur », née avec la Montagne, où l'énergie puisée à la base se change continûment en chaleur terroriste au sommet[21] : il faut ajouter, peut-être, que le dispositif ne travaillerait pas si bien, si ne s'y confondaient la source et l'estuaire ; si ce n'était « la même chose », comme dit Hérault, qui y entre et qui en sort ; si les masses, en un mot, n'étaient elles-mêmes la machine, toute la machine, rien que la machine, creuset sanglant et monstrueux de l'alchimie totalitaire. Comme chez Staline, façonnant de toutes pièces des « oppositionnels » qui sont le négatif de son Prolétariat, comme chez Hitler aussi produisant indéfiniment du « Juif » comme image inversée de son « Volk[22] » — le corps bouché du « Peuple » selon Hérault et Hanriot ne se contente plus de réprimer, de forclore la Résistance : il s'évertue à induire du Deux, à générer de la

Faction, à exhiber encore et toujours plus de Monstres que l'on s'attache aussitôt, et dans le même mouvement, à renvoyer dans les ténèbres de l'enfer contre-révolutionnaire. Et c'est en quoi il est le premier modèle de ces grands universaux barbares qui n'ont cessé, depuis, de labourer le monde.

Cas limite ? Soit. En voici un autre, alors, plus proche et plus anodin. C'est celui des deux traités de l'ONU qui codifient les droits de l'homme à l'échelle internationale. L'un se rapporte aux droits « civils et politiques », l'autre aux droits « économiques, sociaux et culturels » — l'un et l'autre, curieusement, s'ouvrent sur le même article : « Tous les peuples ont le droit de disposer d'eux-mêmes[23]... » Pratiquement, qu'est-ce que cela signifie ? Qu'implique-t-il, ce *premier* droit, « en vertu duquel », nous dit-on, vaudront tous ceux qui suivent ? Pourquoi cet ordre, cette priorité, et sont-ils insignifiants ? Ce qui s'y dit, en réalité, c'est qu'il n'est pas de liberté « civile », « sociale » ou « politique » qui ne pâlisse devant l'éclat de la « Liberté » et de l' « Autonomie » du « Peuple tout entier ». Ce qui s'y dissimule, c'est que cette autonomie elle-même, que les diplomates nomment « indépendance » et qui suppose toujours, par parenthèse, un renforcement du pouvoir d'État, est devenue la condition, le préalable inconditionné de la satisfaction des simples gens. Ce qu'on pose là, sans trop l'avouer, c'est cet axiome redoutable que la liberté *du* corps social, avec tout ce qu'elle suppose d'aveugle nationalisme, d'infantilisme politique, de vigilance militaire ou policière, précède, tant logiquement que chronologiquement, la liberté *dans* le corps social — celle-là même qui, pourtant, touche au vif de leur âme les réels individus. Et la conclusion de tout cela, c'est, tout naturellement, que peu importent la faim, la misère, la torture, l'infamie de tous les jours, quand les victimes s'assemblent en un Peuple qui lutte « héroïquement » pour la « libre disposition de soi-même »... On reconnaît là sans peine le raisonnement des tsars rouges qui règnent depuis Lénine sur les charniers de la Russie nouvelle. La démarche des « timoniers » chinois dont le slogan célèbre sur « les États qui veulent l'indépendance, les nations la liberté, les peuples la révolution » n'oublie que d'évoquer la volonté des hommes et des femmes concrets. L'alibi de tant de dictateurs post-coloniaux qui, forts des difficultés du peuple à se libérer d'une trop longue tutelle, renvoient toujours à demain, à un demain qui ne vient jamais, l'attribution à ces hommes et ces femmes de « privi-lèges » réels. L'étrange aune, enfin, qui permet à nos experts de « gauche » de mesurer — de « relativiser », disent-ils — les violations des droits de l'homme au Vietnam, au Cambodge, où l'on devrait savoir, que diable ! que l'Histoire est une gigogne dont les paliers s'emboîtent dans l'ordre réglé qui va du Peuple à ses sujets[24]. C'est toujours, en fait, le vieux sophisme meurtrier, juste démarqué des Lumières, à peine remis au goût du jour, mais qui accède ainsi à l'ultime consécration de Droit international.

Savent-ils d'ailleurs, nos compétents du progressisme, que leur « droit des peuples à disposer d'eux-mêmes » a d'autres lettres de noblesse encore, plus inavouables s'il se peut ? Savent-ils que c'est de lui aussi que, pendant sept ans au moins, se soutint la politique étrangère nazie, trop souvent réduite à la banalité d'une recherche d' « espace vital[25] » ? Pourquoi ne lisent-ils pas Haushofer[26] par exemple, maître à penser du Führer en la matière qui, non content de proclamer le principe, crut bon de le théoriser avec un luxe de subtilité qui les ferait, j'en suis sûr, pâlir d'admiration ? Ils y trouveraient, d'abord[27], une forte conception géopolitique du monde, partagé, comme il se doit, entre « cellules de révolution » (Allemagne, Italie...) et « espaces fragmentaires » (Europe centrale et orientale). Ils y apprendraient que le moindre « Peuple », aussi arriéré soit-il, aussi démuni même, a un « droit inaliénable » à disposer de son propre sort. Ils y entendraient néanmoins la voix de la sagesse préciser que « droit » n'est pas « pouvoir » et que tous n'ont pas, hélas, « égale capacité » à actualiser leur prérogative. Ils comprendraient, alors, pourquoi les Transylvaniens par exemple peuvent, en vertu de leur « droit », échapper à la tutelle roumaine, mais doivent, du fait de leur « incapacité », se rattacher à la Hongrie. Pourquoi, au nom de la même fine dialectique, les Criméens ou les Tchèques de Bohême méritent de faire sécession mais aussi, avec une égale nécessité, de s'intégrer à la Nation allemande. Comment, encore, l'éternel problème de l'Ukraine, ce « cadavre dans la maison », trouvera enfin sa solution le jour où on lui appliquera la formule, chère à l'Allemand Sering[28] — mais aussi, est-ce un hasard ? au Géorgien Staline — d'une fédération de peuples gravitant autour d'un même noyau qui garantisse souverainement l' « indépendance » des « petites nations »... On n'en finirait pas, à vrai dire, d'énumérer les cas et de s'extasier de tant de merveilles. Il n'y a pas un problème de la planète à quoi Haushofer, fort de ces principes simples, n'ait immédiatement réponse. Pas de désordre dans l'absurde puzzle du monde qui ne se range et ne s'arrange quand frappe la magique baguette. Tout, absolument tout, rentre dans l'ordre quand on se retrouve entre soi, c'est-à-dire entre États, c'est-à-dire entre Peuples, et qu'on a chassé de la scène ces perpétuels gêneurs que sont les hommes de chair. Chamberlain et Daladier eux-mêmes s'y laissèrent prendre quand, un matin de l'été 1938, à Munich, ils virent un Hitler sûr de lui, réclamer pour le « peuple » sudète... le droit imprescriptible à « disposer de soi-même ».

Ils auraient eu mauvaise grâce, d'ailleurs, à feindre la surprise, tant il était clair, déjà, que l'homme qu'ils avaient devant eux était *effectivement* un inégalable conducteur de peuples. Ils savaient bien, ces « pacifistes », qu'à l'heure où ils pactisaient avec la barbarie montante, cette barbarie était l'autre nom d'un formidable feu populaire qui embrasait des millions d'âmes au service de leur Führer. Ce Führer, nul n'ignorait qu'il servait moins les intérêts d'un État mortifié par des traités iniques, que la passion d'un « Volk », fait de terre et de sang, d'espace et de mémoire, qui advenait, grâce à lui, à sa vérité mystique après que tant de « romantiques » en eurent chanté la vaine gloire. Churchill en personne le reconnaît, oui Churchill le « vieux lion », le symbole futur de Résistance, dans l'incroyable lettre ouverte qu'il adresse à Hitler par l'intermédiaire du *Sunday Times*, où il écrit, en *août 1937*, que « si l'Angleterre devait subir un malheur comparable à celui de l'Allemagne en 1918, je prierais Dieu de nous envoyer un homme qui aurait une force de volonté et d'esprit égale à la vôtre »[29]. Il n'est pas si loin, le temps où les chefs nationaux-socialistes étaient à l'avant-garde du mouvement ouvrier régénéré, purs et durs fers de lance des grandes grèves de Berlin, qu'ils appuyaient si ardemment qu'elles leur coûtèrent un moment le soutien d'une bourgeoisie épouvantée par ces « Girondins » impuissants à contrôler le mouvement de masse venu d'en bas[30]. Elle est présente à toutes les mémoires, leur attitude devant les insurrections paysannes de la côte ouest du Schleswig-Holstein où ils se rangèrent aux côtés des hordes de rebelles qui marchaient sur les villes, drapeau noir en bannière, glaive rouge et charrue blanche en blason, derrière Claus Heim, leur leader charismatique[31] ? Comment oublierait-on que c'est pour les soutenir que le NSDAP créa son premier grand quotidien régional, le seul même à l'époque[32] ? Comment tenir pour rien que, dans le comité constitué en 1930 pour la libération de Heim, des nazis se retrouvaient au coude à coude avec les communistes[33] ? Comment ne pas songer à une version hitlérienne de *la Guerre des paysans en Allemagne* de Marx et Engels quand on lit le récit épique que donne de toute l'aventure Ernst von Salomon dans *la Ville*[34] ? Le fait est que, quand un Helmut Plaas parle de « convertir » l'énergie populaire au « service de la nation » tout en redoutant que cette « conversion » ne l'« estropie »[35], on est très près encore de la « machine à terreur » de Saint-Just et de sa « révolution est glacée ». Et il faut bien admettre, au moins, que les grands soulèvements plébéiens, le gouvernement du Peuple, par le Peuple et pour le Peuple, les nazis *aussi* en firent, pour notre malheur, la terrible et mortuaire expérience.

Face à cette expérience, à son implacable leçon, on ne peut qu'être confondu et il devient urgent de rectifier quelques slogans... Est-il si sûr, par exemple, que « l'œil des masses voit juste » et que, de leur vision, vienne toujours la vérité ? Ce qui est sûr, c'est que c'était l'opinion de Niekisch qui voyait dans la plèbe une « nouvelle figure impériale », et l'opinion d'Hitler lui-même quand, dans son discours de clôture au Parteistag de 1935, il « reconnaissait dans le peuple le durable et ce qui est[36] ». Peut-on continuer, comme si rien ne s'était passé, de clamer que le « service du Peuple » est le but et la mesure de toute politique ? C'était encore la conviction du Führer dans le « mémoire secret » adressé à Göring en 1936, et c'était celle de Goebbels, des frères Strasser, de Rosenberg qui ne juraient tous que par le Volkstum d'Hölderlin, de Schlegel et de Wagner[37]. Serait-ce que ce Volk était un mauvais Peuple, né bon mais partout dans l'erreur, après que des chefs diaboliques l'auraient détourné de sa vocation ? On serait bien en peine d'en trouver un « meilleur », dans ces étranges années où le Parti communiste ne pouvait mieux faire que disputer aux nazis les *mêmes* électeurs, la *même* base de masse, dans les *mêmes* mouvements de métallos et les *mêmes* piquets de grève[38] : en novembre 1932, une « unité d'action » si étroite qu'elle se solde, sur le terrain, par un authentique « *front populaire*[39] » ! Faut-il supposer, alors, qu'il s'agissait, chaque fois, de masses désarmées, brisées déjà par la répression, et dont le déclin du marxisme avait ruiné la combativité ? Vite dit, trop vite dit encore, quand on sait que ce fut presque toujours, au contraire, sous l'impulsion des chefs de bande strassériens que le mouvement ouvrier allemand, démembré par l'échec du spartakisme, retrouvait le radicalisme, la formation militante, l'entraînement à la lutte armée que lui refusaient les caciques communistes et les grandes organisations social-démocrates[40]. Il suffit de lire les premières pages de *Combat pour Berlin* de Goebbels[41] pour comprendre comment, avec leur « caractère prolétarien accentué », leur « élan révolutionnaire ininterrompu », leur étrange délire aussi où se mêlaient ouvriérisme, nationalisme et lutte de classes, les SA de Prusse ont si vite levé le « surmoi » politique, les lourdes chaînes marxistes qui, depuis si longtemps, interdisaient aux masses de se révolter.

N'ont-elles donc pas, comme on dit, « toujours raison » de se révolter ? Je crains effectivement que non, car ces foules déchaînées qui, de Silésie en Wurtemberg, acclamaient la croix gammée étaient bel et bien en révolte et que, du défilé de cette Révolte « prêchée sans cesse, haineusement, systématiquement, impitoyablement », comme le voulait Jünger [42], ne sortirent rien que convois d'agonisants et amas de chairs gazées... On commence à admettre aujourd'hui qu'Hitler, en sa jeunesse, fut secrètement subjugué par un marxisme « scientifique » dont on retrouve la trace dans toute sa conception de la société [43] ; qu'entre les deux familles, la frontière était si floue, si perméable, qu'on ne compte pas le nombre de communistes passés discrètement par la SA, de SA passés bruyamment au KPD, sans parler des indécis faisant interminablement la navette dans les deux sens [44] ; que, de ces traversées enfin, au gré de ces va-et-vient, naquirent d'étranges gués, des monstres politiques, aux noms baroques mais éloquents, « nationaux-communistes », « conservateurs-révolutionnaires », « nationaux-bolcheviques », groupés autour de minuscules revues, d'organisations de jeunesse ou de comités d'agitation [45]. Ce qu'on sait moins, en revanche, c'est qu'il ne s'agissait pas là de groupuscules folkloriques et marginaux, mais bien de la source vive, de la *matrice* du mouvement. C'est là en effet, dans ces cercles obscurs où, dès les années 20, des anciens des corps francs prophétisaient le pacte germano-soviétique [46] que la plupart des grands ténors futurs firent l'essentiel de leur apprentissage politique et idéologique [47]. Contrairement à la légende, ce n'est pas Hitler lui-même qui bâtit son propre parti, mais des « marxistes intégraux », comme il le dira un jour [48], des « bolcheviques de cœur » comme ils s'en vantent eux-mêmes [49], — Otto et Gregor Strasser, léninistes impénitents, admirateurs de l'URSS, exclus en 1932 seulement, après qu'ils ont irrévocablement halé vers la machine nazie la grande rumeur de la rue [50]. La stricte vérité oblige à convenir, autrement dit, que le national-socialisme est né rouge et à gauche, comme la plupart d'ailleurs de tous les fascismes de ce siècle... Assez donc de l'idée reçue qu'il aurait sournoisement fardé de socialisme une très réelle gestion du capital : la presse libérale allemande des années 30 était plus près de la vérité quand elle déplorait qu'au contraire une mince écume nationaliste ne dissimule la vague de fond d'un mouvement de masse triomphant [51]. Assez surtout de répéter que Marx s'est trompé en prévoyant la révolution en Allemagne : il ne s'est pas trompé du tout, puisque la révolution y a effectivement eu lieu et qu'elle a changé, dit Goebbels encore, « les rapports des hommes entre eux, les rapports des hommes à l'État et à la question de l'existence [52] » ; il s'est d'autant moins trompé qu'elle n'a nulle part si bien réussi, jamais si bien embrasé les cœurs, jamais tant galvanisé un peuple en rébellion ; il oubliait simplement de nous dire que ce peuple en rébellion mettrait la mort au monde et l'Europe à feu et à sang.

Il ne faut pas s'étonner alors si, par-delà le marxisme et le stalinisme où il ne cessa de voir son rival irréductible, l'hitlérisme est allé plus haut, plus profond encore dans la mémoire des peuples, chercher la source et le modèle de son inouïe révolution. Je disais, à propos de l'épisode mal connu des émeutes du Schleswig-Holstein, qu'avec sa *Ville*, Ernst von Salomon avait donné au mouvement sa *Guerre des paysans*. J'aurais pu dire en réalité, et sans la moindre métaphore, qu'il y a dans le *Mythe du xxe siècle* de Rosenberg, un écho insistant à la « guerre des paysans » elle-même, à la propre guerre des gueux dont Marx, Engels et leurs épigones ont immortalisé le souvenir. On y trouve un chapitre entier, en effet, où le ministre de la Conception du monde fait le panégyrique des « bégards » et des « béguines », des « frères du libre esprit », des mystiques rhéno-flamands et de Thomas Münzer, en particulier : oui, Münzer en personne, le rebelle anabaptiste décapité en 1525 pour avoir affronté ensemble le pouvoir civil et religieux [53]. On repère là, de même que chez Chamberlain ou Hitler, maintes références à cette tradition apocalytique qui enflamma tout le Moyen Age pendant quatre siècles à l'époque où d'humbles brigands se révoltaient contre les puissants au nom de la Cité céleste et de son imminent avènement — au nom aussi d'un égalitarisme ardent, tout proche du rêve communiste. Comment ne pas penser à ces insoumissions médiévales et à la trace qu'elles déposèrent dans la mémoire collective allemande quand on voit les ligues de jeunesse hitlériennes, dont le rôle fut, comme on sait, décisif dans l'aventure, se baptiser « oiseaux migrateurs », « chevaliers blancs », « libres esprits allemands », « trouveurs de chemins » ou « ligue des gueux[54] » ? L'antisémitisme lui-même n'avait-il pas de solides ancrages dans les annales de croisades où, comme le racontent les chroniqueurs, on ne partait jamais en Terre Sainte sans s'être d'abord offert une tête de Juif de Mayence, de Hanovre ou de Berlin[55] ? Qui invente les pogroms sinon ces vagabonds, ces rebelles, dont je veux bien qu'ils aient été des héros, mais à condition de ne pas oublier que leur errance éperdue, leur nomadisme insensé étaient tout de même scandés par l'incendie des synagogues ? De fait, et au risque de choquer, je crois bien que c'est toute la littérature de propagande nazie qu'on pourrait ainsi relire à la lumière de ces « effrois » dont on nous chante ici et là la splendide et populaire légende...

Ainsi par exemple, quand Hitler fait de sa haine du Juif le « propre combat du Seigneur[56] » et que Göring, symétriquement, voit dans les fils de la Bible la « figure de l'Antéchrist[57] », ce n'est pas à Gobineau qu'ils pensent, ni même seulement à Richard Wagner, mais aussi, au-delà, à cette tradition millénariste dont ils reprennent jusqu'au vocabulaire. Dans les procès de prêtres catholiques condamnés pour « immoralité » ou « trafic de devises », on peut certes entendre l'écho de tel procès de Moscou, mais aussi, plus vraisemblablement, celui des « flagellants » du XIIe siècle accusant le clergé, déjà, de lucre et de simonie, les deux armes du complot pour retarder la venue de l' « empereur des Derniers Jours[58] ». Cet « Empereur » à son tour, ce Roi « juste et pieux » que toute la chrétienté hérétique attendit avec tant de ferveur[59], c'est son image encore qui revient hanter la tête malade de Chamberlain quand il prétend, dès 1924, reconnaître en Hitler le nouveau messie chargé par le destin, comme jadis le « *novus rex* », de reprendre le sceptre chu de Frédéric et de Guillaume[60]. Sous la plume de Rosenberg, il devient un chef de guerre et de foi qui saura restaurer en son lustre l'antique culture teutonne[61], — et c'est, presque mot pour mot, la description qu'en fait le *Livre aux Cent Chapitres,* ce texte du XIVe siècle attribué par la légende à un mystérieux « révolutionnaire du haut Rhin[62] ». Dans ce *Livre aux Cent Chapitres,* on lit, chemin faisant, la démonstration de l' « élection » du peuple germain, de la nationalité germaine d'Adam, et de l'apparition tardive, postérieure à Babel, de la langue hébraïque, — tous thèmes dont on ne connaît que trop la fortune en marge des camps de la mort. Le nom même du IIIe Reich et sa promesse de « millenium », ne pouvaient manquer d'évoquer, pour un Allemand moyennement cultivé, la prophétie des « trois États du monde » et cet « evengilium aeternium » dont les moines franciscains reprirent l'idée de Joachim de Fiore pour la véhiculer dans les campagnes en rébellion[63]. On n'entendra rien non plus — et l'Europe, de fait, n'entendit rien — à la folle expansion de ce Reich, si l'on persiste à y diagnostiquer une paranoïa nationaliste classique qui aurait fait d'Hitler un fils naturel de Bismarck quand, bien en deçà du bismarckisme, il rêvait de ce Saint Empire romain germanique qui fut encore, pendant si longtemps, le terme postulé de l'attente messianique[64]. Lorsque, au lendemain de l'Anschluss, il tint à s'en faire présenter les emblèmes, il savait parfaitement quels archaïsmes il ressuscitait, quels brasiers il rallumait, à quelles utopies *authentiquement plébéiennes* il enjoignait son Peuple réel de venir se ressourcer...

On voit bien, à ce point de démence et d'horreur, tout le chemin parcouru depuis qu'en ses commencements la modernité découvrait les prestiges du collectif. Ce Peuple totalitaire en effet, passé insensiblement de l'histoire des idées aux idées dans l'histoire, n'est plus simplement ce que supposaient des théoriciens pour donner sens à leur discours, mais ce dont des chefs se dotent pour servir d'objet à leur vouloir. Il ne se contente plus, comme chez Rousseau dans le *Contrat*, de nier l'Homme dans l'homme, c'est-à-dire ce qui, en chacun, rend possible la Résistance : il exalte l'inhumain dans l'humain c'est-à-dire ce qui, dans le sujet, rend capable de tuer. Il n'est plus, comme chez Grotius ou Jurieu, une pure institution, c'est-à-dire finalement une forme : mais la forme poussée à sa vérité, à l'extrême de sa consomption, à l'amorphe et à l'indéterminé, — mieux que miroir substance, informée par la détermination barbare. Ce n'est plus la paix qu'il vise, ce rêve de paix civile qui animait tout de même Hobbes, mais la guerre au contraire, la guerre de tous contre tous, la guerre du Peuple contre lui-même, cet état critique et limite où la mort, frappant au hasard et brisant tout lien social, rapporte l'humanité à cette indétermination fondamentale qui est devenue son horizon. Ce n'est plus de vie qu'il s'agit — de la « conserver », de la « sauver » — mais de mort plutôt, du grand *Viva la muerte !* final entonné par Hitler dans son bunker condamnant son peuple à mort avant de s'immoler lui-même, — un peu comme Robespierre se condamnait, lui, à la guillotine, après qu'il y eut voué la France entière. Les « masses », après cela ? C'est le nom que donne le boulanger à la pâte encore indivise. C'est ainsi que le fondeur baptise le métal bouillant qu'il va couler dans le moule. C'est le terme qui, en physique, désigne dans le corps ce qui n'a point de qualité et n'est qu'amas de compacité. L'humanité réduite à sa « masse » n'est rien, en ce sens, que la société réduite au corps totalitaire du Prince, monstrueusement dilaté, lui-même, aux dimensions du corps des hommes. La Plèbe *et* l'État : c'est toujours l'État *dans* les hommes, — une seule et même réalité vue, là du point de vue de sa matière, ici au contraire de sa forme.

On comprend mieux, maintenant, pourquoi l'idée de se mettre « à l'écoute » de la « parole des masses » n'a plus le moindre sens : réduites à cet état d'apathie comment les entendrait-on puisqu'elles ne parlent plus du tout, — que leur « langue », dit la Bible, est « inintelligible [65] » ? Matières et instruments de la volonté de puissance des chefs, leur parole n'est au mieux que celle de la participation, de la communion, de l'oraison ; pur corrélat de l'État idole qui s'exprime par oracles et injonctions, leur verbe se dissout lui aussi dans le rite et la transe ; en termes politiques, la langue propre de la Plèbe, c'est toujours le *plébiscite.* Absurde, de la même façon, de prétendre se mettre « à son école », comme veulent faire tant d'éclaireurs éclairés qui pullulent dans les rangs de la gauche totalitaire : qu'ont-elles à nous apprendre, en effet, ces foules aphasiques dont « la bouche », dit Isaïe encore, profère l'infamie [66] ? Si la culture est d'abord ce qui distingue et discrimine, ne faut-il pas convenir que l'humanité indifférenciée n'a plus de culture non plus ? si la Plèbe n'existe que dans son rapport spéculaire à l'image de sa mort promise et voulue, que nous dira-t-elle d'autre que ce message de mort ? la culture de masse, à ce compte, c'est ce qu'en termes modernes, on appelle la *propagande.* « Plébiscite » et « propagande » : face à ces deux modes de discours qui, outre l'ombre des Goebbels et Hitler, portent la marque indélébile du seul Montagnard qui ait réussi, je veux dire Bonaparte et, outre Bonaparte, de celui que Babeuf, déjà, appelait « l'Empereur Robespierre », — face à cela donc, je dis que la seule éthique qui tienne sera celle qui, au Peuple aussi, saura opposer la voix sourde des simples, c'est-à-dire des purs sujets, en leur invincible et irréductible singularité. Et la seule tradition où, peut-être, je parvienne à me reconnaître, c'est celle de ces hommes *seuls* justement, qui ne craignaient pas de blâmer les peuples quand les peuples s'égaraient ; qui n'hésitaient pas à les identifier à l'État quand à l'État ils se pliaient ; qui avaient l'insigne audace de penser le Bien et le Vrai sans jamais les asservir au nombre de ceux qu'ils ralliaient ; ces hérauts-là, ces solitaires, ces hommes de peu de nom dont les textes nous disent qu'ils sont aussi des hommes quelconques pour peu que les hommes quelconques consentent à penser avec leur tête, c'est-à-dire avec la Loi, — c'est ceux que la Bible a baptisés « prophètes » et dont on verra bientôt l'irremplaçable *modèle* qu'ils ont légué au monde, d'une Résistance pensée hors des sentiers d'idolâtrie.

Ce qui est sûr, pour l'heure, c'est que bien des choses basculent à partir de là ; et d'abord les paysages solaires où se meuvent les compétents, et où la lumière de midi écrase toute pénombre. Vu depuis ces souterrains retrouvés, l'essentiel ne sera plus d' « interpréter », moins encore de « changer » le monde : sortie de son orbite, la philosophie n'est plus que l'oreille, modeste et attentive, du petit bruit que font les hommes quand ils protestent contre le malheur. La Liberté, de ce point de vue, n'a plus la glorieuse définition qui, de Platon à Hegel, promet à chaque homme ses mirifiques et populaires mirages : battue du vent des soutes, battue de tant d'épreuves, elle se nomme Résistance, strictement Résistance, et ne fait rien que réagir, gagner un peu de terrain sur le cancer que, dans les têtes, tisonne la Religion du Politique. Au Judas de cette réaction, la droite et la gauche prennent leur sens : à droite ce qui tue, ce qui minéralise un homme et ne lui reconnaît d'ancrage qu'au corps divin du Prince ou de ses signifiants, — à gauche ce qui le préserve, empêche qu'on le mutile et lui laisse assez de solitude pour qu'en cette solitude il puise la force de rejoindre la solitude des autres hommes. Une valeur et une seule enfin, au manège du droit d'en bas, un critère et un seul dont il faudra patiemment, désormais, tenir la discipline : l' « individu » comme tel, épave splendide et inutile, dont la voix s'est égarée mais nous poursuit toujours comme un muet reproche. Je vois les yeux vides des morts qui surgissent du fond des ténèbres, pour nous rappeler quelques-unes de nos erreurs de calcul.

DEUXIÈME PARTIE

ATHÈNES OU JÉRUSALEM

Car qu'est-ce que l' « individu » ? Son nom même garde-t-il un sens, en ces temps de grand soupçon ? Existe-t-il, ce pur sujet, à quoi je prétends ainsi rapporter une Résistance ? N'est-elle pas une chimère, une licorne, un autre leurre, cette épave dont je ne sais rien sauf qu'elle me sollicite ? Ces questions, on le sait, ne sont plus d'académie, quarante années après qu'André Malraux eut proclamé, le premier, l'imminence de la « mort de l'Homme[1] *». Elles sont plus actuelles que jamais, à l'heure d'une schizophrénie savante qui prétend défendre pratiquement les droits d'un « Homme » dont elle ne cesse, depuis, d'annoncer le trépas théorique. C'est le problème fondamental, sans doute, qui se pose à une éthique soucieuse de son statut et de sa vérité. Et il semble bien que, pour l'instant, dans le grand tintamarre moderne, on ne sache mieux l'épeler que dans la forme du déchirement et de la contradiction.*

De là l'obligation, l'impérieux devoir de reprendre le débat et d'en déplacer les termes. L'urgence d'une généalogie qui, attentive à la trace avant qu'à l'argument, s'attache au moins à savoir ce qui, ici, en Occident, a rendu jadis possible l'émergence puis le déclin de cette figure paradoxale et, après tout, unique dans l'histoire des civilisations. La nécessité d'un travail de mémoire qui rende compte, à la fois, de ce dont il faut bien que nous persistions à nous souvenir *et de ce qu'il faut, aussi, se contraindre à* oublier, *pour continuer, aujourd'hui, à se penser et se vouloir libre dans l'évidence d'Humanité. On lira les quatre chapitres qui suivent comme autant d'étapes et de haltes sur la piste d'une odyssée dont les paysages les plus familiers sont peut-être les plus inattendus, et dont la ligne de crête passe entre les deux versants d'un conflit millénaire, plus actuel, pourtant, qu'on ne le croit : le conflit du paganisme et du monothéisme.*

1

LE MAUSOLÉE PAÏEN

Car comment serait-il périmé, ce conflit très ancien ? Croit-on qu'on raye ainsi, par décret ou concordat, les traces immémoriales de la mémoire des hommes ? Ne les voit-on pas partout, universellement résurgentes, à l'âge du génocide et du système concentrationnaire ? Faut-il tenir pour rien cette fameuse « guerre des dieux » dont Hitler, par exemple, entretenait Rauschning [1] ? N'est-il pas symptomatique, l'étrange acharnement que mettent tous les totalitarismes à liquider l'héritage et la tradition monothéistes [2] ? Le rêve d'une « nouvelle religion » n'était-il pas déjà au cœur du romantisme, celui qui va de l'Athenaum aux idéologues prénazis [3] ? Notre révolution pétainiste s'entend-elle sans la référence insistante à ce « retour aux sources », à ces vieux principes « maternels » où certains ont pu reconnaître la matrice même du fascisme [4] ? A-t-on oublié que la droite française, celle d'Auguste Comte, de Charles Maurras et de tant d'autres, est aussi — d'abord, peut-être — un paganisme militant qui prétend renouer avec un archaïsme « polythéiste » forclos par la leçon biblique [5] ? Aujourd'hui encore, à l'heure où j'écris ces lignes, la même rengaine fait retour, dans les parages d'une nouvelle droite qui n'a point trouvé de meilleur gonfanon que celui du néopaganisme toujours. Sous le douteux pavillon d'une « celtitude », d'une « germanité », d'un « aryanisme » retrouvés, voici que reparaît, à bas bruit, la guerre au « judéo-christianisme », et parfois au judaïsme tout court [6]. Des bateleurs analphabètes nous content la fable d'une culture « indo-européenne » où devrait se retremper un Occident exténué qui a perdu, disent-ils, le sens de l'« énergie », du « sacrifice », de l'« héroïsme » ou de la « force[7] »...

Je reviendrai sur tout cela bien sûr. Sur ce retour du Sacré où je ne suis pas loin de voir l'un des périls majeurs de l'heure. Sur cette « spiritualité politique » où pourraient bien puiser, de nouveau, les plus terribles régressions. Sur cette *question* du religieux, enfin, qui sera peut-être la question clé de la fin du xxe siècle[8]... Mais procédons par ordre. Dans l'ordre de l'enquête. En allant, pour commencer, droit au plus difficile. Droit à la tradition et au modèle païens par excellence. Le seul qui, au demeurant, appelle et supporte l'analyse. Le plus grand — le moins aisément contournable aussi — de tous les panthéons. Un paysage de vraie, de haute civilisation dont il n'est pas douteux que nous soyons pétris. Le creuset d'une philosophie qu'il ne saurait s'agir de congédier, d'un trait de plume ou d'humeur. Le berceau d'une culture, d'une littérature qui sont, bien entendu, comparables à celles de l'univers monothéiste. Le relais même où, au tamis de la Langue, passa et se transmit le patrimoine biblique. En un mot, la Grèce. La Grèce de Platon, de Périclès et d'Antigone. La Grèce de nos regrets et de toutes les nostalgies. La Grèce de la « démocratie » et du « miracle grec »... Mais une Grèce dont je dis pourtant qu'il faut conjurer les prestiges. Une démocratie où je pense que n'avaient cours aucune des valeurs auxquelles je crois devoir tenir. Une origine qu'il faut, difficilement sans doute, au mépris de toute raison et de toute logique peut-être, s'efforcer sinon de refouler du moins de démystifier. Oublier Athènes ? Entendre son message au moins — qui ne dit à peu près rien de ce que prétendent y lire ses apôtres contemporains.

Qu'est-ce qu'un « individu » en effet pour un Athénien de la haute époque ? A-t-il une « conscience » par exemple, au sens que nous donnons aujourd'hui à ce mot ? La « suneidesis » des philosophes que les Latins, effectivement, traduisent par

« conscientia », n'est attestée en ce sens qu'autour de l'ère chrétienne, chez Diodore, Halicarnasse [9], dans les Septante [10] ou dans le Nouveau Testament [11] — tard, très tard donc, après que le Dieu d'Abraham et de Jésus eut commencé à gagner la romanité expirante. Est-ce un sujet d'introspection, écoutant, au-dedans de soi, la voix de sa singularité ? il faut toute la cécité contemporaine pour ne pas voir que le célèbre « connais-toi toi-même » signifie exactement le contraire — un appel à la convenance, à la fusion avec les choses, à l'extériorisation de soi, à l'occupation d'un lieu dans l'ordre immobile du monde. Jouit-il d'une « liberté », d'une « autonomie » substantielle qui en ferait un « auteur », souverain de lui-même et des autres ? toujours les textes disent l'inverse qui, lus en leur contexte, désignent par « autonomia » non point la qualité d'un acte qui aurait sa source dans le Moi, mais la faculté de se plier, d'adhérer aux lois d'un Destin qui n'est que lointainement, accessoirement humain. Dispose-t-il même d'une « volonté », distincte de la « raison », et capable de la déterminer ? l'hypothèse est exclue par ceux-là, précisément, à qui l'on fait toujours le crédit de l'avoir pour la première fois risquée — je veux dire les stoïciens qui, d'Épictète à Sextus, n'ont cessé de démentir, par leurs livres et par leurs vies, leur tardive réputation de professeurs d'énergie, de contention et de résolution de l'âme [12]. On n'en finirait pas de multiplier et de disperser les références : du strict point de vue de la plus simple philologie, il n'est rien, dans le lexique grec, qui exprime la capacité à être Soi ou à avoir un Moi, où puissent se rapporter les éléments de ce que, depuis les Écritures, nous appelons une « psychologie [13] ».

Ainsi d'Euripide. Cas limite, on en conviendra. Celui qui passe depuis Nietzsche pour le plus bavard, le plus dialecticien, le plus « psychologue » pourtant des trois grands Tragiques... Où est la « psychologie », dans Hippolyte par exemple, quand nul ne doute un seul instant de l'innocence de Phèdre, à commencer par les dieux et Artémis elle-même [14] ? Où voit-on des « états d'âme », quand l'héroïne échappe au vertige d'un

« aveu » qu'Œnone fait à sa place et dont la Phèdre racinienne goûtera, elle, on le verra, le délice et le tourment [15] ? Où est la « dialectique » puisque tout est joué d'avance, depuis l'amour incestueux [16] jusqu'à la mort inévitable [17] en passant par la « révélation » qui poussera Thésée à maudire son propre fils [18] ? Y a-t-il même le *temps* de la dialectique, de la psychologie, des états d'âme, puisqu'à peine l'action engagée, Phèdre lance déjà au chœur son « taisez-vous nous sommes perdus [19] » et que c'est à mi-parcours qu'elle s'empoisonne et quitte la scène [20] ? A dire vrai, elle ne débat réellement qu'une fois : quand, à l'heure de trépasser, elle s'interroge sur la nature, presque pharmaceutique — « breuvage » ou simple « onguent » — du philtre qu'elle s'apprête à avaler [21]. A cette seule et si vaine exception près, il n'y a pas trace, dans toute la pièce, du moindre drame intérieur. C'est à l'extérieur justement, par hasard et contingence, que s'est nouée l'action — à cause d'un lapsus d'Œnone, d'une simple maladresse [22]. Sans cette mauvaise chance, sans cette imprévisible imprudence, rien, comme elle le dit elle-même au chœur, ne serait jamais arrivé et nul n'eût été là pour « révéler son mal [23] ». Car le « silence », dit-elle encore, eût suffi à celer un « si funeste secret [24] ». Car un crime n'est qu'un « secret », sans poids ni densité, tant qu'il demeure « privé ». Car le Privé, en d'autres termes, n'est rien, il est à la lettre *le rien,* l'absolu non-être du sentiment. Et c'est pourquoi, à l'inverse de la tragédie chrétienne qui, deux mille ans plus tard, *baptisera* le modèle antique, Phèdre n'apparaît pas davantage comme le sujet d'une « éthique » possible.

Que pourrait bien être une éthique, d'ailleurs, pour un Hellène de l'époque euripidienne ? Il n'y a pas un mot, un concept, chez Démosthène ou chez Platon, chez Eschyle ou chez Isocrate pour dire la « culpabilité » par exemple, l' « obligation », la « responsabilité », toutes ces notions récentes qui tissent un lien personnel, subjectif, entre un agent moral et l'acte qu'on pourrait lui imputer. Toute la tragédie grecque est bâtie autour du mystère de la faute héritée, de la culpabilité sans crime, d'un crime disjoint de son criminel, et que des héros damnés se passent de père en fils comme un bijou de famille — « la race est rivée au malheur » dit Sophocle dans *Agamemnon*[25]. Le chœur de *Déjanire* tente-t-il de suggérer que pour une « faute involontaire », ce malheur sera « dicté par moins de colère » ? ainsi parle, rétorque amèrement la maudite, « celui dont le foyer n'est visité par aucun mal » — celui qui, par conséquent, ne comprend pas que la faute n'est pas affaire de volonté ni la peine de mérite ou de valeur[26]. Y a-t-il, çà et là, chez les « théoriciens », des manuels ou des traités de morale ? ces traités ne sont jamais des déductions de principes, ni même des prescriptions, mais des catalogues de portraits, des successions de tableaux qui dessinent un idéal de sagesse, une esthétique du charme, où les conduites se partagent moins selon le droit et le devoir, qu'entre ce qui est digne ou indigne de « louange »[27]. Les juristes, les philosophes parlent-ils de Bien et de Mal, de Vice et de Vertu, de Justice et d'Injustice ? indicatifs davantage qu'impératifs, la seule loi qui commande à ces signifiants est celle de l'habitude, de l'usage, de la Nature — de l'ordre éternel du cosmos, dont la contemplation muette, servile, presque mécanique, suffit à régler une vie avec autant de précision et de rigueur que la révolution d'un astre[28]. L'« ethos », ce n'est pas l'éthique. Ce n'est même pas les mœurs. C'est le séjour plutôt, la demeure et l'enracinement. Dans une « phusis » matricielle qui est le dernier mot, le propre nom aussi, du Maître pour un païen.

Mieux : c'est l'idée même de « singularité » qui est, *par nature,* absente de l'imaginaire et du visible grecs. On croit toujours qu'Aristote, avec son « to déti », son principe de particularité et de spécifique identité, est parvenu à penser l'individu distinct et séparé[29] ; mais on oublie de dire que c'est dans la « matière » qu'il ancre ce principe ; que la matière, selon *la Métaphysique*[30], c'est la figure de l'impensable, la pure et vide « puissance », rebelle à tout savoir et à toute appréhension ; et on néglige d'expliquer alors pourquoi, lorsque dans *la Politique,* il entreprend la généalogie de l'État, il s'arrête à la « famille », ne remonte plus au-delà, comme s'il butait soudain, et irrémédiablement, sur l'innommable « idiotie » du sujet monadique [31]. On sait également que les stoïciens ont, sur ce point précis, cassé la vieille machine ; on se plaît à montrer comment, à la logique aristotélicienne, ils opposent une logique nominaliste qui ne reconnaît d'être qu'à la qualité individuelle et concrète d'un objet réel et donné, défini par comptage de ses différences [32] ; mais on sait moins, en revanche, qu'un tel nominalisme ne vaut rien qui se contente finalement de remplacer la thèse « il n'y a de science que du général » par la proposition « il n'y a de science que du nécessaire » — c'est-à-dire d'objets qui s'abolissent, une fois de plus, dans le « système » d'une omniprésente *Physique* [33]. Il y a quelques textes enfin où, affinant sa théorie de l' « homme-acteur », Épictète dit du sage qu'il excède tous ses rôles, qu'il en fixe le répertoire, qu'il ne s'épuise en aucun, qu'il garde par-devers lui une « voix », une « personne » grosse de « personnage », une sorte de disponibilité substantielle, lors même qu'il a ôté ses « brodequins » et son « masque » de comédien [34] ; mais cela ne prouve toujours rien, quand les mêmes fragments ajoutent que cette voix n'est qu'un écho, l'ombre d'un « pneuma » supérieur, commun à tous les hommes, et qui met chacun, du coup, dans l'étrange et paradoxale situation de devoir sa singularité, moins à ce qu'il a d'irremplaçable qu'à ce qui le conjoint et le confond aux autres [35]... Pas plus d'individuation par la forme que par la matière : à strictement parler, il n'y a pas d' « âme » grecque.

Car que faut-il à une culture pour parvenir à penser ce qu'à l'époque contemporaine nous appelons une Ame ? Il y faut la croyance d'abord en un principe personnel, une sorte de nom propre, attaché à chaque sujet, véritable identité qui le suive jusqu'à la mort, et éventuellement au-delà. Or, l'idée est incongrue encore dans un univers qui, de l'Académie au Portique, ne pense de « psyché » que pétrie de « daimôn » et destinée à y retourner, dans l'indifférence et la confusion. Elle est proprement absurde quand une mythologie parle d'une immortalité « impersonnelle » qui pérennise moins l'individu que le clan et la lignée et qui fait de l'âme d'un mort une âme morte et sans nom — « nonumnoi » dit Hésiode [36]. Platon pressent-il la possibilité d'autre chose, d'une immortalité personnelle ? Encore faudrait-il qu'il sût la doter d'une fonction fondatrice, positive, architectonique dans la constitution d'une éthique par exemple : or il parvient à rédiger tout le livre X de *la République,* toute sa déduction du Bien, du Bonheur et de la Justice, en ne s'y référant qu'à la fin, une fois la démonstration bouclée, inutile et dérisoire supplément [37]. Le *Phédon* va-t-il au-delà avec sa thématique du « corps tombeau » où apparaîtrait, selon les commentateurs, la première théorie de la séparation des substances et de l'autonomie de l'âme [38] ? Malentendu encore. Car ce corps n'est pas une matière, une matérialité biologique, la part physico-chimique du moi : mais un rapport, un tropisme simplement, le principe qui, dans le moi, rend le sensible attachant. Le « tombeau » n'est pas un lieu réel non plus, où s'enliserait l'esprit avant de s'émanciper : c'est une perversion, rien qu'une modalité du désir, tout le désir même, en tant qu'il se tourne vers le multiple et l'apparence. L'âme qui est « en prison », enfin, est-elle enfermée dans une autre substance, étrangère à son essence ? Elle n'est prisonnière que d'elle-même, du rapport à son désir, du mauvais usage qu'elle fait de ses propres appétits [39]. Rien de plus étranger au platonisme que l'ascétisme qu'y plaquent si souvent les lectures christianisantes. Rien qui permette de distinguer réellement, comme deux réalités hétérogènes, un corps fait de matière et une psychè de subtilité.

Ce n'est pas tout. Car saurait-on même passer tous ces obstacles, qu'il en resterait un encore, absolument incontournable : l'impuissance grecque à penser, à figurer le Temps, et donc l'histoire personnelle, le destin singulier d'un homme… Le sujet stoïcien n'en est pas un, par exemple, qui n'a d'assiette que dans le présent, ne reconnaît d'être qu'à l'instant et ne conçoit d'actes ou de désirs qu'accomplis dans la conviction qu'ils pourraient, qu'ils devraient, qu'ils *sont* en fait les derniers [40]. Comment l'âme platonicienne aurait-elle la moindre profondeur quand le *Phédon* fait du « souci de l'avenir » le ressort de l'homme « vulgaire [41] » et que le *Lachès* refuse de définir le courage comme la « connaissance des choses à craindre ou à espérer [42] » ? Que penser d'une sagesse qui, statique et immobile, sans progrès et sans lendemain, ne se rapporte aux hommes qu'en tant qu'ils sont des dieux manqués ? Rivé à la fugacité de l'intervalle, le Grec vit dans la sempiternité d'un présent, sans mémoire ni avenir. Enfermé dans le ghetto d'un temps sans durée ni passage, il ne reçoit l'histoire que dans la forme de la souillure. S'il écrivait sa biographie, elle ne serait qu'une succession de moments, que dis-je ? une simultanéité de tableaux dont seule l'exigence discursive monnaierait la contemporanéité en absurdes dispersions. Quand il en écrit, effectivement, comme Plutarque ou Diogène Laërce, cela donne d'étranges figures, sans épaisseur et sans surprise, confites et pétrifiées dans une gangue hiératique. Quand, beaucoup plus tard, à l'aube de l'ère chrétienne, Porphyre fait le portrait de Plotin, ou Damascius celui de Proclus, il manque encore à leurs récits cette dimension de vie, cette diachronie du sentiment qu'inventeront les modernes, après saint Augustin. Comme les sculpteurs à l'âge classique qui retrouvaient, dans le volume et le geste des formes vivantes, la loi des révolutions astrales, des mouvements des mers ou des profils de la terre, ces biographes avant la lettre sont des augures cosmiques qui, dans le verbe qui jaillit du corps ouvert de leurs modèles, ne retrouvent toujours rien que la trace des grands règnes de la vie. Ils décrivent des situations, des positions dans l'ordre des choses : mais ils oublient tout simplement la *condition humaine*.

C'est chez les Tragiques, à nouveau, qu'on voit apparaître cette éclipse dans sa plus grande clarté. Qu'est-ce que le théâtre d'Eschyle, en effet, sinon le théâtre d'un monde qui n'est pas tout à fait un monde, d'un univers humain mal arraché à l'autre, d'une inhumaine comédie qui, pas un instant, ne va vers une existence séparée ? On y voit des êtres de lacune qu'on dirait sortis d'un songe divin et qui, dans le moindre de leurs gestes, sont secrètement talonnés, pris à revers par Héra, Apollon ou les Érynnies ; Prométhée par exemple dont l'immortelle agonie serait inexplicable si, jusqu'en sa sécession, il ne demeurait lié, tout pénétré de Zeus, comme une météorite tombée du haut de l'Olympe [43] ; Clytemnestre aussi, dont on sent bien qu'elle ne ment pas selon sa pente ou son accent, moins encore en vertu d'une exigence ou d'une péripétie de l'intrigue, mais parce qu'un dieu joueur a donné au « démon » du mensonge le pouvoir de l'étreindre et de parler par sa voix — sa pauvre prête-voix qui ne porte pas figure humaine [44]. Chez Sophocle, en revanche, ne dirait-on pas que l'étau commence de se desserrer ? Voici des parleurs maintenant, des sortes de bêtes humaines, beuglant leur perdition dans le silence brutal que font les dieux en se taisant ; on croit même deviner des ombres, des formes à demi réelles encore noyées de nuit, fixées à leur esseulement et à leur déréliction ; mais c'est peu de dire qu'elles sont seules puisqu'elles sont proprement rejetées, déjetées, abandonnées en leur errance, sans recours désormais ; mais le sol est trop rude et la souffrance atroce dont la couleur terreuse fait d'Ajax et d'Œdipe des êtres aphysiques, utopiques, atypiques, point seulement violentés mais violences vivantes, eux-mêmes, à l'ordre de la nature ; et s'éteignent encore les héros, emmurés par exemple, ou simplement aveuglés, à l'heure même du *fiat* qui les tirait des limbes... C'est chez Euripide peut-être que l'étreinte se relâche vraiment et qu'un Hippolyte, enfin, peut se dresser contre Cypris quand, aux portes du palais, il refuse de la saluer [45]. N'y a-t-il pas, cette fois, comme une entame d'humanité, comme une parole autorisée, dans telle adresse à Artémis, sainte et bonne protectrice qu'il n'hésite pas à apostropher comme son « amie personnelle [46] » ? Certes oui. Mais une entame à peine, car le demi-dieu meurt aussi et il meurt, comme dit Thésée, parce qu'en dialoguant avec le ciel, il s'est rendu coupable d'arrogance, d' « askesis », d' « autosebein[47] », impardonnable crime dans la cité terrestre. Il disparaît dans le silence, sans même un regard d'en haut, car, en se faisant sujet, il a sombré dans une « ubris » qui le condamne à l'exil. Impensable chez Eschyle, impossible chez Sophocle, la condition humaine est devenue cette fois invivable et *criminelle.*

C'est à partir de là, de ce crime invivable, qu'il faut relire *Antigone* et dissiper, peut-être, quelques-uns des contresens qu'y ont plaqués les interprétations modernes... Il y a un premier malentendu qui consiste à voir un « conflit » dans un drame qui se déroule, tout entier, sans l'ombre d'un débat. Antigone et Créon sont à peine des protagonistes qui jamais ne se rencontrent et ne cherchent guère à se convaincre. Chacun parlant pour soi, dans la profusion de silence de l'autre, leurs répliques se croisent mais ne parviennent pas à s'échanger. C'est de *deux* déclins humains qu'il faudrait plutôt parler, séparés et parallèles, au même titre lamentables, dont l'un fait suite à l'autre, comme son image inversée. Et c'est Créon, d'ailleurs, qui a le dernier mot, gémissant lui aussi de ne « pouvoir délier ce qu'il a lui-même lié[48] ». Il y a un second malentendu qui est de voir en Antigone une sorte de « martyr », de témoin extatique d'une « loi non écrite » qui ne parlerait qu'à sa « conscience ». Car elle dit, elle ne cesse de dire justement, qu'aucune extase ne l'habite, qu'aucune « exstance » ne la soulève, qu'aucune parole étrangère ne la possède et ne la contraint. Il faut l'écouter quand elle convient, incroyablement lasse et sombre, que nulle Justice transcendante ne lui infuse son savoir, ni celle de Zeus bien sûr, ni même celle de « Dikè » qu'elle a trahie tout autant[49]. Telle un cierge vivant qui brûlerait en vain, elle fait l'expérience brute, sèche et presque sans mots, de l'*impossibilité radicale* de toute espèce de loi du cœur où pourrait prendre appui une volonté d'insoumission : « A quoi bon, dit-elle, lever les yeux vers le ciel[50]... »

Car c'est un troisième malentendu que de voir en Créon le simple représentant d'une froide raison d'État à quoi l'autre résisterait. Il l'est d'autant moins qu'il ne cesse, lui, au contraire, d'en référer aux dieux et d'invoquer leur patronage. Sa piété va jusqu'à se soucier, au comble du délire pourtant, de laisser dans le caveau « les nourritures que prescrivent les rites [51] ». Son indignation n'est pas feinte quand, au chœur qui suppose derrière le sacrilège une main ou une intention divine, il répond péremptoirement que l'idée même est « révoltante [52] ». Et la vérité c'est que ce prince est aussi et d'abord un prêtre, le seul prêtre de la pièce, investissant à soi seul tout le champ du sacré tel qu'il était concevable dans une cité comme Thèbes, à la fin du ve siècle — non pas la « loi » contre la « foi », mais l'une conjointe à l'autre, dans cette « loi-de-foi » qu'est proprement la religion grecque [53]... C'est un quatrième malentendu, enfin, qui fait voir un hymne à Antigone dans un drame qui est tout écrit du point de vue de Créon, sinon même à sa gloire. On n'a pas assez remarqué, en effet, que c'est le chœur qui donne le coup de grâce à la malheureuse et que le chœur, chez les Tragiques, dit toujours l'opinion du Poète ou du sens commun. Il y a quatre strophes décisives où il condamne, sans appel, l' « aveuglement » absurde, le fol « égarement », l'excès de « violence » de cette « fille » qui, « prenant le mal pour le bien », a contrevenu à cette Justice souveraine dont tout le texte dit qu'elle a bel et bien l'universalité d'un principe intangible et absolu [54]. Tel est l'ordre du Cosmos grec que la faute d'Antigone est une faute métaphysique qui la met sans débat, non seulement hors la loi, mais hors l'ordre du monde : « sur mon malheur, reconnaît-elle, pas une larme, pas un soupir ami [55] »...

Je schématise bien sûr. Mais la leçon n'en est pas moins claire. Et on va le comprendre aussitôt... Où est la « raison d'État » — cette fameuse « raison d'État », dont périrait l'héroïne — quand Antigone avoue à Créon qu'elle « savait bien » qu'elle mourrait, que c'était « inévitable » et « *même sans son édit* [56] » ? De quel côté la « loi non écrite », quand elle admet ainsi que ce n'est pas un décret royal, une loi humaine et écrite, qu'elle a bafouée par son geste, mais un principe qui, de fait, excédait toute écriture et toute loi ? Quelle « conscience insurgée », quand tout le drame dit son échec, sa nécessaire déroute, à commencer par Ismène, oui, la fidèle Ismène qui, d'emblée, prévenait que l'entreprise était une « folie », sa réussite « improbable », car elle visait l' « impossible [57] » ? L' « impossible » : le mot est tôt lâché qui est le vrai sujet de la tragédie. L'impossible conscience qu'on voit moins se faire que se défaire et se déliter lentement. L'impossible volonté propre d'une âme qui s'insoumet moins dans la gloire que dans le naufrage, l'effondrement et le dernier degré du supplice. La grande erreur serait de lire une édification pré-chrétienne dans l'implacable démonstration que, sans les dieux d'Ismène, du Coryphée et de Créon, il n'est que ruine et silence : une demi-voix simplement qui s'élève dans la nuit, sans origine ni auditeur, vite vouée à s'éteindre dans le spectacle affreux de son propre devenir-rien.

C'est ce devenir-rien qu'illustre encore, dans la sauvage beauté du mythe, le choix du châtiment et du supplice final. Pourquoi emmurée en effet, et pas condamnée à la ciguë, au barathron ou à la flagellation, comme tant de criminels dans la réelle Grèce de l'époque ? C'est qu'Antigone justement n'est pas une criminelle qui aurait imprudemment enfreint une humaine et banale interdiction. C'est que sa faute est si haute qu'il faut moins la punir d'une mémorable peine, qu'effacer jusqu'à sa trace et sa cicatrice en terre des hommes. C'est qu'il s'agit moins de la réprimer que de l'annuler, de la faire payer que de la soustraire, d'exécuter une déviante que de retrancher un être de surcroît — qui n'a plus la moindre *place* dans l'ordre hiérarchisé du Cosmos... Morte ? Vive ? « Ni vivante ni cadavre [58] », il lui faut un caveau qui soit comme un non-lieu pour le non-être qu'elle devient. Descendre chez Hadès ? « Rejetée par les vivants et par les morts [58] », elle est déliée du règne de la vie sans rallier pour autant le royaume des trépassés. Telle Niobé qui, mourante, ne cessait de verser des larmes tandis que son corps se pétrifiait, elle doit devenir un être de nulle part, de néant et de suspens. L'individu, c'est le sans-demeure. Se faire

Moi, c'est disparaître. Une âme c'est, une fois de plus, toujours une âme en trop.

Oui, une fois de plus, comme chez Eschyle et Platon, Aristote et Épictète. Mais avec un élément nouveau, tout de même, qui permet d'éclairer maintenant les raisons du phénomène... Car enfin, que dit la légende si on récapitule maintenant son argument ? Que Créon tire sa puissance de ce qu'archonte il parle en prêtre, et prêtre en magistrat. Antigone, sa faiblesse de ce que sa faute est un sacrilège en même temps qu'un crime civil. Le chœur, sa conviction de ce qu'il ne conçoit de religion qu'au registre du Politique et de Politique en retour que transi de religion. Ce qui interdit, en d'autres termes, l'insurrection de l'héroïne, c'est d'abord ce cercle étrange, qui renvoie d'une sphère à l'autre, en un jeu de miroirs indéfini. Si sa déroute est inévitable, c'est qu'il n'y a pas de ciel qui ne soit chu en terre et à elle entremêlé en une perverse confusion. Si son désespoir est sans limite, c'est que Thèbes, comme toute « Cité », est un monde clos et sans dehors, où l'orbe du sacré se fond et se confond au tissu du lien social. Toute l'affaire tient en une corruption du divin, rabattu et rapatrié à la surface du monde humain qui, lui-même, n'y trouve plus la frondaison de ses désordres. L'anti-individualisme est une horizontalité, une platitude ontologique qui est le fond même de la civilisation grecque, par quelque bout qu'on la prenne. De même qu'Aristote réduisait le sujet à son animalité politique, de même qu'Épictète faisait de l'éthique une version de la physique, de même Sophocle rapatrie toute conscience dans la clôture de la socialité : le refus de la volonté propre a toujours le même visage, celui d'une religion pensée dans l'horizon d'une *cosmologie générale*.

Cela veut dire aussi qu'il faut cesser de voir le ressort du tragique grec dans je ne sais quel face-à-face, terrible et aveuglant, des dieux et des humains. Si Antigone perd la partie, c'est de n'avoir pas su, de n'avoir pas pu, justement, regarder les dieux en face. Si son insurrection échoue, c'est d'avoir échoué à nouer avec le ciel ce lien de tutelle, de filiation, de soumission auquel je veux bien qu'elle aspire, mais qui lui est métaphysiquement interdit. Si le Moi est impossible à Thèbes, c'est qu'il manque une transcendance qui, même lourde et contraignante, lesterait le sujet de cette autre dimension, ancrée en une autre scène, qui seule le tirerait de sa platitude cosmologique. Omniprésente au monde la religion grecque est absente aux humains, presque trop familière pour parler à la conscience, dans le contact direct, personnel, individuant qu'avaient inventé les Hébreux... N'est-il pas caractéristique à cet égard que la seule forme de spiritualité qui ait jamais échappé à ce schéma soit celle du dionysisme ? Car le propre de ce dionysisme est d'être réservé aux barbares, aux esclaves et aux femmes, aux *exclus* par conséquent de l'ordre naturel. Et la seule religion du face-à-face — de la transe et de l'enthousiasme — ne convient, à ce compte, qu'à des êtres de misère qui ne méritent pas, de plein droit, la dignité d'êtres humains... Antigone était une femme, aussi, il ne faut pas l'oublier. Créon ne l'oubliait pas qui ne cessait de répéter que, « lui vivant », jamais une « femme ne fera la loi ». Car c'est cela qu'il lui fallait prouver : que seul un dieu de transe pourrait fonder une conscience ; mais que le dieu de transe n'étant bon qu'à un barbare, le statut de Personne est lui-même un degré zéro d'humanité. Ou ceci encore, qui revient au même : que la religion de la Cité étant une religion *exotérique*, elle suffit à bannir toute forme d'intériorité ; et qu'elle ne fonde les sujets que dans leur sociale et rituelle relation d'extériorité.

Cela veut dire enfin que la notion de « fatum », telle du moins qu'on l'entend toujours, est rigoureusement absente de l'univers antique et que rien n'est plus étranger à Sophocle ou à Euripide que l'idée d'un « destin », unique et implacable, souverain et absolu, qui dicterait aux hommes une Loi sans recours ni appel. Car revenons, cette fois, au déclin d'Hippolyte. Pourquoi cette mort atroce dans la solitude et la déréliction ? loin du prétendu « fatum », il était victime d'un douteux combat entre Artémis et Aphrodite, d'un ciel divisé donc, déchiré en luttes incertaines dont il était l'enjeu. Pourquoi l'arrogante conscience qu'il s'était triomphalement taillée retournait-elle au néant d'une évanescence sans gloire ? Rien n'est écrit d'avance ; tout est improbable au contraire, dans cet Olympe féodal où des dieux aux yeux de chair se disputent des tenures, des fiefs, des privilèges. Le problème, autrement dit, n'est pas dans le destin mais dans la contingence du divin. Il tient moins à l'Autorité du verbe sacré qu'à la débilité d'un ciel, bourdonnant de discours et d'entreprises contradictoires. Ce qui forclot le sujet et l'empêche de se dresser sur le séant de soi, ce n'est pas le pouvoir absolu mais la relativité du pouvoir des dieux : leur pouvoir relatif, chaque fois, au réseau, au système de pouvoir des autres dieux adverses. Ce qui rabat et réduit toute velléité de volonté propre c'est, en dernier ressort, que les Grecs ne connaissent, en fait de divin, que des puissances et des principes qui, pour avoir une identité et même un état civil, ne sont pas pour autant des agents libres réglant éternellement la nécessité du cours du monde. Au lieu d'un Dieu personnel, faisant à son image des féaux qui seraient des Personnes, un trop-plein de dieux, c'est-à-dire, le *polythéisme.*

Ainsi se boucle le cercle de cette funèbre apothéose que l'on appelle le « miracle grec ». Ainsi s'achève le cours de ce crépuscule sinistre où l'on ne peut voir aurore qu'en oubliant de quel oubli, de quelle formidable béance il se nourrit et s'édifie. Tel est en tout cas l'ordre idéal et recomposé d'un âge qui n'a pu si bien refuser la conscience, l'éthique, la psychologie, la singularité, le temps ou la condition humaine que parce qu'il reposait sur une religion cosmologique, exotérique, polythéiste — en un mot : païenne... Je n'instruis pas là, faut-il le répéter, le procès de la Grèce en tant que telle, traînée au-devant d'un imaginaire tribunal de l'Histoire achevée. Je sais bien les périls de ces démarches rétrogrades qui, lisant le passé à la lumière réfléchie du présent, traquent dans la vérité d'hier les impensables ombres de la vérité du jour. Je ne doute pas, si l'on préfère, que, lu en sens direct et dans la grâce de son contexte, le monde de Platon et d'Antigone ait un singulier génie avec quoi il est *toujours temps* d'engager un fécond dialogue, — comme fit d'ailleurs constamment toute la tradition monothéiste. Mais je dis simplement que, lorsque le monument devient argument et la stèle une bannière qui, de Voltaire au moins à Nietzsche, Maurras et au-delà, nourrit de très concrets slogans philosophiques ou politiques, il est urgent de savoir de quoi on parle exactement. Qu'à l'heure où l'on nous chante les vertus d'une « nouvelle Grèce » et d'un retour aux sources qui figureraient notre avenir, il n'est plus indifférent de scruter le silence serré des textes et la muette lacune qu'on nous invite à épouser. Mieux, que si les historiens de l'après-coup sont des augures dérisoires, les nostalgiques de l'Origine sont des *réactionnaires* qui, passant la vérité du jour au crible cette fois de leurs fantasmes d'avant-hier, véhiculent, comme on verra, les plus redoutables passions archaïsantes. Si l'on convient aujourd'hui, à l'âge de ces retours et de ces nostalgies insistantes, de baptiser totalitaire toute pensée qui forclot et réduit l'individu, il faudra peut-être admettre que la première définition du totalitarisme, la seule qui l'embrasse et le comprenne au-delà de sa dimension politique, c'est tout simplement la régression païenne.

2

LE GÉNIE DU CHRISTIANISME

D'où, on le devine peut-être, une seconde surprise dans cette ébauche de généalogie. Une surprise au moins pour ceux — et ils sont nombreux — qui voient dans le passage du paganisme au christianisme le début d'une longue nuit, d'un moyen âge de l'âme d'où le sujet serait sorti défait, meurtri, brisé en ses profondeurs. Un paradoxe pour les ricaneurs, les libres esprits d'hier, les voltairiens d'aujourd'hui, qui font de l'individu le fruit d'un long travail d'arrachement à la tutelle du Dieu de Confession et de Soumission. Un scandale même pour la banalité contemporaine qui n'en finit pas d'ânonner que l'Homme est une idée récente, récemment apparue à la surface du savoir — une cicatrice, un simple pli, dans le séisme de la mort de Dieu et de la grande Révolution athée, laïque et scientifique... Car c'est le contraire qu'il faut dire, si l'on consent à écouter, du fond de leur nécropole, ce que nous soufflent les Grecs : ce n'est pas le laïcisme mais l'antipaganisme plutôt, ce n'est pas l'athéisme mais bel et bien le monothéisme qui, seul, pouvait faire place à quelque chose qui ressemble à notre sujet libre.

On a peine à imaginer l'extraordinaire explosion de joie et de ferveur qui embrasa le monde aux premiers temps de la Révélation. L'éblouissement d'Origène devant cet incroyable Dieu qui, faisant « tous les hommes à son image », les « façonnait un à un », dans un face-à-face avec chacun [1]. L'allégresse de Clément d'Alexandrie ou de Maxime le Confesseur chantant le déclin de tous ces astres de malheur qui, depuis des millénaires, réglaient la vie des hommes au rythme de leur course, implacable et immobile. La douce, la folle ivresse de Grégoire de Nysse, de Jean Damascène ou d'André de Crète, voyant s'effriter d'un coup toute cette poussière de puissances, de génies, de démons qui enchâssaient le destin des âmes dans l'antidestin des révolutions naturelles, physiques et cosmologiques[2]. C'est tout un peuple qui, avec eux, devant eux parfois, s'en va, sur les routes, porter au Ciel l'esclandre de la Nouvelle inouïe. C'est des masses de croyants, qui, soudain désorbitées, entonnent le même péan d'une humanité déliée de son ontologique et immémorial esclavage. C'est un monde cliquetant de libertés héroïques qui brusquement se met en place et souffle d'un bout du monde à l'autre la rumeur de la glorieuse et foudroyante prophétie. Si Dieu existe, tout est permis et d'abord de se poser, créature de chair et de misère, mais constellée aussi de spiritualité, au centre de l'univers et de ses lois fatidiques.

Les fresques des catacombes nous ont conservé le souvenir de ces grandes figures étonnées qui surgissaient alors, les prunelles dilatées par l'extase, du fond des ténèbres païennes. Dans ces scènes figuratives, parfaitement réalistes, peu de référence, pourtant, à la réalité, à la concrète et littérale matérialité du monde. Les personnages s'y répartissent dans des décors exsangues, étrangement uniformes et abstraits, où ils se découpent seuls, quoique mal assurés encore, dans la dignité lustrale de leur neuf statut de créatures. Ils entrent dans des compositions qui ne se situent plus dans l'espace ni dans le temps des êtres, mais dans un miroitement de lumières, un halo de symboles implicites où l'ordre du Cosmos paraît céder la place à de subtiles et impalpables hiérarchies spirituelles. C'est là sans doute, dans le silence de ces grottes et de ces souterrains de la Foi, que commence de se défaire l'étreinte de la Terre et de l'Ame. C'est là que, de microcosme qu'elle était, de simple effet du Monde, la conscience chrétienne déborde, excède tous les effets de monde Elle était un rouage : elle devient une totalité. Elle était un contenu : la voilà qui contient, embrasse toute nature. Elle était un infiniment petit tenant sa place et son rôle dans l'ordre de l'infiniment grand : elle devient l'imperceptible lueur, enfouie dans les ombres de la nuit, qui suspend et relève les chaînes de la création. « In parvo magnus », dit Origène et, après lui, saint Thomas et Bossuet : pour la première fois, le sujet, *chaque* sujet, vaut mieux que tout objet et tout être matériel[3]. La « psychè », enfin, divorce de la « phusis »...

Car telle est la merveille, j'allais dire le miracle, de cette étreinte nouvelle, qu'arrachant l'homme à la matière et à lui-même en tant qu'il est matière, séparant de son désir une part qu'elle subtilise et suspend aux voûtes du ciel, elle le dote d'une liberté qui est le corrélat, désormais, de sa capacité d'évasion, d'exil, d'élévation. Créature, il est doué des attributs du créateur. Produit d'une cause absente, il est lui aussi, du coup, producteur et auteur d'effets. Proprement effectué, c'est une « dignité de cause » qu'il reçoit, dit saint Thomas, de ce toucher divin[4]. Parfaitement hétéronome, c'est dans cette hétéronomie seulement qu'il va trouver le ressort et le suc de sa toute-autonomie. Le Dieu grec disait : que ma volonté soit faite et non la tienne ; le Dieu nouveau répond : que ta volonté puise à la mienne l'aliment de sa puissance. La Cité antique voulait un vouloir ligoté, roulé dans les eaux noires de l'immanence ; la Cité de Dieu pose une transcendance qui, loin de l'engloutir, figure la source vive, l'eau claire de sa ressource. Étrange dialectique que les Juifs appelaient *Devekhut* et dont le sens littéral d'une « conformité à l'intention divine » ne doit pas dissimuler qu'à l'envers du stoïcisme, elle est comme une plage de dégagement et de retrait qui seule permet de juger, de refuser le cours du Monde[5]. Énigmatique étreinte encore que les chrétiens célèbrent, eux, sous le nom de Grâce, et dont l'incontournable rigueur, l'abandon au malheur parfois, ne doit pas faire oublier qu'elle désigne une créature rivée à la Liberté...

Bien entendu, l'âme chrétienne a troqué là une archaïque soumission contre une autre, plus moderne, et qui produira tous ses effets quand, plus tard, elle passera au crible de l'Institution... Mais voit-on bien ce qu'elle suppose aussi, ce qu'elle implique *d'abord* de capacité à s'insoumettre, cette surrection du Sujet vers l'arrière-monde monothéiste ? On sait que les *Confessions* d'Augustin s'ouvrent sur le récit de la tragique journée du 24 août 410 où, forçant la porte Salaria pour mettre Rome à sac, les hordes barbares tranchèrent d'un coup le nœud qui, liant séculièrement l'homme à sa cité, fondait sa sujétion. Mais on sait moins peut-être que tout le texte de *la Cité de Dieu* ne sera rien, du coup, que la théorie de cette rupture, les portes de la Ville toujours plus loin forcées, le sac libérateur à jamais recommencé par une Alliance nouvelle qui, déliant le sujet de ses humains serments, l'autorise à juger, à déranger, à trancher l'ordre du Politique au nom d'une Éthique céleste. Admettra-t-on qu'il y a, dans cette très orthodoxe thèse de la séparation de droit des deux royaumes, celui de Dieu et celui des hommes, dans la possibilité de fait d'en appeler toujours à l'un contre les diktats de l'autre quand le malheur y est trop rude ou que les Princes faillent à leur magistère sacré, l'origine, la seule origine peut-être de ce qu'il faut bien appeler une révolte ou une résistance et dont manquait à Antigone, on s'en souvient, le principe de transcendance ? Comte ne s'y trompa pas, qui déplorait dans le christianisme, et l'augustinisme en particulier, un ferment d'« anarchie », de « désagrégation sociale » qui, parce qu'il relie le croyant à Dieu, le délie « de son prochain et de ses devoirs sociaux [6] ».

Dira-t-on que, l'œil ainsi fixé, dans l'effroi ou la dévotion, sur ces espaces infinis, le chrétien manque, du coup, la pure finitude de son intériorité ? Là encore, c'est le contraire qu'il faut dire et que ne cesse de dire Augustin dans toute l'admirable odyssée de son illumination que sont ses *Confessions*. Il est vrai qu'on n'y voit pas d'accident, d'incident de la vie où ne soit supposée l'action insinuante d'un Dieu occulte et omniprésent. Vrai aussi qu'il n'est pas de sentiment, de péché, de mensonge, qui ne soient des causes secondes à travers lesquelles un Être qui déborde tout son être ne tente de ramener l'âme de son errance à sa vérité. Mais quelle finesse en même temps dans la description et l'analyse de ces insinuations ! Quel lyrisme pour dire l'investissement de soi par la Chair ou la lutte de l'Ange contre la Bête ! Quel somptueux tableau, déjà, de la misère et de la grandeur d'un Je voué à l'égarement et à l'ambivalence ! C'est la première fois, en tout cas, qu'un philosophe, un écrivain, s'attarde si longuement, si complaisamment, sur les reflux de l'action ou les hésitations de la décision, sur les balancements du désir ou les scintillements captieux de l'instant. A l'égal des grands romans d'introspection modernes, mais dans un corps à corps acharné entre la grâce et la liberté, mais dans un désordre de chiffres douteux, tout hérissés de sacralité, mais dans un psaume de chair où le corps ne peut parler que sur un fond de silence qui le met au supplice de son pressentiment du divin, c'est la « psychologie » tout simplement qu'on voit là apparaître avec, en son sillage, un parfum d'Éternité [7].

Objectera-t-on encore que cette double optique, au-dedans et au-dehors de soi, ne va pas sans une dogmatique dont le principe d'autorité ruine les droits de la conscience en même temps qu'elle les reconnaît ? Ce serait compter, cette fois, sans l'extraordinaire efflorescence critique que fut aussi, pendant des siècles, la scolastique si mal nommée et si souvent réduite à sa plate caricature. Ce serait oublier que, deux siècles avant les Lumières, ce sont des générations de prêtres, d'érudits et de clercs qui inventent l' « examen de conscience », le « libre examen » même, dont ils font devoir au « liberum arbitrium », et une arme contre les papes. C'est le franciscain Vitrier, prédicateur fervent, fin lecteur d'Origène, qui fait du « cœur de l'homme », de l'intimité de sa réflexion, le siège de toute vie, de toute vérité religieuse [8]. C'est Érasme lui-même qui, dès 1504, oppose dans son *Soldat chrétien* la « véritable piété », celle de l'âme et du cœur toujours, aux « simples cérémonies » par quoi des ventriloques profanent, en en récitant la leçon, « les livres où la parole céleste vit et respire encore [9] ». Là encore c'est

Comte qui a raison — et tout le XIXe siècle avec lui — qui voit l'essence du christianisme dans « l'examen individuel des croyances bibliques », « l'examen personnel » donc, dressé contre le « jugement social [10] ». École de sentiment, d'individualisme et de pensée propre, ce christianisme-là n'attendit pas Voltaire et Fontenelle pour faire, avec Calvin, de chaque fidèle un théologien et de chaque homme la mesure de son rapport au monde et au divin.

D'autant qu'il disposait aussi, et dès le XIIIe siècle, de cette extraordinaire vivier de conscience que fut, en Europe occidentale, l'idéal monastique. Il nous manque une histoire générale de ce renfermement sans pareil qui inventa, entre autres choses, la figure de l'Intellectuel, et où des hommes et des femmes, qui se voulaient voués à Dieu, se consacraient aux vertiges et aux délices de l'intériorité. Des riches heures de la Compagnie de Jésus, il nous reste ces « Principes et Commandements » qui sont un des plus beaux exemples de taxinomie morale, intellectuelle et psychologique jamais imaginés avec, chemin faisant, par exemple, un portrait du général des jésuites que Marx et Schumpeter n'auront qu'à démarquer pour figurer leur « Entrepreneur [11] ». Du monachisme janséniste dont les cendres furent tôt dispersées aux vents des querelles ecclésiales et de l'athéisme montant, on a conservé tout de même les *Pensées* ou la *Communion* d'Arnauld qui, à l'ombre du cloître, dans le silence de la pure contemplation, en disait plus long déjà sur les mystères du « cœur humain » que tout l' « haïssable Moi » de toutes les révolutions laïques [12]. De la première Trappe enfin, je me contenterais volontiers du mot sublime de Chateaubriand à propos de Rancé, que sa dévotion, son ascèse, son arrachement à soi, à son corps et à sa chair auraient laissé, dit-il, « seul en face de ses passions [13] ». Oui, il dit bien « ses passions », ses pauvres passions mortifiées, martyrisées par la réclusion et qui n'en sont, à l'entendre, que plus endémiques encore, mises à vif et aux aguets d'elles-mêmes. Oui, il dit bien « seul », comme s'il y avait là, dans ce dialogue avec le Seigneur, un soliloque muet, un faux jeu de miroirs qui ne commande au sujet l'Exil que pour mieux le condamner à humer ses propres traces...

Paradoxe ? Oui, sans doute. Mais un paradoxe qu'on retrouve bien au-delà du cloître et de sa spécifique enclave... C'est lui qui hante, par exemple, la prodigieuse démiurgie des *Mémoires d'outre-tombe* ou même du *Temps retrouvé* où deux grands écrivains laïques, deux sentinelles profanes du souvenir, ne peuvent recomposer le mémorial de leur existence qu'en l'immobilisant, béante aux choses chues, adossée aux confins du néant qui l'engloutit, sous le regard d'une impossible mais nécessaire Éternité. C'est Verlaine encore, dans sa cellule de Mons, quand, brusquement foudroyé par la « Révélation », il voit se reconstruire sous ses yeux, en une sarabande hallucinée, toutes les « catégories logiques », les « cases » de son esprit, ces « raisons qui jadis fuyaient comme des libellules », ces mille éclats brisés du fin « cristal » d'un Moi que la Foi, et la Foi seulement, rend à son identité [14]. C'est Rousseau surtout quand, au terme échu d'une vie, il ouvre ses *Confessions* par l'apostrophe fameuse où, sommant « l'Être éternel » de « rassembler autour de lui l'immense foule de ses semblables », il en fait le Témoin muet, le corrélat nécessaire, l'unique instance où puisse se suspendre et se figer son existence [15], — ce principe d'hétéronomie encore où doit s'aliéner une conscience qu'il n'a cessé, ailleurs, pourtant, de dire inaliénable et autonome... Je connais peu de grands écrivains classiques, en fait, qui, à l'heure de vérité, à l'heure de *leur* vérité, à l'instant décisif où s'abrogent la dérision et la routine de l'éphémère, n'aient dû à un tel détour, à un tel paradoxe, à une telle *réminiscence* peut-être, de tailler dans le meuble sol du Temps le dur atome d'un Moi [16]...

Je ne dis pas, bien sûr, que Verlaine, Rousseau ou Chateaubriand soient des trappistes qui s'ignorent, ni que la chambre de liège où Proust, un beau matin, choisit de s'esseuler, soit un Port-Royal laïque. Je prétends simplement que cet atome du Moi, cet atomisme du sujet, ce n'est ni dans l'*Encyclopédie,* ni dans le Droit bourgeois, ni même chez les romantiques qu'ils pouvaient, les uns ou les autres, en recueillir le modèle. Mais, à leur insu sans doute, chez des chanoines obscurs, des clercs tombés en oubli qui, disputant pendant des siècles de la « liberté », de la « grâce » ou des « universaux », fondèrent, qu'on le veuille ou non, la première et peut-être la seule théorie d'un individualisme conséquent. Il faudrait pouvoir conter comment, bien avant la révolution copernicienne, des théologiens du XIIIe siècle comme Robert Grosseteste [17] ou Guillaume d'Auvergne [18] avaient déjà ruiné la physique aristotélicienne en son maillon le plus faible, sa conception de la « quiddité [19] ». Montrer aussi pourquoi c'est l'augustinien Duns Scot qui, inventant, un peu plus tard, le cogito, la liberté du vouloir et, contre saint Anselme, la démonstration cartésienne, déjà, de l'existence de Dieu, forge le concept d'une « Personne » définie dans les termes — qu'on dirait pré-lacaniens — d'une « limite », d'une « impuissance », du non-rapport de deux substances incapables de se conjoindre [20]. S'arrêter enfin et surtout à la figure de Guillaume d'Occam, franciscain anglais du début du XIVe siècle qui, opposant à la logique des « genres » un nominalisme radical, à la science du « général » l'évidence du « particulier », à la « finalité » thomiste la pure « insularité de l'existant », imagine la société comme une poussière d'îlots qui, absolument éparpillés, sont chacun comme absolus et, naturellement « autonomes », contraints au « droit naturel [21] »... Ce droit naturel, c'est déjà le « Droit » de Locke. Cet « existant insulaire », le « tout parfait et solitaire » de Jean-Jacques. Cette poussière de sujets, le principe du libéralisme. Cette critique de la téléologie, le fondement à venir de la démocratie. Il est difficile d'aller plus loin dans l'éloge de la dispersion ou dans l'isolement de la pure monade humaine. Et si l'on s'en souvient si peu aujourd'hui, c'est qu'il y a une grande ombre des Lumières qui vite décrète obscur ce qu'elle s'acharne à assombrir.

Ce qui est clair, en revanche, et que nul ne peut ignorer, c'est qu'en ce début du XIVe siècle, à l'ombre des cathédrales et de leurs missels de pierre, revient la peinture sur tableau et s'éteint le grand art gothique qui consacre ses derniers feux à individualiser la figure de ses saints, de ses vierges et de ses martyrs. C'est l'époque où Giotto, sur les monumentales fresques de la basilique d'Assise, sous ces chapiteaux bruissant de la rumeur divine, trace le profil anxieux de ces êtres de chair où va se résumer désormais toute la dramaturgie chrétienne. C'est l'époque où, dans la sobriété de gestes de saint François « frappé par le Séraphin », dans les bras qui s'écartent et la tête qui repose sur les deux mains nouées de la *Descente de croix,* l'Italie découvre, avec un ravissement mêlé d'effroi, l'humaine, trop humaine tragédie de ces figures si familières, parce que parfaitement *personnifiées.* Jamais on n'avait vu, jamais on ne verra peut-être tant de douleur sur une bouche, tant de douceur dans les yeux quand, sous le pli crispé du sourcil, ils semblent se creuser, se sculpter dans un espace qu'on dirait fait de roc, labile et frémissant. Sur ces visages ennoblis par la méditation ou contractés par la souffrance, dans ces corps qu'une aurore sourde éclaire par le dedans mais qui n'en sont pas moins livrés à l'horreur de la nature, c'est la condition humaine elle-même qui fait irruption dans la représentation. Au centre de la toile, à jamais écarté de Dieu mais à lui toujours lié, décidément abandonné mais tendu encore vers lui, l' « uomo singolare » déjà, qui sera longtemps l'objet de toute la peinture italienne.

Cet « uomo singolare », ce sera surtout le sujet, il faudrait dire le héros, de la grande littérature chrétienne et notamment de la tragédie où il achève de se composer sa physionomie de gloire et d'équivoque. Voyez ce que fait Racine par exemple de cette Phèdre euripidienne où l'on a si clairement vu l'incapacité grecque à penser la subjectivité. Là, c'était une ronde de figurants, sans épaisseur ni profondeur, qui jouaient un ballet réglé par la joute incertaine de deux déesses rivales ; ici, c'est une tragédie humaine, où des personnages de chair occupent toute la scène avec leurs délires, leurs plaintes et les tortures qu'ils s'infligent. D'un côté, l'héroïne mourait à mi-chemin, sans que l'économie de l'intrigue s'en trouvât le moins du monde affectée ; de l'autre, elle est la figure centrale, unique, qui éclipse des partenaires réduits au rang de comparses et qu'on dirait présents seulement pour faire écho à sa confession. Le modèle grec montrait une humanité d'innocents, où Phèdre elle-même était excusée par Œnone, Hippolyte et Thésée ; chez Racine, au contraire, on ne voit que des coupables, une humanité de pécheurs, depuis Phèdre blâmée par ses semblables jusqu'à Hippolyte à qui le poète tient tant à « donner quelque faiblesse[22] », en passant par Thésée en personne qu'il affecte maintenant d'une curieuse mauvaise conscience qu'il ignorait superbement dans le poème d'Euripide. Dans cette tragédie humaine qui ne veut que des criminels, dans cet enfer de l'âme qui ne connaît que des consciences morales, on ne meurt plus de consomption mais de honte et de repentir.

Mais c'est qu'on y vit d'abord — et c'est la différence essentielle — dans un halo de merveilleux, un nimbe de mystère et de miracle qui était paradoxalement absent du drame divin des Grecs. Jamais l'Athénien n'appelle sa Phèdre « la fille de Minos et de Pasiphaé ». Jamais elle ne s'adresse à Vénus et au soleil comme à ses interlocuteurs naturels, seuls dignes de son tourment. Jamais elle n'adopte pour leur parler ce vocabulaire de la prière et de la supplique qui fait toute la beauté du monologue racinien. C'est dans le drame chrétien que pèse ce « fatum », ce destin si funeste qu'interdisait, on s'en souvient, la contingence du divin païen. C'est dans la tragédie humaine, éthique, psychologique qu'a lieu le vrai dialogue, censuré dans le modèle, du fidèle et du divin. C'est Racine, poète de la liberté, qui enchaîne son libre arbitre à une grâce à rebours, une prédestination perverse qui, seule, met l'héroïne au rouet de sa mauvaise conscience[23]. Comme si son poème ne pouvait chanter l'âme d'un pur individu que parce que cette âme était d'abord issue du Ciel, par le Ciel délaissée mais à lui encore consacrée en une adjuration mystique. A croire qu'il ne pouvait mettre en scène un Moi, une authentique Personne et son tissu de contradictions, de tourments et de duels, qu'en plaçant le duel moins entre Phèdre et elle-même qu'entre Phèdre et les dieux, ou sa conscience et Dieu en elle. Étrange subjectivité, dira Sainte-Beuve, qui « agit contre son désir, désire contre sa volonté, veut malgré soi » enfin[24] : c'est que, comme chez Giotto, Occam ou Pascal, il fallait une transcendance et l'appel d'une Élévation pour qu'un sujet puisse se dresser et parler sa propre langue. Et c'est là peut-être, sur cette scène et ce sol, que l'étreinte monothéiste achève de se sceller, dans l'impitoyable double jeu de la présence et de l'absence, de la distance et de la parole, de l'absolue séparation du créateur et de sa créature — et de leur filiation pourtant, sempiternellement renouée.

Autel ou bûcher ? enfer ou paradis ? Les dés sont jetés, en tout cas, qui roulent jusqu'aujourd'hui et font de l'individu moderne cet Œdipe monothéiste qui partout crie sa Liberté et subit la nécessité. Car, comme dit Berdiaev, « là où il n'y a plus de Dieu il n'y a plus d'homme non plus[25] ».

3

LA MORT DE DIEU

On comprend mieux, alors, le sens et le scénario de ce formidable coup de gong dont l'Occident a retenti à l'apogée de sa catastrophe et qu'on appelle la mort de Dieu.

Ce fut d'abord, il faut bien le dire, comme une nouvelle Annonciation. On croit revoir, à deux millénaires près, les mêmes foules d'hérétiques brandir le même flambeau d'une âme rendue à soi. On croit rêver devant ces chants allègres, cette explosion de liesse qui semblent remonter depuis les commencements du monde. On n'avait point vu, depuis le christianisme, un si fol enthousiasme souffler comme une houle sur des têtes qui se redressent et se répercuter en écho jusqu'aux tympans de la création. Voilà de nouveaux Pères, errant en de nouveaux déserts, aux riantes couleurs de liberté. Des compagnons du libre esprit qui sonnent le glas de l'idéal défunt avec la même ferveur qu'Origène mettait à en célébrer le divin baptême. Des cohortes d'iconoclastes, dansant joyeusement sur les cendres, au son d'orchestres oubliés, dans une jubilation meurtrière. C'est Feuerbach par exemple. apôtre de l' « homo homini deus », créature sans créateur. dieu sans le secours de Dieu, homme par l'Homme seul hominisé. C'est Nietzsche l'Antéchrist, désignant à la vindicte des temps futurs l'Éternel imposteur qui, détournant de la Terre les attributs de sa dignité, s'en est fait un diadème qui peut choir maintenant de son front démasqué. C'est Marx bien sûr, hurlant sa haine d'un arrière-monde qui si longtemps, dit-il, infesta l'humanité de son « opium » d'aliénation. Il n'est partout question que de cette brèche sur le néant d'où, au cœur de chacun, s'est écoulé le principe du divin. Dieu n'était rien qu'une hémorragie de l'âme : et cette âme, il faut d'urgence la garrotter.

Et puis, voilà que soudain le rêve chavire et tourne au cauchemar. D'étranges éclipses interrompent de loin en loin la lumière de l'Histoire. Les ombres se rapprochent et la neuve clarté s'épaissit. C'est le même souffle de bonheur, mais comme une haleine d'outre-tombe. Les mêmes foules en délire, mais qui acclament la croix gammée. La même ferveur encore, autour des portraits géants de Staline. Et la guillotine rouge, déjà, célébrée en place de Grève... Car sait-on ce qu'eût été Saint-Just, si, régicide, il n'avait aussi été le premier déicide de l'histoire contemporaine, fondant explicitement sur le meurtre de Dieu sa politique du crime [1] ? Pourquoi y a-t-il à Moscou, un musée de l'athéisme où l'on fête solennellement la marche au socialisme et les martyrs juifs et chrétiens qui en jalonnent la route ? S'est-on jamais demandé pourquoi les SS appelaient le Christ « ce cochon de Juif » et pourquoi à Stalingrad, Hitler confiait encore à Bormann que le plus grand crime des Juifs fut l'invention du christianisme [2] ? C'est que, d'Eckart à Rosenberg, l'irrationalisme nazi c'est aussi le défi, la haine du monothéisme comme tel. C'est que, de Robespierre à Mao, il n'y a pas de totalitarisme sans cette référence insistante, maladive, obsessionnelle à la mise à mort du Dieu Un et Souverain. C'est que, par une de ces diableries dont l'Histoire a le secret, la mort de Dieu en politique, cela semble bien être l'Annonciation qui tourne au désarroi et le rêve de libération à l'agonie de l'espérance. Au commencement, la lumière. Sous la lumière, l'ignoble. Et finalement, les ossuaires, les abattoirs, les crématoires, enfers sans paradis où les maîtres emmènent leurs peuples...

Pourquoi ? Que s'est-il donc passé ? A quoi ont-ils touché les sourciers de la mort de Dieu ? « Cet homme, dit Kirillov à Pierre Stepanovitch, était le plus sublime de toute la terre. Il constituait pour elle une raison d'exister. La planète tout entière, sans lui, n'est que folie[3]... » Le mot est admirable et il pourrait servir d'emblème à tout ce grand naufrage. Il dit en fait que ce Dieu assassiné c'était, depuis la nuit des temps, une impossibilité d'assassiner. Que cet Absolu démystifié, c'était ce qui faisait de moi, face aux agressions du monde, une manière d'absolu. Que ce sanctuaire violé, c'était la source vive où s'alimentaient, pour chacun, les raisons de son inviolabilité. Dieu n'était pas dans Dieu mais, en l'homme, sa part d'universalité. Il était « le plus sublime » car celui qui, d'un gueux, faisait proprement un humain. Lui mort, tout n'est pas permis, mais tout indifférent, le Bien et le Mal, le noble et l'ignoble, la vie, la mort et le meurtre. Et tout n'est que « folie » alors, en ce grand vaisseau démâté qui file, sans portulan, à la dérive du nihilisme. Et il n'est plus de « raisons d'exister » en ce couchant des idoles qui fait de toutes valeurs de vaines et insignifiantes icônes. Et elles sonnent creux, si creux, au marteau du libre esprit, ces hautes estimes de Justice, de Droit et de Vérité qui ne puisent plus nulle part la sève de leur intransigeance[4]. « Que faire d'une âme, demande Malraux en écho, s'il n'est ni Dieu ni Christ ? » Que peut un sujet si, délié de l'Absolu, il est livré à l'aléa de l'insensé ? Rien, répond le siècle. Il n'est rien que matière, très relative matière du grand œuvre d'Histoire. Il ne peut rien qu'aller, fleur au fusil, rouler au fond du gouffre.

Vertige de la question elle-même. Abîme de son simple souci. Chaque fois qu'elle vient aux lèvres d'un héros, note Gide dans son *Dostoïevski,* « nous pouvons être assuré que peu de temps après, nous assisterons à sa déroute[5] ». Chaque fois qu'Ivan, Raskolnikov ou Stavroguine en relèvent le défi, ils ne peuvent qu'assister, blêmes et impuissants, à un désastre sans nom, qui les mène aux antichambres du suicide. Car telle est la découverte qu'avec Dostoïevski fait toute la littérature moderne : s'il n'y a plus de péché, c'est l'âme qui est le crime. S'il n'y a plus de rédemption, c'est la vie qui est l'expiation. Si Dieu n'est plus le Maître, c'est toujours la mort qui gagne. Délivrance ? Enchaînement plutôt, plus insoutenable que jamais. Vides, les cieux sans Dieu ? Pleins, si pleins de son absence, cette grande absence muette, plus exigeante que toute présence. Libéré l'impie ? Nous n'avons jamais été aussi peu libres que depuis que nous ne croyons plus. « Que va-t-il se passer quand les hommes s'apercevront qu'il n'y a plus de soleil ? » demandait déjà Nerval dans cette page d'*Aurélia* où, au sortir de Notre-Dame-de-Lorette, il voyait un globe rouge au sommet des Tuileries[6] ? C'est Kafka qui répond, dans *le Procès* et *la Métamorphose :* allumant dans un ciel ivre les feux de leur remords, ruminant jusqu'à la fin des temps une culpabilité sans objet, les hommes auront perdu jusqu'à leur propre trace.

On est loin de la Phèdre racinienne et de son Moi déchiré, mais cultivé tout de même au fond de ses déchirements. Le théâtre contemporain montre des êtres de fortune, vidés de toute psychologie et réduits à l'état de mécanique. Ce n'est pas, comme on l'a trop dit, le drame de l' « incommunicabilité », ce jeu du bruit et du sens où se débattraient les hommes, incapables quoique désireux de s'entendre. Mais c'est plutôt ce phénomène inédit d'une totale *incommunication* entre des êtres sans dedans, privés de toute intériorité, littéralement absents à eux-mêmes et par conséquent aux autres. Têtes molles de Beckett, à l'œil vitreux de poisson mort, tels ces jeunes hitlériens dont parle Odon de Horvath dans son *Jeunesse sans Dieu*[7]. Visage sans regard des personnages de Ionesco, non seulement en quête d'auteur, mais en quête de créateur surtout, purs points géométriques dans les sables d'un espace désormais infini. Comme chez Giacometti, il y a bien des masques, mais rien ensuite sous le masque, rien qu'une tête qui se réduit, qui ne cesse de s'émacier, qui n'en finit pas de s'épuiser, tant fuit sa vérité, mise au supplice de la scène ou de l'argile. Comme chez Malraux, dans les duels tranchants de Tchen Daï et de Garine, de Ferral et de Kyo, il n'est plus d'individus que résumés en leur effigie et dans les monologues de sourds qu'ils feignent d'échanger. Où sont les temps bénis où l'on s'intéressait encore aux émois de

Mme Bovary, aux inconstances de Corinne et d'Adolphe, aux cas de conscience du *Disciple* de Bourget ? On dirait qu'avec l'éternité, c'est le temps lui-même qui s'est enfui et, avec la divine croyance, l'humaine introspection. Reste la voix sèche et terne des hommes — cette revanche d'Antigone — que couvre déjà le bruit des bottes et des canons.

S'il fallait fixer une date, une marque au moins littéraire, à cette brutale décomposition, c'est là, quelque part entre Bourget et Proust, que je serais tenté de la placer. Avec l'un s'éteint le roman de l'âme, de son atomisme substantiel, de sa subsistante essence, en un mot de sa transcendance — cette transcendance dont l'implicite procès de filiation dispensait de fonder, de mettre même en doute, la pérenne identité du Sujet. Avec l'autre au contraire, narrateur génial, artiste incomparable cette fois, commence une plongée hallucinante dans l'onde d'un Moi liquide, démembré, éparpillé, où la conscience n'est plus qu'une mince et fragile pellicule flottant comme « nymphéa » au fil de la « Vivonne » ou simple poussière au gré des vents du hasard. Moins bruyamment que Dada, mais plus nettement que Morand ou Barrès [8], l'auteur de *la Recherche* excelle à dépister ces intermittences du cœur, ce clair-obscur de la passion, ce « polypier » d'images insolites qui font de chacun « une série de Moi juxtaposés mais distincts [9] », le « défilé heure par heure [10] » des mille et un figurants de ce théâtre d'ombres qu'est devenu le Soi. *Swann* ou *la Prisonnière* ne sont pas, comme on le dit parfois, des romans d'analyse ou de fine psychologie — mais l'ironie triste d'une analyse impossible, d'une introuvable psychologie dont l'objet même se dissout dans ces zones incertaines de rémanences confuses et de troubles résonances où, à mi-chemin du néant du sommeil et des certitudes de l'éveil, vacille le dur noyau du sujet monothéiste. Dans la chambre déjà capitonnée comme un caveau, où il décide de s'exiler pour mener à bien son entreprise, le narrateur-auteur découvre déjà cette vérité, que le siècle ébruitera et qui surgira bientôt des charniers de la Grande Guerre : un homme concassé, arraché à ses assises, véritablement dissipé dans la sarabande absurde de ses pulsions. Ce n'est point un hasard alors s'il a fallu attendre les lendemains du drame pour qu'une œuvre, parue d'abord dans l'indifférence générale, acquière sa valeur de manifeste et de présage : c'est qu'il fallait peut-être entendre le silence des canons tus et voir se dresser dans le brouillard la forme titubante de cet homme de sang et de plaies, pour comprendre le sens prémonitoire de cette grandiose déconstruction.

Encore Proust continue-t-il de croire aux vertus d'une mémoire qui se raidit contre cette entropie et oppose à ses flottements comme un simulacre d'éternité. Rien de tel en revanche dans toute sa postérité d'après-guerre, qui, elle, se complaira à ce nouveau mal du siècle et au néant de l'âme étalé sur l'inanité du monde. C'est le temps où des « enfants terribles [11] », des « fugitifs [12] », des « incertains [13] », cultivant la liquidité d'un Moi dissout dans un océan de philistinisme, donnent à leurs romans des titres aussi éloquents que *Feu follet*[14], *l'Enfant inquiet*[15], *Corps et biens*[16] ou *l'Homme pressé*[17]. C'est le moment où Drieu décrit, dans *Gilles*[18], une « race usée » qui ne peut voir dans « la volonté individuelle » qu'un « mythe d'un autre âge ». Où Gide, définitivement revenu du christianisme de *la Porte étroite,* note qu'il croit « de plus en plus que l'idée de liberté n'est qu'un leurre [19] ». Où Rolland vieillissant met en scène dans son *Annonciatrice* des héros éperdus qui errent dans ce qui n'est plus que « le désert de l'individualisme [20] ». Où Montherlant, ce mousquetaire frustré par la paix, ce stoïcien rempli d'effroi par le spectacle des passions humaines, dépeint, dans le chapitre des *Fontaines du désir* qu'il dédie à Rolland justement, cette « soif » qui le pousse à « se renier », à « se détruire », à « se mordre la nuque », bref à « se rejeter » comme il ferait « des femmes [21] ». Où un Crevel, en écho, évoque, dans *les Détours,* une conscience « abominablement libre », qui, « cherche ce qu'elle cherche » et se perd finalement à force de caboter sur les miasmes d'une société vautrée en son « imbécillité [22] »... Le résultat c'est peut-être, des uns aux autres, une génération d'intellectuels à la lettre sans conscience, qui abjureront sciemment un individualisme coupable de tous les péchés du siècle. Des pénitents rouges et bruns qui vont s'occuper, avec une égale ardeur, à briser en eux le ressort de la volonté et de la pensée propres. Des compagnons de route, comme on dit, qui n'auront plus d'autre recours que de se livrer tout entiers à la double fascination qui allait effectivement les dispenser d'être : le fascisme et le stalinisme.

Car enfin que se passe-t-il — et au-delà de la littérature, cette fois — dans la tête d'un André Gide que « l'honnêteté de l'esprit » avait toujours retenu d'adhérer au catholicisme et qui n'en suspendit pas moins « tous les arguments de sa raison », tous les scrupules de sa conscience, toute sa répugnance bientôt devant les camps, les procès, la terreur, pour ne plus « se retenir » sur « la pente du communisme [23] » ? Par quelle extraordinaire perversion de l'esprit un Rolland, qui fut longtemps le modèle de l'intellectuel au-dessus de la mêlée [24] et qui, dans *l'Annonciatrice* encore, dépeignait le communiste sous les traits peu engageants d'un barbare brutal et sans scrupule, en vint-il à écrire d'Assia, son héroïne, qu'elle « se sentait plus libre sous les cuisses dures d'une dictature que parquée dans les clôtures d'une pseudo-démocratie [25] » ? Par quel mystère ces conversions soudaines qui menèrent un Aragon par exemple, presque sans transition, comme par effet de grâce, de « Moscou la gâteuse [26] » au fameux « Hourra l'Oural [27] », — et de Barbusse l'humaniste firent l'auteur, tristement célèbre, de tant et tant d'hymnes à la terreur soviétique ou à l'infinie « libéralité du camarade Staline [28] » ? D'où vient, en un mot, que « malgré le dégoût, malgré l'horreur, malgré les erreurs féroces et les crimes », comme dit encore Rolland [29], ils furent encore si nombreux, quasiment unanimes même, à taire leur révolte et leurs réserves, — et si peu pour choisir, pour simplement songer à défendre, face à Staline et Hitler, les valeurs simples de liberté, de démocratie et de droits de l'homme ? Il y a là une formidable démission qui ne peut manquer d'évoquer celle, parfaitement symétrique, de ces hommes de droite cette fois qui, tel un Brasillach, voyaient en Hitler « le chien enragé de l'Europe [30] » sans pouvoir se retenir, pourtant, de s'engager en son sillage. Il y a là un choix, un parti pris de l'inévitable, nous dirions aujourd'hui une « politique du pire », dont c'est un autre fasciste, Maurice Bardèche, qui donne la parfaite expression quand il propose de « chasser l'ennemi à tout prix », d'y mettre « le prix le plus juste » et pour cela d' « accepter l'inévitable, même le communisme [31] ». Il y a là une résignation étrange, à la manière exacte d'un Maurras qui, voyant moins « le Mal » dans « le communisme » que, lui aussi, dans la « démocratie », se rallia au nazisme faute de mieux, parce qu'il le concevait, au sens de Gide, non pas comme un idéal, mais comme *la seule solution possible* [32] Gauche ? Droite ? A gauche comme à droite, la même façon de décréter nécessaire l'horreur qu'on prétend haïr en l'adorant sous son visage jumeau. D'un côté comme de l'autre, un sacrifice, mieux : un pur et simple oubli de la liberté et de la conscience, tant il paraît inconcevable qu'il y ait dans l'individu le moindre recours contre les périls de l'heure Éternels compagnons de route, compagnons des deux routes, ils s'accordent tous en ceci qu'ils adhèrent à contrecœur, mais qu'ils adhèrent quand même, tant les valeurs du cœur leur semblent soudain caduques.

D'autant qu'ils ont un autre point commun, un lieu commun plutôt où s'enracinent et s'expliquent leurs parallèles abdications... Qui écrit en 1939 que « les individus de bonne race ne nous savent point gré de les ménager et estiment davantage les chefs qui les invitent à se sacrifier » ? Ce n'est pas Bardèche ou Doriot. C'est Rolland toujours, dans son *Robespierre* [33]. Qui dit à l'homme nouveau dont la silhouette se profile à l'horizon : « Dresse-toi nu, vaillant, fais craquer les gaines ; pour croître droit tu n'as plus besoin que de l'élan de ta sève et que de l'appel du soleil » ? On croirait entendre Brasillach vanter « le jeune fasciste fier de son corps vigoureux » aperçu un beau matin dans l'éclat de Nuremberg [34]. Mais c'est Gide qui parle en fait, dans *les Nouvelles Nourritures,* où le Nathanaël de jadis est devenu « camarade » sans rien perdre du vitalisme, du nietzschéisme diffus où il baignait trente ans plus tôt[35]... Oui, le vitalisme, ce mixte de progressisme naïf et de culte de l'énergie : telle est la constante d'un entre-deux-guerres né dans la honte des tranchées de 1917 et à l'ombre de cet « appel du sol » chanté par Barrès, Henry Bordeaux et tant d'autres[36]. Oui, le nietzschéisme : tel est, au-delà des querelles idéologiques, le fonds inavoué où empruntent ensemble ceux qui voient dans l'Allemagne nouvelle « la poésie de l'avenir[37] » et les Clérambault fatigués qui retrempent leur foi chancelante chez Marc le « jeune loup », Assia la « jeune chatte » et les forbans vigoureux, les barbares au cœur dur, dotés d'une belle force animale que sont les communistes de Barbusse ou de Rolland[38]. Moscou la rouge ? Berlin la brune ? C'est toujours la même cité de lumière où des mandarins aux mains trop pures expient leur carence de clercs en se mettant à l'école de la vie. Socialisme ? National-socialisme ? C'est toujours le même spectacle fascinant, qu'ils admirent ici et là, d'une communauté organique, peuplée de jeunes titans, escaladant dans la joie et sous la poigne bienveillante de chefs dionysiaques les degrés de la terre promise[39]. Certains en reviennent-ils ? Retours d'URSS ou l'Allemagne ? Ce qui frappe dans le livre de Gide par exemple[40], c'est moins la découverte d'une terreur qu'il avait d'avance acceptée, que la révélation d'une société de médiocres, de bureaucrates et de petits bourgeois, si loin de l'idéal rêvé d'une communauté d'enthousiasme, d'ardeur et de ferveur. Au terme donc, comme à l'orée de l'aventure, c'est toujours la même mythologie de l' « élan », la même haine de la « décadence », le même désir d'un « homme nouveau » contre les anémies du monde et de l'homme anciens. D'un bout à l'autre du spectre, la même philosophie de la vie : toute la vie, rien que la vie, même frénétique et déchaînée, pourvu seulement qu'elle « résiste à la colique » (Drieu[41]) ou à la « pourriture de la mort » (Rolland[42]). Côté gauche comme côté droite, un identique romantisme qui semble le dernier recours après la mort de Dieu et la dissipation du Moi. Théophile Gautier déjà s'exclamait : « Plutôt la barbarie que l'ennui [43]. »

Mieux qu'un romantisme, une mystique : et ce n'est pas le moindre paradoxe de ces socialistes athées que de les voir aux prises avec une étrange spiritualité, sans dieu ni transcendance, dont aucun ne parvient à conjurer les périls. On oublie toujours par exemple que Barbusse n'est pas seulement l'auteur d'une impardonnable biographie de Staline : il commet aussi, presque au même moment, une stupéfiante *Vie de Jésus,* dépeint comme un Antéchrist de pitié et de miséricorde, un Christ socialiste, proche, si proche des hommes et de leurs souffrances, qu'il en a oublié… de croire en Dieu [44]. Rolland n'est pas davantage un humaniste égaré, pour d'obscures raisons tactiques, dans un classique dilemme de la fin et des moyens : sa foi aveugle, sa volonté de pénitence, son adhésion sans réserve, ne pouvaient venir que d'un *fidèle,* voué à une religion immanente qui est tantôt — dans *Jean-Christophe* — celle d'une Vie irrépressible en lutte contre le Néant, tantôt — dans le *Journal des années de guerre* — celle de l'hindouisme de Gandhi et de Ramakrishna [45]. On n'entend rien non plus à l'itinéraire de Gide si l'on ne voit dans sa conversion le bref instant de conjonction, cherché depuis si longtemps, entre les deux termes du dilemme où il n'avait jamais cessé de balancer : l'aspiration chrétienne dont *la Porte étroite* décrivait l'impasse et la religiosité orgiastique des *Nourritures terrestres…* Je ne dis pas qu'ils n'aient pas aussi, tous trois, sincèrement adhéré : mais que leur communisme, leur socialisme même, à plus forte raison leur marxisme, ne furent qu'un mince vernis à la surface d'un drame fondamentalement religieux dont ils firent, chacun à sa façon, l'épreuve. Ce n'est plus assez, à ce point, de parler de nietzschéisme : car, dans cette immolation de la volonté propre sur l'autel de l'Histoire et de l'État, comment ne pas voir le retour d'une sacralité oubliée, d'une mentalité archaïque, d'une superstition sans âge ? Là encore, la droite ne fut pas en reste avec Châteaubriant par exemple, le vieux chouan nazi, mort en exil à Kitzbühel pour avoir voulu concilier un impossible christianisme avec l'attirance de ces forces sourdes et nocturnes, de ce Wotan moderne aux couleurs des tourbes et des marais bretons où il vit la sanctification de la démence hitlérienne[46]. Car telle est, en dernier ressort, la clé de ces années noires et de cette « tentation totalitaire » dont elles fixent le visage et qui n'aura pas manqué, j'espère, de rappeler des souvenirs plus récents encore : la résurgence, des deux côtés, de ce qu'il faut bien appeler un *nouveau paganisme*.

Oui, le paganisme... Car si, de cet exemple, il y a une leçon à tirer, c'est celle-là probablement. Le XXe siècle, dont les années 30 illustrent, sans l'épuiser hélas, le délire de barbarie, n'est pas un siècle athée. C'est le contraire d'un matérialisme plat au sens où on l'entend toujours et qu'il tente parfois, si benoîtement, d'accréditer[47]. C'est un âge religieux, plus religieux que nul autre sans doute, mais d'une religion païenne dont les dieux, les « idoles de pierre et de bois », s'appellent État, Nature, Camps ou Parti... Parti ? Voyez comme font aujourd'hui les Cambodgiens pour nommer l'innommable de la mort individuelle : aller, non à l'Éternel, mais à « l'Organisation suprême[48] », à ce Dieu de bronze et de machines qu'invente la Révolution française et dont la « Soif », comme dit l'autre, semble décidément inextinguible. Les camps ? Face aux récits des rescapés d'Auschwitz ou de la Kolyma, on ne peut pas ne pas songer à des versions laïques, et terriblement réelles du coup, des anciennes figurations de l'Enfer dont on croirait retrouver, jaillies à fleur de terre, le détail minutieusement reproduit des iconographies de jadis : le Goulag n'a pas de nom séculier et la seule façon de ne pas le banaliser, c'est d'accepter d'y voir non plus la divine mais la « Diabolique Comédie » de notre temps[49]. La Nature ? Assez de lamentations sur la matière déflorée, éventrée, désacralisée par le rationalisme technicien : elle n'a jamais été si pleine de dieux, si ruisselante de sacralité, si lourde de superstitions qu'en ces temples nouveaux que le siècle ne cesse d'élever à la Terre, à la Race, au Sang, au Peuple, à l'Homme même, — cet Homme qu'un Rosenberg prétendait libérer de sa sujétion aux « étoiles » pour mieux l'intégrer « avec une humilité impérieuse dans les grandes lois de l'univers[50] ». Quant à l'État enfin il aura fallu toute la sottise des Don Quichotte de l'antitechnocratisme pour oublier, derrière le soi-disant jacobinisme, la très réelle rémanence d'anciennes idolâtries qui, fixées au sol désormais, grouillent dans des appareils qui se prétendent laïcs : le laïcisme c'est d'abord, au terme du corps à corps séculaire qui opposa les États aux Églises, au bout d'un combat sans merci, tôt réglé en Orient et plus récemment en Occident, un fantasme de papauté temporelle, un rêve de pontificat séculier où il n'est plus de semonces spirituelles qui ne deviennent armes brandies dans l'ordre politique.

Étrange alors comme le cercle se boucle. Comme se nouent et se dénouent les étreintes de la terre et du ciel. Comme bégaie soudain l'Histoire au rythme d'un pendule invisible et silencieux. Car qu'est-ce donc que ce paganisme sinon le retour d'un refoulé qu'on croyait terrassé par l'archange juif et chrétien et qui est là pourtant, de nouveau, paradoxal archaïsme, au finistère de l'avenir ? Comment ne pas reconnaître dans ces papautés laïques l'ombre de la Loi d'*Antigone ?* dans cette nature désacralisée, l'écho de la physique stoïcienne ? dans cet enfer à fleur de terre, celui de la cosmologie d'Aristote ? dans ces morts collectivisées le souvenir de la mort impersonnelle telle que la pensait Platon ? Comment ne pas s'étonner aussi qu'après deux mille années de course et de lumière, le temps ainsi rebrousse, efface ses propres marques et semble revenir, comme après une pause bénie, à un ordinaire barbare qui n'avait jamais cessé, peut-être, de l'habiter secrètement ? Oui, la Grèce revient, structurée autour d'autres charpentes, mais fidèle à sa méconnaissance du Dieu Un et de ses créatures, dernier philtre du nihilisme et ultime étape, pour l'heure, de l'odyssée de la mort de Dieu. Il revient, le polythéisme, exactement comme l'avait présagé Comte encore, en son *Catéchisme positiviste,* si mal reçu en son temps et entouré, aujourd'hui encore, d'un silence qui s'épaissit à mesure que se vérifient, hélas, ces « extravagantes » prophéties[51]. A croire que l'état normal de l'humanité est bien, comme il le disait, un « catholicisme » étymologique, une religiosité réduite à sa vertu de lien social, dont l' « organisation », la « constitution », la « systématisation », la « discipline », bref l'Institution sont seules capables de cheviller la soumission au corps des peuples[52]. A croire que le monothéisme qui a si longtemps tenté d'y opposer son « anarchisme évangélique » n'était rien qu'une « transition », une « phase tardive et éphémère », une parenthèse destinée à se refermer aussi sûrement qu'elle s'était un jour ouverte[53]. Et s'il avait raison alors, le visionnaire qui s'était promis de prêcher sa doctrine à Notre-Dame ? Et s'il avait vu juste quand il annonçait aux « Conservateurs » les noces du « fétichisme » et de la science de l' « Ordre[54] » ? Et si nous étions en train d'enjamber, comme il le souhaitait, le pur intervalle de l'ère biblique ? Dans ce cas, les hordes en liesse, où je croyais tout à l'heure reconnaître les foules d'hérétiques des débuts de la chrétienté, seraient plus proches de la troupe de conjurés qui, quatre siècles plus tôt, condamnaient Socrate à mort...

Ce n'est qu'une hypothèse ? Une fiction ? Cette hypothèse et cette fiction se vérifient pour peu qu'on les rapporte maintenant à la scène primitive de cette pitoyable aventure. Le « ci-devant Capet », à travers qui la Révolution française visait la Personne de Dieu, n'était certes pas Socrate. Mais Saint-Just en revanche, dans ce réquisitoire mémorable où Camus ne craignait pas de voir le premier acte de la modernité[55], dans ces syllogismes glacés qui tombaient déjà comme têtes au manège de la guillotine, était, lui, sinon un Anytos du moins un procureur de l'Athènes du IVe siècle. Quand il pose l'équation de l' « État » et du « Bien public », comment ne pas penser à l'équivalence sophocléenne de la Justice et de la Cité ? Quand il invoque la « Vertu », qu'est-ce d'autre qu'un hommage, souvent implicite, à cette morale sans éthique dont les Anciens lui proposaient la formule ? Quand il parle, un peu plus tard, de « force des choses », on croirait entendre la voix d'Épictète et l' « ordre du monde » de Marc Aurèle ou de Sénèque. Quand il lance à la face du monde enfin que « le bonheur est une idée neuve en Europe », il oublie simplement d'ajouter que cette idée neuve — et totalitaire, on l'a vu — était surtout une idée grecque... On cherche toujours dans les Lumières les origines intellectuelles de la Terreur. C'est beaucoup plus haut, en fait, qu'il faudrait remonter. C'est la morale ancienne qui hantait les conclaves de la Convention et des deux Comités. C'est Caton et Cicéron et pas Jean-Jacques ou Diderot, que Maximilien Robespierre rêvait d'y voir un jour siéger [56]. C'est l'idéal grec du citoyen qu'il a encore dans la tête quand il parle, dans la formule fameuse, de « rendre l'homme libre et heureux par les lois [57] ». Et s'il donne à un système philosophique l'insigne honneur de figurer dans la liste des fêtes du Décadi, c'est « aux stoïciens » qu'il songe, aux stoïciens seulement et à nulle autre idéologie, même contemporaine ! Au fond de leurs geôles, Mme Roland et Choderlos de Laclos retrempaient encore leur courage défaillant dans le souvenir de Plutarque, de Tacite et de Caton l'Ancien [58] : l'Antiquité, toujours l'Antiquité, dans les têtes qui, aux antichambres de la mort encore, substituent à l'impératif de résistance l'insensée nostalgie de l'*amor fati* légendaire.

A dire vrai, on sait mal à quel point, en deçà même de 89, les Lumières tout entières ont baigné dans un climat d'hellénisme, et singulièrement de stoïcisme. C'est en 1774 que Lagrange et Naigeon éditent, pour Diderot, leur monumentale traduction des « Œuvres de Sénèque le Philosophe » [59]. Tout au long du siècle, on recense en Europe pas moins de trente-sept éditions et traductions des textes du seul Épictète [60]. Il n'est pas très loin le temps où on appelait Frédéric le Grand le « Marc Aurèle de son époque ». Elles sont présentes à tous les esprits les élucubrations de Buffon et Bernardin sur la fonction de la trompe chez l'éléphant ou des pattes chez les insectes [61], littéralement recopiées des traités scientifiques du Portique. Il est présent, ce

Portique, comme physique et cosmologie générale, quand un Shaftesbury note que tous les maux du siècle viennent de la « guerre » ruineuse qu'on a « déclarée à l'Univers[62] ». On n'avait jamais été si près de la morale et de la politique stoïciennes qu'avec Locke en personne, quand il puise chez Cicéron sa définition du corps, de l' « uneasiness » et de la « religion civile[63] ». Révolution idéologique ? Révolution sûrement, mais au sens étymologique d'une planète qui reviendrait à son point de départ. Individualisme ? En un sens oui, bien sûr, mais l'auteur du *Second Traité* n'a pas plus de mots que Chrysippe pour dire le principe qui individue un sujet[64]. Un peu comme Aristote butant sur la molécule familiale dans sa généalogie de l'État, il s'arrête lui aussi à un individu qui, socialisé déjà au cœur même de l'état de nature, n'apparaît nulle part en son atomisme et sa dispersion. Un peu comme Sophocle, impuissant à penser le sujet hors les rets d'une religion civile qui l'épuise et l'interdit, il forge le concept d'un homme « capable of laws » qui n'est plus rien que le suppôt de liens et de rapports légaux[65]. Comme toute la Grèce enfin, rabattant la volonté propre dans l'espace d'une Cité à la lettre totalitaire, la modernité, après lui, fera de son sujet de droit le simple pli d'une laïcité naissante et d'une ancienne sacralité, son envers. Une nouvelle religion donc, qu'on ne cessera plus de célébrer désormais jusque, je l'ai dit, dans le fantasme suprême de son « dépérissement » : la religion de l'État.

Objectera-t-on que cette philosophie des Lumières est la seule à avoir accouché d'une « Déclaration des droits » sur laquelle nous vivons toujours et qui est, cela va de soi, une infinie richesse ? Hésitant précisément à rapporter ces droits à l' « homme », c'est-à-dire à l'âme chrétienne, ou au « citoyen », c'est-à-dire à l'archonte grec, cette déclaration participe d'un système qui, dépossédant le sujet de son vouloir et le mettant au rouet d'une souveraine volonté générale, fera vite du « droit » un « devoir », de la « liberté » une « nécessité », et de la « Terreur » l'autre nom de la « Vertu ». N'est-il pas vrai que cet

État moderne est le premier qui ait inscrit en sa définition le postulat d'un individu libre et auteur des lois ? Cet individu est un postulat justement, une limite et une fiction qui, à nulle extériorité redevable de son éminence, n'est rien que fait-de-société, différence induite et suscitée, artefact sans intériorité ni réelle autonomie, dont on forclot la résistance en même temps qu'on la suppose. N'y a-t-il pas contradiction enfin, dans le fait que, pourtant, c'est bel et bien de là que date aussi le concept de « nature humaine » ? La contradiction n'est qu'apparente car, à l'image d'Athènes toujours, figurant dans un imaginaire « barbare » la foule grouillante de ses ergastules et de ses gynécées, le XVIIIe siècle fait de son « état de nature » une marge idéale, un bord fantasmatique que peuplent les misérables, les vagabonds, les déviants, toutes ces hordes d'exclus qui sont, dans la Nature, le négatif maudit de la radieuse société de raison. Car c'est cela le laïcisme, aussi : ce mixte d'étatisme et de naturalisme qui fait au mieux des citoyens — un étiage d'humanité — au pis des animaux — un degré zéro d'humanité. Si on lui doit la démocratie et certainement la tolérance, il nous lègue également, jusqu'à Staline et au-delà, la figure d'un individu exsangue, raréfié à l'extrême qui, oublieux de sa dispersion occamienne, est de nouveau impossible, à la limite de toute pensée, ontologiquement introuvable dans le grand désert néo-païen.

4

CRITIQUE DU PAGANISME POLITIQUE

Ce désert néo-païen, on en retrouvera les paysages tout au long de la seconde moitié de ce livre. Et il me suffit, pour l'instant, d'en repérer très brièvement quelques sites privilégiés...

Il est clair, par exemple, que le nazisme est un paganisme militant et point seulement, comme veut la légende, à cause des folklores « nordiques » qu'il s'efforce de mettre à l'honneur [1]. On n'entend rien à ses thèses raciales, à son culte du sang, de la race, de la patrie, sans la référence insistante à de vieux principes « maternels » qui font du Führer l'homme lige d'une « humanité selon la Nature [2] ». On manque l'essentiel de *Mein Kampf,* ce livre qui se voulait une authentique bible païenne, sans la volonté folle d'abolir trois mille ans de rationalité, d'affirmation de la Loi, de médiation « paternelle » et, pour tout dire, de monothéisme [3]. Quels qu'aient été les aléas, les inconséquences parfois, de la politique du Reich à l'égard des Églises, il reste ce fil, qui la parcourt, d'un rêve de nouvelle « Église », d' « Église nationale du Reich » dont Rosenberg rédiga d'ailleurs les « trente articles » fondateurs [4]. Le choix de la croix gammée comme emblème du régime n'est pas indifférent non plus, qui témoigne à la fois d'un cinglant défi à la théologie du « Crucifié » et d'un retour en force de l'archaïsme « indo-européen » dont le caporal chômeur des années 20 avait découvert les sombres mystères [5]. Il n'est pas jusqu'à l'Holocauste, enfin, cette extermination sans pareille et rigoureusement sans modèle, qui ne doive sa singularité au délire d'une cervelle malade qui voyait dans les Juifs l'obstacle irréductible à l' « Élection » du peuple « germain ». Le mettre sur le même plan que le meurtre des Polonais, des communistes ou des « asociaux » n'est pas seulement, alors, une ignominie morale, mais une erreur historique qui néglige la différence capitale entre une liquidation physique et une haine *métaphysique,* dont l'enjeu était d'effacer jusqu'au souvenir du peuple de la Bible [6]. Non, le national-socialisme n'est pas un athéisme. Ce n'est pas non plus une politique. C'est une *guerre de religion.* C'est une religion de guerre. Et les fascistes français de l'époque, nos doux fascistes nationaux, l'avaient fort bien compris qui saluaient, comme Montherlant dans *le Solstice de juin,* la victoire de l'Allemagne païenne sur la France chrétienne décadente [7]. Ou qui, comme Drieu La Rochelle, choisissaient une fois de plus leur camp : « Je suis probablement, dans la mesure où je consens à m'en soucier, de la religion de Platon et non de celle de saint Paul [8]... »

Il est clair également que, beaucoup plus tôt déjà, le courant romantique [9] était un paganisme, sans commune mesure bien sûr, mais étrangement voisin dans ses thèmes. Là aussi, il faut beaucoup d'aveuglement pour voir un individualisme, un culte du Moi et du Singulier dans une « Naturphilosophie » qui, de Baader à Schelling, ne parle que d'une immense physique où tout exalte le Sujet pour l'inviter à s'anéantir et où la conscience ne se dresse jamais que pour mieux se confondre à la nuit des choses. Si l'Athenaum est le premier mouvement d'avant-garde de l'histoire de la littérature, c'est surtout une fantastique régression qui, prétendant contourner encore le bloc monothéiste et ses commandements de Loi, retrouve le trouble monisme des théosophes, des alchimistes et des illuminés du Moyen Age [10]. Ces « modernes » sont d'abord des « archaïques » qui rêvent eux aussi d'une « nouvelle Grèce », d'une Athènes idéale aux couleurs de la Forêt-Noire, qui est l'exact antonyme, déjà, de la Jérusalem biblique et de son insistant témoignage[11]. Toujours la même rivalité mimétique dans les projets fumeux, mais significatifs, d'une Église « régénérée » dont Friedrich Schlegel devait être le saint Paul, Novalis le Christ, Tieck et Schleiermacher les apôtres profanes[12]. Hitler était-il romantique ? Ce qui est sûr, en tout cas, c'est que Möller Van den Bruck, Spengler et Keyserling l'étaient, et que ce « néo-romantisme » — le seul nouveau romantisme conséquent de la modernité — n'était pas très loin du paganisme nazi[13]. Jünger l'était également qui, « par-delà la réalité douloureuse du champ de bataille », croyait voir flotter sur les charniers « le visage souriant d'une divinité[14] » ramenant le soldat, « comme dans les combats homériques[15] », au contact d'une « terre » figurée sous les traits d'une « Mère » féconde et cruelle[16]. C'est les frères Schlegel encore qui lèguent à Rosenberg leur salut à ces « quelques grands découvreurs patriotes » qui, bâtissant « l'archétype de la germanité » n'ont eu que le tort d'oublier que « cette germanité n'est pas derrière, mais devant nous[17] ». Je ne vois pas bien non plus où pourrait se loger le malentendu ou la trahison quand les nationaux-socialistes se prévaudront d'un Wagner, qui écrivit tout de même que les Juifs sont « le démon incarné et triomphant de la dégénérescence de l'humanité[18] » et qu'il « faudrait tout simplement qu'ils craignent pour leur vie et qu'ils croient voir devant eux le peuple armé de matraques et de cravaches[19] ». Et je signale enfin, à l'intention des nostalgiques mal informés, qu'à l'heure où l'Église catholique semblait avoir, provisoirement au moins, mis en sourdine sa propagande antisémite, c'est les romantiques toujours, l'ensemble de la famille romantique, qui, d'un bout de l'Europe à l'autre, entretenaient la sainte flamme[20].

On pourrait aller plus loin encore et montrer comment ce motif néo-païen se retrouve, quoique sous une autre forme, jusque dans le marxisme... Marx aimait à dire qu'il n'était pas le premier « marxiste ». Il eût été surpris en revanche d'apprendre qu'il était l'un des derniers représentants de la tradition stoïcienne. Comment ne pas être frappé, en effet, par l'étrange homologie de ces deux matérialismes et de leurs structures ? Comment ne pas voir dans une philosophie de l'Histoire qui fait du Sujet un simple figurant rapporté à la scène de « dialectique », la réplique d'un « Système » qui était tout entier bâti, déjà, autour de métaphores théâtrales[21] ? Comment ne pas entendre, dans la mélopée progressiste assurant que le bonheur est la récompense d'un *amor fati* conséquent, l'écho de ce « destin » dont Chrysippe disait, avec d'autres, qu'il est l'autre nom de la Providence[22] ? Qu'est-ce que la « conscience de classe », cette étrange science du malheur qui permet de vivre heureux — parce que savant — dans ses fers, sinon le retour inavoué de cette vieille « exégèse » qui assurait qu'on se libère de la douleur en pénétrant le secret de sa loi[23] ? Que signifie l'impératif d'être « dans le sens de l'Histoire » sinon le parti pris d'une soumission à cet « ordre des choses » dont Sénèque tenait déjà qu'il ne laisse le choix qu'entre « suivre de bon gré » ou « être de force entraîné[24] » ? Fais tout ce qui dépend de toi pour qu'advienne ce qui n'en dépend pas, ordonnait en substance Marc Aurèle[25] : ajuste ta libre pratique, commande à son tour le marxisme, aux vérités révélées de la théorie. Le souverain bien, disait Cicéron, c'est vivre selon « la science de ce qui arrive[26] » : la Révolution, renchérit Lénine, est une science qui exige simplement de ses acteurs qu'ils fassent leur « objectif intérêt » adéquat à leur désir. « Vis conformément à la Nature », conseillait le sage Zénon : l'Histoire, répond le jeune Marx, est une « seconde nature », la « science naturelle de l'humanité[27] »... Peu importe, en l'occurrence, le détail du parallèle. L'essentiel c'est que, là aussi, sans bruit et discrètement, le retour est consommé. L'Histoire, cette « seconde nature », occupe la même place que la première Nature du Portique. Placée, comme l'avait prévu Kant[28], à l'intersection de la Physique et de la Théologie, elle est devenue à soi seule une théologie et une physique. Reprenant de l'une et de l'autre le projet cosmologique, elle est elle-même cosmologie générale. Mathésis implacable, elle calculera les souffrances, pèsera le poids des morts, tracera les lignes et les fossés entre les bons et les mauvais cadavres, et à chaque vivant assignera son rang dans le nouvel ordre du monde. Le marxisme est un historicisme : mais cet historicisme est structuré comme un stoïcisme. Et c'est probablement, j'y reviendrai, ce paganisme stoïcien qui fait le lien avec les autres pensées totalitaires modernes[29].

C'est sûrement lui, en tout cas, qui fait le lien, et explicitement cette fois, avec le vent d'antisémitisme forcené qui souffle sur toute la pensée du siècle... On connaît les pièces du dossier. La formule célèbre de *la Question juive* où « l'émancipation sociale des Juifs » passe par « l'émancipation de la société à l'égard du judaïsme[30] ». Les fines devinettes du brillant polémiste : « Quel est le fondement profane du judaïsme ? Le besoin pratique, l'intérêt personnel. Quel est le culte profane du Juif ? Le trafic. Quel est son dieu profane ? L'argent[31]. » L'admirable intelligence théorique du *Capital* où l'on apprend que « quelque misérable et mauvaise que soit leur odeur, toutes les marchandises qu'on considère comme de l'argent et qui le sont en réalité, sont intérieurement des Juifs circoncis[32] ». Le déchaînement, dans la correspondance : « le Juif au sourire mielleux », « le maudit Juif de Vienne », « ce cochon de Juif », « la synagogue boursière de Paris », « Lassalle, le youpin de Pologne[33] ». La formidable postérité aussi de cet antijudaïsme « théorique » dont on invoquera le patronage, en URSS par exemple, chaque fois qu'un académicien croira bon de fustiger le « capital juif » et « le complot sioniste[34] ». Il n'est pas jusqu'aux nazis qui n'aient, parfois, brandi le précédent marxien pour mieux fonder une analyse scientifique de l'origine des « fortunes juives[35] » ou pour donner aux chambres à gaz leurs lettres de noblesse rationnelles[36]. Et on sait enfin la fortune que connaît, aujourd'hui encore, en France, dans les rangs de la gauche communiste, cet antisémitisme « raisonné », « raisonnable », strictement fondé sur une juste haine du « capitalisme monopoliste », — monopolisé, comme chacun sait, par des « tribus cosmopolites » (Benoît Frachon[37]) ou des adorateurs du « veau d'or »

(Maurice Thorez[38]). Tout cela est connu. Ou devrait l'être, au moins. Même s'il y a, parfois, urgence à remettre en ordre les mémoires.

Ce qui est moins connu, en revanche, c'est qu'un délire de ce calibre n'était pas seulement fondé sur l'anticapitalisme justement, de rigueur dans le mouvement ouvrier. Ou plus exactement qu'il relevait aussi d'une tout autre passion, naissante dans les milieux socialistes, partagée par l'essentiel de l'intelligentsia de l'époque et qui est, tout simplement, la haine du monothéisme... C'est la position par exemple de Wilhelm Marr, inventeur probable du mot d'« antisémitisme », qui publie, en 1862, *le Miroir des juifs* où, « d'un point de vue non religieux » comme dit le sous-titre, il analyse « la victoire du judaïsme sur le germanisme[39] ». C'est celle d'Eugène Dühring, qui voit dans le christianisme « la honte des millénaires », un obstacle à la lutte antisémite et une machine d'obscurantisme dont les Juifs sont les artisans honnis[40]. C'est celle de Bruno Bauer aussi, fustigeant le « christianisme juif » et entreprenant la rédaction d'un *Christianisme démasqué* — démasqué comme « juif » bien évidemment — vite confisqué et mis au pilon par les autorités[41]. C'est Georg Daumer encore, ce fanatique de la croisade athée qui, dans *les Secrets de l'âme chrétienne,* fait de Jésus le chef d'une secte cannibale juive et sera très largement lu et discuté dans les cercles révolutionnaires, puis, bientôt, autour de Richard Wagner[42]. Bref, c'est toute la gauche hégélienne, tout ce vaste mouvement de critique de la religion, tous ces théoriciens de l'humanisme athée et de l'émancipation de l'humanité qui fournissent à la fantasmagorie marxiste son terrain, ses concepts et sa problématique. Anticlérical autant qu'antibourgeois, anticlérical même *avant* d'être antibourgeois, cet antisémitisme nouveau voit dans le judaïsme la matrice plus que le négatif du catholicisme. Exactement comme le national-socialisme, c'est le peuple « déiphore » et non plus, comme jadis, « déicide », que les socialistes du XIXᵉ siècle haïssent et traînent au banc des accusés de l'Histoire. Et il y a là un retournement décisif, aux conséquences incalculables, dont les Juifs russes, par exemple, n'ont pas fini, aujourd'hui, d'éprouver les effets concrets..

Ce retournement, à vrai dire, est sans doute moins nouveau qu'il n'y paraît. C'est plus haut qu'il se joue et qu'il faudrait en chercher l'origine. A l'aube de la modernité, c'est-à-dire, une fois de plus, avec la philosophie des Lumières... C'est là, en effet, que les Israélites de France commencent de découvrir, avec la stupeur que l'on imagine, que, de meurtriers qu'ils étaient, ils sont en train de devenir les inventeurs maudits de Dieu. *L'Encyclopédie* dit bien l'esprit du temps quand, sous la plume du néo-stoïcien Naigeon, elle fait de Jésus « un Juif obscur et fanatique » et des Juifs eux-mêmes les pères exécrés de cet enfant de malheur[43]. Mieux, cette « requête des marchands et négociants de Paris contre l'admission des Juifs », publiée en 1765, qui mentionne tous les reproches traditionnels sauf un, curieusement, — le meurtre du Christ[44]. Jean-Baptiste de Mirabaud, secrétaire perpétuel de l'Académie française dont on publie, en 1769, un recueil d'*Opinion des Anciens sur les Juifs* dont l'argument central est que le mosaïsme, parce qu'il est à la source de l'islam et du christianisme, est la plus périlleuse, la plus superstitieuse de toutes les superstitions[45]. Le cher baron d'Holbach, chasseur de superstitions s'il en est, qui confirme le diagnostic en voyant dans les chrétiens une « secte schismatique » du judaïsme et, dans le judaïsme lui-même, une pratique d' « Asiatiques lâches et dégradés » qui « peu à peu infecta tout l'Empire[46] ». Voltaire enfin, qui va probablement le plus loin, au moins dans la violence verbale, puisque, sur les 118 articles de son *Dictionnaire philosophique* on n'en dénombre pas moins d'une trentaine qui, au nom de la lutte contre « l'Infâme » toujours, accablent des pires injures « le peuple le plus abominable de la terre[47] ». Je sais bien que l'auteur du *Dictionnaire* est aussi celui d'un *Traité sur la tolérance à l'occasion de la mort de Jean Calas :* mais je sais aussi que persiste, jusqu'en ce *Traité,* au cœur d'un réquisitoire contre le fanatisme, l'égarement meurtrier du procureur[48]. Je veux bien essayer de croire, comme nous le conseille son éditeur français et communiste [49], que l'antisémitisme de d'Holbach ait été « progressiste pour l'époque » et qu'il n'a rien à voir avec « le racisme barbare de la fin du xxe siècle [50] » : mais nous sommes à la fin du xxe siècle et ses œuvres sont régulièrement rééditées en Union soviétique, — l'un des quelques pays, on ne le répétera jamais assez, où la « barbarie raciste » soit élevée au rang de religion d'État...

Ce n'est pas tout. Si on regarde d'un peu plus près le cas de Voltaire toujours, on constate qu'il ne s'arrête pas là. Il ne se contente pas de l'injure ni de l'évocation obsessionnelle de cette foule de « verges », de « glands », de « prépuces » juifs qui semblent si fort troubler son esprit égaré. Il ne se cantonne pas même à la critique des superstitions, de l'intolérance et des abus des religions instituées. Car ce déiste a aussi une religion idéale. Ce « gentilhomme de la chambre du Roi », comme il écrit pompeusement à Isaac Pinto [51], a aussi une patrie de cœur. Et cette patrie de cœur c'est, comme par hasard, l'antiquité gréco-romaine... Ainsi est-ce dans un dialogue imaginaire avec Cicéron qu'il évoque le « fanatisme » congénital — congénital comme « les cheveux blonds » des « Germains » — d'un peuple qui pourrait bien, dit-il, devenir un péril « mortel » pour le genre humain [52]. Son argument favori contre ce peuple « stupide » est qu'il emprunte l'essentiel de sa culture aux Anciens et qu'il faudrait une bien grande « ignorance » pour oser imaginer l'inverse [53]. Dans *Dieu et les hommes,* il en fait le plus habile, le plus roué des plagiaires dont les livres saints sont, à la page près, recopiés d'Homère et dont la religion tout entière est inspirée de celle d'Hercule et d'Eurydice. S'il évoque « ces déprépucés d'Israël qui vendent de vieilles culottes aux sauvages [54] », c'est pour opposer leur barbarie immémoriale à la sublime humanité des « citoyens de l'empire romain ». Vient-il à manquer d'arguments ? Sent-il le ressort de la haine qui se détend ? C'est chez Philostratos, Tacite ou Juvénal qu'il va le retremper et qu'il trouve de quoi alimenter encore sa rage inexpiable [55]. Se découvre-t-il sensible à l'éloquence du Livre des Maccabées ? Au terme d'une cascade de sophismes, d'acrobaties intellectuelles et d'impostures morales, il conclut, dans *la Bible enfin expliquée*, que cette éloquence est trop « humaine », justement, pour pouvoir être rattachée au corpus de l'Ancien Testament et que c'est chez les Grecs encore qu'il faut en supposer la source [56]. Le chevalier de tolérance, autrement dit, ne hait pas seulement le Juif en tant que Juif : il le hait de n'être pas grec, — d'autres diront bientôt aryen ou indo-européen. Ce n'est pas seulement une étape parmi d'autres dans l'histoire de la vieille phobie : c'est l'étape décisive qui l'arrache au terrain chrétien et l'ancre en Antiquité. Voltaire n'est pas un antisémite ordinaire : mais l'inventeur, en ce sens, de l'antisémitisme moderne.

On discerne peut-être alors le fil qui relie cet acte de baptême à des phénomènes plus récents. Et quelle machine infernale vient, là, de se mettre en route dont les effets, imprévisibles, se continuent jusqu'aujourd'hui... Le Moyen Age, assurément, ne fut jamais très clément pour les Juifs, et aucun Auschwitz, jamais, ne saura effacer, banaliser, les pogroms d'Hanovre et de Mayence. Mais il reste que, tranchant d'un coup le dialogue que, jusque dans le ghetto, les Juifs de la Chrétienté n'avaient cessé d'entretenir avec leurs adversaires, l'antisémitisme voltairien accède à une dimension nouvelle. Sur les ruines de la coexistence — conflictuelle, bien sûr, et combien meurtrière parfois ! — de l'Église et de la Synagogue dont tant de cathédrales portent encore la trace sur les motifs de leur portail, apparaît soudain une haine froide, brutale, sans appel. Au lieu de l'antagonisme de jadis, où le « peuple élu » demeurait tout de même, jusque dans l'abaissement, au comble de la déréliction, une sorte de gage, de « monument vivant » disait saint Bernard, « nécessaire à la gloire de l'Éternel » ajoutait Pascal [57], — il devient l'Autre absolu, l'Exclu radical, le témoin à charge désormais, qu'il faut à toute force éliminer de la conscience et de l'inconscient des hommes. Il était « différent » du chrétien et cette différence même était aveu d'identité et d'une commune filiation divine : il est fils d'une « race », dit maintenant le « nouveau grec », et cette « race » n'a plus de place au soleil de l'humanité « régénérée ». L'idée d'extermination, qu'on le veuille ou non, était proprement impensable, voire sacrilège, dans un univers monothéiste où l'Alliance nouvelle succédait à l'Alliance ancienne : elle devient possible, pensable, raisonnable, scientifique peut-être, dans le monde déchristianisé et voué aux grandes régressions païennes. Je ne dis pas que Voltaire et Diderot soient les précurseurs des camps de la mort : mais qu'après *l'Encyclopédie* et l'inouï renversement qu'elle provoque dans la représentation collective, on peut tuer le Juif dans le dos et, pour la première fois, sans mots.

On comprend mieux, aussi, le sens de l'alternative qui, depuis ma déconstruction du modèle grec, gouvernait l'ensemble de ces réflexions. Ce n'était point par goût de la provocation que je posais la question « Athènes ou Jérusalem ? » mais parce que le dilemme est là, monumental, incontournable, par le siècle imposé et par lui provoqué. Ce n'est pas un hasard non plus si j'ai cru devoir rendre hommage au « génie du christianisme » : cet hommage n'est que justice depuis qu'au terme d'une longue, trop longue nuit spirituelle, un pape catholique a lancé au monde son « spirituellement nous sommes des sémites ». Point davantage de nostalgie dans le constat que je faisais de la mort historique de Dieu : mais constat précisément, inventaire du désastre, invitation à repenser, à sortir de l'impasse peut-être, à résister en tout cas aux effets de barbarie à quoi nous voue l'événement. Et c'est pourquoi, enfin, me souciant peu, au fond, de « choisir ». entre Lumières et romantisme, marxisme et nietzschéisme, hégéliens de droite et de gauche — pourquoi pas Hitler ou Staline ? — je crois urgent simplement de réentendre, aujourd'hui, contre toutes les *réactions*, l'extrême modernité du Livre monothéiste.

TROISIÈME PARTIE

LE MIRACLE DU NOM

L'entreprise sera rude et le chemin bien raide. Car il n'est point si aisé que je dis de se défaire de Paganisme. Car ne demeure pas qui veut en ce logis de Livre — dont la tranche touche au ciel que je sais vide et sans Dieu. Oublier cela ? Se rappeler ceci ? J'irai tout doucement d'abord. En alerte et aux aguets de moi-même. Va-nu-pieds méthodique et à pas comptés de mon nom. Où il ne me reste que d'espérer que tienne assez de mémoire pour faire échec et barrage aux séductions de Sacralité.

Ainsi, ces quatre épreuves, ces quatre méditations, que je voudrais comme des cercles ou de grands traits d'acier. Autant de clos, de digues, de murs de pierres et de papier, à l'abri de quoi sache s'ébruiter la clameur de Résistance. Que doit être un homme pour n'être pas gibier de camp ? Comment faut-il qu'il se pense pour n'être point lui-même assassin ? De ces questions — les seules qui comptent — s'ensuit une déduction où se noue le nœud d'un Sujet : au croisement d'une Loi, *d'un pari sur l'*Universel, *d'une exigence de* Singularité *et d'un repli en* Intériorité.

1

LE NOM DE LA LOI

Car ce mutisme de Dieu et ce silence de l'Homme, comment m'y résoudrais-je ? Le paganisme triompherait partout que je ne crois pas qu'il me convaincrait. Il aurait toute la raison, toutes *les* raisons pour lui qu'une confuse déraison continuerait de le démentir. Je serais au comble du doute qu'une certitude sans âge me tiendrait encore en éveil. J'y suis, de fait, dans le doute, assuré de mon néant et des ruines de mon concept, et quelque chose me dit que je n'ai pas la tête si vide, pourtant. Peut-être y a-t-il là une évidence obscure, une série d'évidences tenaces, dont je me souviens encore quand, au cœur même de la débâcle, quelque chose en moi se raidit, proteste et se révolte. Sans doute y a-t-il là une vérité plus vraie que toutes les vérités d'ontologie et dont s'entêtent obstinément toutes les consciences du siècle dès lors qu'elles refusent la tentation de démission. C'est à exhumer cette vérité que je choisis d'abord de m'attacher...

Lors donc, je recommence. Il reste ceci d'abord que de tous les animaux je suis le seul à mourir et, de tous les étants, le seul surtout à souffrir. Elle est si haute parfois cette souffrance, si lourd le poids dont elle m'accable, que j'ai peine à ne pas croire qu'elle ne me vise, ne me concerne et ne me traque en personne. Elle est si insistante, terriblement insistante, que je puis mal imaginer qu'elle me touche comme une chose, comme pierre parmi les pierres, comme tas de nerfs et d'ossements, pure matière de douleur à toute matière égale. Elle me serre de trop près, m'enserre avec trop de patience, pour qu'il ne me faille supposer que c'est à Moi qu'elle en veut, qu'elle veut un Moi qui l'endure, qu'elle se veut, elle, indurée dans un Moi taillé à sa mesure et comme aux fins de la recevoir... C'est bien cela que je ressens quand, dans le silence de l'angoisse, je vois Je se découper, massif et si net soudain, animateur éblouissant de mes nuits d'anxiété. C'est la leçon que je retire quand, rêvant de me fondre, de me dissoudre, de m'effacer, je suis brutalement rappelé à l'ordre, à l'ordre de mon Nom, de ce nom re-marqué par ce malheur inassignable dont Job fit le premier, et pour tous les humains après lui, la pénible et singulière épreuve[1]. Il faut bien qu'il y ait de l'humain, que subsiste de l'Homme dans l'homme, pour qu'il y ait autour de lui tant de Mal qui s'acharne et dont aucun sens, jamais, n'épargne la sauvagerie. Dieu ou pas Dieu, autrement dit, c'est une première preuve, négative et par l'absurde — ô mince et si fragile encore — de mon être-Sujet : j'existe parce qu'il y a du Mal, que ce Mal est radical et que, sans l'hypothèse de cette existence, cette radicalité elle-même n'aurait plus lieu d'être pensée[2]...

Il y a ceci également qu'il a beau me faire mal, ce Mal, rien ne fait ni ne fera que je sois contraint de m'y soumettre. Il peut bien me traquer, ne point me laisser de repos, rien au monde ne m'empêchera de déranger, de perturber, de faire grincer les armatures du monde. Ce monde lui-même peut être clos, enceint dans la loi d'un Maître, un homme, un seul, qui se dresse, témoigne à lui tout seul que quelque chose joue dans l'enceinte et rate dans sa clôture. N'est-il pas, ce sujet, pur effet de lien social ? le simple fait que je me révolte atteste que le lien s'interrompt, qu'il échoue à se nouer et qu'un sursaut, venu d'on ne sait où, suffit, de loin en loin, à en suspendre le fil. Puis-je la prouver, cette interruption, la déduire philosophiquement ? le pourrais-je que je ne le voudrais pas, tant elle me semble, une fois venue, rebelle à toute ontologie, à toute anthropologie — pur fait de surrection, évidence absolue de liberté. Saurais-je l'ancrer dans un Moi, cette évidence, comme à une substance fondamentale son accident et son effet ? la démarche serait oiseuse qui prouverait ce qui prouve, dériverait ce qui est source, référerait à un amont ce paradoxal aval d'une résistance première. « Si on doute, disait le bon Biran, que je sois maître de l'application de mon esprit, je répondrai que je le suis et cela me suffit [3] » : si on demande à un insoumis s'il est maître de son insoumission et les titres dont elle se prévaut, il répondra par *une autre* insoumission, exhibant moins ses titres que la grâce de son exemple. Non pas : il est donc il se révolte ; mais : il se révolte, donc il faut bien qu'il soit. Non pas : il y a de l'insurrection parce qu'il y a du Moi d'abord ; mais : il faut bien qu'il y ait du Moi pour que j'aie pu ainsi m'insurger. Il y a là, en parodiant Descartes, une seconde preuve a priori, un second cogito de l'âme — le cogito par une Résistance qui excède de son empire et de sa pure immédiateté toutes les vérités de pessimisme et la sanction de l'empirie.

D'autant, et c'est la troisième évidence, qu'il y a des preuves qui, pour valoir, n'attendent pas la valeur ou le nombre de leurs déductions. L'existence de l'individu est de celles-là, non pas une connaissance, une thèse, un concept, mais un parti pris plutôt, un choix existentiel. Ce choix n'est pas affaire d'ontologie, mais d'éthique, d'élection et de pure postulation, — absolument nécessaire même si rigoureusement insoutenable. Il s'agit moins d'identifier une substance que de tenir un pari — *le* pari sans lequel il n'y aurait pas plus de raison de respecter un corps que de le traiter comme une chose, un chien , une chair à canon... Quand Vitoria et Las Casas disent des Indiens par exemple qu'ils sont des « hommes » — et non des « sauvages » ou des « animaux » — ils ne parlent pas au nom du vrai mais du bien et de la morale [4]. Quand Nietzsche pose, à l'inverse, que je ne suis rien qu'un « rendez-vous » de flux, de forces et de natures, j'ignore s'il a tort ou raison, car je sais qu'*avant tout* il a opté pour la barbarie et le sacrifice de ce que je suis sur l'autel de ce que je serai [5]. Quand je dis, moi, contre cela, qu'à cette nature je ne me réduis pas, le problème n'est pas même de ce que vaut mon pari : mais de ce que je veux, moi qui, le tenant, me refuse au sacrifice et à faire mourir alentour. Il serait à peine probable, ce choix, que je le tiendrais pour certain. Il serait parfaitement douteux, que je m'y cramponnerais d'autant plus. Il serait tout à fait absurde, que je verrais dans son absurdité même motif à l'affirmer. Tous les savants du monde le sauraient indécidable, que je le dirais décisif pour trancher dans les valeurs. Personnellement convaincu que dans l'ordre de l'Être, l'individu ne vaut rien, je n'en répéterais pas moins que, dans l'ordre de l'impératif, rien ne vaut un individu. S'il est vrai que mon pessimisme me murmure qu'il n'a pas de place en ce monde, le siècle, lui, qui le montre partout avili, abaissé, martyrisé, exige que je le pose et le pose dans l'Absolu. Il n'est pas d'ontologie qui, en d'autres termes, ne blêmisse devant ce cogito, réduit à sa plus simple expression, d'un pur refus du meurtre : je me pense donc je suis ; je veux être donc je serai ; le sujet et sa croyance sont une seule et même réalité.

Une seule et même réalité ? Cela signifie en bonne logique que cet être confondu à sa croyance n'est plus une réalité du tout ; que je ne peux si fort y croire qu'en en faisant décidément une pure fiction philosophique ; qu'elle n'est finalement démontrable, cette fiction, que si je suppose d'abord qu'elle est, au sens courant du terme, privée de toute existence ; que je ne peux la soustraire aux démentis qu'y objectent les choses qu'en la séparant radicalement de l'ordre et de la loi des choses ; et c'est à peu près ce que disent les gnostiques, par exemple quand ils révèlent que ma racine justement — ma « souche » — n'est pas d'ici. Il est loin, alors, mon cogito, des solides assurances de celui de Descartes en son poêle, illuminé le bienheureux, de l'éclat d'une « lumière naturelle » qui, à moi, ne dirait plus rien que le vide d'un monde où je ne suis plus. Il est tout près, en revanche, du coup de force kantien, de ce geste inouï par quoi ce même monde s'ouvre soudain en deux et se duplique en « phénomènes » ici, où règne le déterminisme, et en « noumènes » là, où ne tranche plus la loi des sens ni de science. De l'individu que je veux, je suis tenté de dire ce qu'il dit, lui, Kant, de sa Liberté : qu'il n'a de chance d'échapper au pessimisme du philosophe et au scepticisme du savant qu'en s'exilant ailleurs, en un ciel de principes où il sera assuré, enfin, de ne plus se fondre en phénoménalité[6]. Des trois évidences existentielles où j'en retrouve la trace, il n'est plus le requisit ni même le corrélat, au sens d'une logique catégorielle dont il récuse désormais l'instance : mais le postulat, l'inconditionnée condition, l'idée régulatrice d'une nouvelle raison pratique qui commande simplement de ne pas tuer, de résister au malheur et de reconnaître le Mal en sa radicalité. L'individualisme, en un mot, est un idéalisme sans métaphysique, un transcendantalisme sans transcendance, l'idéalisme transcendantal d'une Ame qui n'est rien d'autre que l'infondable axiome d'un refus de soumission.

De nouveau, qu'est-ce que cela signifie ? Que tel est le statut et l'enjeu de mon pari qu'il se dérobe, sitôt posé, aux prises de l'investigation... Tenterai-je de le doter d'un arsenal d'attributs dont, à l'image des psychologues, je ferais ensuite l'inventaire ? toute attribution le rendrait à cette ontologie maligne dont je veux le déprendre. M'efforcerai-je à le mieux connaître, au-delà de cet « il y a de l'Homme » que je ressasse pour l'heure ? comme l'infini pascalien, je sais clairement *qu'il* est, mais j'ignore en revanche *ce qu*'il est. Comment ferais-je d'ailleurs pour parler cette fiction, mi-patente mi-latente, que je ne vois que de biais ? comme l'Un des théologies négatives, cette idée régulatrice n'est sensible qu'à la foi, d'autres diraient au « cœur », moi simplement à l'Éthique. Cette éthique, ne puis-je au moins l'articuler en un discours magistral et magistralement ordonné ? ce qui la distingue de l'ontologie c'est, justement, qu'elle ne rapporte plus l'étant à l'Être mais à la poussière des autres étants, dans le désordre improbable de leurs furtives et empiriques étreintes. Y a-t-il là un défaut, une carence de l'analyse ? l'individu substantiel, hypostasié en sa claire définition, c'est, à l'âge contemporain, celui que veulent les tyrans, que leur programment les « sciences humaines », et dont je ne veux, moi, à aucun prix. Comment alors y échapper, à cette hypostase ? en pensant ce paradoxe, d'une âme qui n'a pas d'essence mais une impossibilité d'essence, qui n'est pas une substance mais un arrachement à la substance, qui n'est pas une chose du tout mais une sorte d'exstance, irréductible à toute chosification... Quand je parle d'idéalisme transcendantal, par conséquent, c'est une manière de donner congé aux dilemmes où m'enferme toute philosophie. Quand je pose qu' « il y a de l'Homme », la formule est suffisante, qui désigne le contraire d'un objet, d'une région du monde ou d'une catégorie de l'Être. Quand je dis « Homme » dans la formule, ce non-objet n'est rien qu'une perspective sur le monde, un point de vue sur l'Être, le point de vue, simplement, d'une Résistance désespérée mais opiniâtre.

Cette indéfinition, j'en vois aussitôt les conséquences. Et celle-ci premièrement, que le sujet, à ce compte, n'est plus le donné qu'on croit, primitif et originaire, mais une conquête sur le donné, un déni de l'Origine. Il n'est pas un réel, créé de toute éternité et que des sociétés mauvaises auraient progressivement raréfié, mais une surréalité tardive, dont les sociétés sont moins le mouroir que le lieu d'efflorescence. Il n'est pas une source, principe et auteur d'effets, mais un effet d'abord, l'effet de ses effets, fruit d'un long et douloureux procès, d'une marche interminable. Mieux que le terme et le fruit, il est le procès comme tel, la marche en tant qu'elle marche et l'arrache moins à sa prétendue gangue qu'à l'illusion de son noyau et de sa naturalité. Je ne suis pas, je deviens — je suis le devenir gangue d'une inépuisable production de sens, qui jamais ne me conjoint à quelque demeure oubliée. Le Privé, c'est moins la paix que la guerre à la paix, à l'inhibition du simple, à la nostalgie des premiers matins — à cette paresse de durer qui fait le « bonheur des pierres » dont parlait jadis Camus [7]. L'âme n'est pas la plage sous les pavés mais les pavés dessus la plage, l'apparaître contre la vérité, le mirage de frivolité contre la gravité de l'Être, les jeux du symbolique contre la fixation paranoïaque aux seuils et sols de prétendues « racines ». Taillé à même les appareils de la société où il s'inscrit, l'Individu auquel je parviens ainsi est moins dans la pierre que dans le burin, dans la page que dans ıa plume, dans le fond que dans le style. Travail au corps de l'Étant, il n'est pas un être au monde, pas non plus un étant du monde, mais, à la lettre, un coup d'état sur et contre le monde.

Ce n'est toujours pas une définition. Mais la formule, en revanche, d'un individu que je peux dire libre. Parfaitement, souverainement libre. D'une liberté a priori qui enfin va échapper à ces traditionnelles et insolubles apories... Car d'où venaient-elles ces apories ? Qu'est-ce que ce « problème de la Liberté » que rabâchent les philosophes depuis qu'il y a de la philosophie ? Tout tient d'abord à ce qu'ils la cherchent toujours, leur Liberté, en amont de l'acte libre, à l'orée de son avènement, dans un stock de virtualités où je camperais avant d'agir. A ce que le sujet, ensuite, y est supposé jouir d'une capacité d'indifférence, d'une autonomie substantielle, à l'aise dans le possible, consumée dans l'actuel, et dont le propre est de choisir entre de mornes éventualités offertes à son caprice. A ce que le savant n'a aucun mal, alors, à voir dans ce caprice un mirage, dans cette équivalence une naïveté et dans ce choix prétendu l'illusion rétrospective d'une conscience ignorante de la chimie réelle où, tandis qu'elle croyait délibérer, l'objective Nécessité avait déjà tranché pour elle... Rien de tout cela ne tient, si je me tiens à mon pari. L'argument s'effondre d'un coup face à mon sujet transcendantal, exstantiel et sans substance. La liberté n'est plus à chercher avant l'acte, à sa source fantasmée, dans ce lieu essentiel où elle se déclencherait avant de s'enclencher, puisque ce lieu, par définition, n'existe plus. Je m'oblige à la guetter non plus dans l'antichambre mais sur le vif de l'acte libre, dans son effective fécondité, dans l'engagement concret où je m'enferme et m'investis, dans ce faire fondamental qui fait corps avec le Moi qui fait. Je réduis à néant, alors, les prétentions d'une causalité qui, imbattable dans le faux débat sur l'autonomie de la nature humaine, n'a plus rien à me dire sur la vraie question de ce qui se passe quand je passe et m'engage *dans* un geste de liberté. Face à ses étiologies tardives et à ses archaïsmes de la vérité, je suis assuré d'une liberté que mesurent exactement l'intensité, le dynamisme, l'impétuosité de ma résolution. Contre les assurances déterministes qui savent toujours qu'elles auront su, et prévoient éternellement ce qui est déjà arrivé, je sais et sens que je suis, car je suis doté d'un pouvoir qui, contemporain de son avènement, n'est rien qu'une certaine forme, une certaine qualité, une certaine modalité du vouloir. C'est une autre version du cogito de résistance : j'existe quand je le veux car il me faut vouloir pour être.

Encore faut-il vouloir. Oui, simplement vouloir. Et ce n'est point si aisé ni si immédiat qu'il semble... Quand je regarde, en effet, en moi et autour de moi, je constate que mon ordinaire n'est pas de mal vouloir, mais de ne pas vouloir du tout. Je ne vois partout que des forces, des régularités muettes, ou loquaces au contraire, dont je me représente que, « scientifiques », « nécessaires » et parfois même « divines », elles me dispensent d'agir et de penser avec ma tête. Je ne puis m'en indigner sans entendre aussitôt gronder l'universelle semonce qui me rappelle encore à l'ordre et m'ordonne de me soumettre, là aux nécessités de Nature, ici à celles d'Histoire, d'État ou de Société. Voudrais-je les maîtriser, les agir justement, les vouloir au lieu qu'elles me veuillent, que je ne serais pas sûr d'y parvenir, certain même du contraire tant me manquerait le point d'appui, le roc où m'exhausser. Car c'est cela qui me manque en fait, cela qui me manque pour vouloir : dans le désert de l'inintention, dans l'enfer de l'insignifiant, dans ce monde où le Mal est le mécanique plus que la méchanceté, un objet, un seul, dont je puisse affirmer, sans risque de me tromper, qu'il est le pur objet d'une volonté qui soit la mienne. C'est cela qu'il me faut et qu'il faut à tous les somnambules, ivres d'irresponsabilité, malades de démission, impatients, ô si impatients, de se perdre dans le maquis obscur où, ne faisant qu'exécuter des lois nécessaires et naturelles, ils ne pourront plus jamais être « méchants volontairement » : une Loi, pur produit de leurs cervelles en même temps que sise au-dehors, radicalement absente en même temps que sensible au cœur, dont ils puissent faire, en s'y référant, comme autrefois à Dieu, le corrélat de leur conscience.

J'insiste. Pourquoi faut-il, pour que j'existe, le postulat de cette Absence, de cette extériorité et, pour tout dire, de cette soumission ? Parce que tel est mon destin que je n'ai guère le choix, en fait, qu'entre cette soumission-là, parfaitement imaginaire j'en conviens, et celle, bien réelle en revanche, à la « force des choses » de Saint-Just ou de Hegel. Parce que l'autre volet de l'alternative, c'est toujours le consentement muet, aveugle, aux lois d'une extériorité matérielle ou sociale que je ne crois jamais si bien maîtriser qu'après qu'elle m'a dépossédé de toute ma liberté. Parce que je sais bien, autrement dit, que sans l'hypothèse d'une sublime hétéronomie où je puisse m'exiler et suspendre l'exstance de mon vouloir, je n'ai plus de recours que dans cet exil immanent, ce consentement tacite aux lois du sensible qui firent dire aux Eichmann et aux kapos du siècle qu'ils ne voulaient pas ce qu'ils faisaient, ne savaient pas ce qu'ils voulaient, n'étaient rien que les exécutants, les agents, les agis de la chose imbécile. Si Kant peut dire alors, sans l'ombre d'un paradoxe, que l'impératif catégorique est principe de liberté, c'est qu'il a beau m'asservir, cet impératif, il est la seule façon que j'aie, contre le robot qui dort en moi, de tendre et de retendre l'arc de mon vouloir. Et si Kierkegaard insiste tant après lui sur la différence entre ce commandement et celui que m'assigne le tyran, c'est qu'étant à la fois dehors et dedans, il a cette particularité bouleversante d'être source de dialogue, de « contestation », et finalement de soliloque entre mon âme et son double, entre moi-même et moi-même [8].

Car voilà bien la merveille dont je m'avise et qui fait que je me rallie aussi à la tradition de cette obéissance. Contrairement, par exemple, au schéma de la souveraineté rousseauiste où, croyant n'adhérer qu'à une loi que je me suis prescrite, je contractais en fait avec le lien social tout entier, — le face-à-face avec la Loi, avec ce pur noumène que je pose dans l'arbitraire, est une feinte où je ne m'évade que pour mieux me retrouver et me rapprocher de moi. Contrairement à ce qu'on croit toujours, l'initiative de l'individu qui se veut moral n'a pas pour théâtre premier le rapport à autrui, à autrui en tant qu'il lui fait face, mais à lui-même encore dont la « raison » s'efforce de l'emporter sur la « passion », la volonté d'universel sur le désir du particulier, le refus de barbarie sur la résignation à ses basses œuvres. Le Je dont la tâche est d'informer le Moi empirique ne se manifestant qu'au sein de ce moi empirique et n'ayant affaire qu'à lui, la lutte pour la liberté, le combat pour l'éthique, sont les tâches les plus intimes, les plus personnelles qui soient, où le sujet ne regarde qu'en lui au terme d'un travail qui ne regarde que lui. C'est peu de dire alors que cette contemplation de la Loi est principe de liberté et qu'elle m'arrache aux pesanteurs discrètes où m'entraîne l'*amor fati*. Il faut ajouter — et c'est essentiel — qu'elle est principe d'individuation puisque c'est là, et là seulement, que, résistant au fatum en moi, je me découvre tout simplement comme un Moi qui peut résister. Ce n'est pas l'individu qui fait la Loi, mais la Loi l'individu. Et si être Loi c'est être soi, il faut admettre réciproquement qu'être soi c'est toujours et d'abord être Loi.

Je dis bien : être soi c'est être Loi. Je répète : c'est la Loi qui fait l'individu. J'insiste encore : s'il y a de l'Homme dans l'homme, c'est cette Loi et elle seulement qui hominise sa majuscule... Si à tous les étants, autrement dit, je suis aussi irréductible, ce n'est pas parce que je suis un bipède, un mammifère, un être doué de raison, mais parce que je suis le seul de tous à me voir et me vouloir animal de légalité. Si, comme je le découvrais en commençant, il est interdit de me tuer, légitime que je résiste, insupportable que je souffre, ce n'est pas parce que je vis et que la Vie, comme telle, est « sacrée », mais parce que je suis Loi et que cette Loi, en moi, est vénérable. S'il est vrai que je suis un corps, et que ce corps est inviolable, je ne suis pas pour autant fait de sang, de boue et de poussière, mais taillé en une matière plus subtile, invisible, impalpable, qui ne m'appartient pas tout à fait même si elle ne se manifeste qu'en moi. Il n'est pas vrai, si on préfère, qu'il y ait une « Ame du monde », une grande et bonne nature, une forte et mauvaise mère, qui ferait de moi un atome, une miette de contingence et d'où j'aurais été laborieusement tiré. Que je sois fils d'une Loi, cela veut dire, comme chez Freud, que cette Loi, étant le pli de mon désir, fait de toute définition une négation, de toute détermination une castration[9], de toute humanisation le fruit d'un refoulement, inassignable et perpétuellement continué. Au lieu d'être répressive, arbitraire et censurante, elle constitue le squelette, le constituant le plus intime, la césure la plus proche de l'homme en tant qu'il est un homme et qu'il a le nom d'Homme. Hors quoi il n'est, on le sait bien, que déchaînement de la pulsion, triomphe de la mort reçue et donnée, et arbitraire du coup, oui arbitraire affirmation de conatus barbare, sans limites et sans visage.

De là un retournement décisif dont je ne puis encore que pressentir la conséquence. S'il est vrai que face aux bourreaux qui traitent leurs victimes comme des bêtes, il me faille supposer dans la victime une manière de « nature humaine », il est vrai, pourtant, que cette nature, précisément, est rien moins que « naturelle ». Le serait-elle qu'au lieu de décourager et de faire honte au meurtrier, elle le conforterait, au contraire, du sophisme classique que la bête aussi est nature, que la nature aussi est bestialité et que rien ne s'y oppose alors à la volonté de tuer. Disent-ils autre chose ceux qui, à Auschwitz, prétendent n'avoir gazé que les poux, à la Kolyma n'avoir parqué que des « hyènes », dans les camps du monde entier des natures, toujours des natures, rien que des hommes ramenés à leur pure naturalité ? Que fait-il d'autre le raciste quand il traite l'Autre comme du Même, le réduit à son identité chromosomique, le considère comme une créature justiciable de la zoologie et fait de la science naturelle le degré zéro de l'humanisme[10] ? Non, la vérité c'est que, si l'idée de nature humaine a un sens, c'est comme monstre d'humanité, prodige de dénaturation [11]. Que, pour faire tant soit peu obstacle aux déraisons totalitaires, elle doit être raisonnée, sur-raisonnée, arrachée à l'évidence de sa brute immédiateté. Que, face à un biologisme dont l'horizon est toujours tôt ou tard le fascisme, elle doit être résolument légaliste, légiférée, légiférante, homonyme simplement de la nature humaine des docteurs. Si, aussi loin de moi qu'il soit, autrui m'apparaît comme un semblable c'est qu'il n'est ni une donnée primitive ni une donnée immédiate de ma conscience. Ni un atome de société ni une molécule cosmologique. Mais un être intermédiaire, mi-réel, mi-irréel, dont je ne sais et ne respecte que le Droit qui le fait et la Loi toujours qui le machine.

Cette Loi, à son tour, que dit-elle ? Que faut-il qu'elle me prescrive ? Que doit-elle vouloir pour que, voulant, je sois ? Spontanément, je suis tenté de conclure qu'elle ne dit rien, ne prescrit rien, ne veut à proprement parler rien. Puisqu'elle échappe par principe à une empiricité qui, sinon, me nierait et me noierait, comment ferait-elle mieux que ressasser sa monotone formalité ? Si tout son rôle est de m'exhausser, de m'arracher au péril de l'essence, la moindre détermination ne la ferait-elle pas faillir à sa mission et moi à mon indéfinition ? Si le sujet qu'elle fonde n'est rien qu'un point de vue sur les choses, comment serait-elle mieux, elle-même, qu'une vide et vaine perspective sur ce sujet ? Hegel avait tort, en ce sens, de voir dans la Révolution française, par exemple, le triomphe d'une légalité formelle, fuyant tout « contenu » comme une « restriction ». C'est plutôt l'inverse qu'il aurait fallu dire et déplorer qu'elle se soit trop empressée de traduire sa Loi en lois, sa « virtù » en « vertus », son Devoir en Terreur. C'est là qu'est le drame, non seulement de Robespierre, mais de tous les révolutionnaires après lui, dans cette dégénérescence d'un Vouloir formel en ce vouloir-ci, ce vouloir-là et, toujours, au bout du compte, la volonté de meurtrir. Ma Loi à moi, c'est juste le contraire : une forme totalement abstraite, juge et jamais partie, magistrale et jamais serve, qui, se dressant de toute sa hauteur entre la terre des hommes et le ciel des principes, prétend surplomber les désordres de l'univers. Elle n'est pas exactement vide, invoulante et impotente : on la dirait plutôt pleine, abondante d'un seul et unique vouloir, qui ordonne de sanctionner, de relativiser justement, tous les contenus de lois et les prétentions des hommes à absolutiser leur singulier vouloir. Elle est formelle en ce sens très précis qu'elle ordonne sans commander, témoigne sans s'incarner et nombre sans chiffrer : mais elle n'en a pas moins une fonction qui est de me placer en écart, en désaccord, en discontiguïté, en *dissidence* perpétuelle par rapport à un monde qui pâlit face à sa sainteté. Que dit-elle alors ? Que prescrit-elle ? l'éternité, simplement, d'un formidable Non à ce régime d'Histoire dont on a vu, d'Épictète aux marxistes, le pouvoir de soumission...

Je suis loin, à ce point, de toutes les morales classiques où un Bien, posé en préalable, commande au sujet le détail de ses devoirs : le bien que j'entends, moi, est le corrélat plutôt d'un Devoir primitif, fondamental et infondable. Ce n'est plus l'ébauche d'une de ces « conceptions morales du monde » dont s'illustrent les philosophies et où continue de rôder l'ombre du politique : mais une posture, une *attitude* morale où l'attachement à un impossible principe prime tous les codes et toutes les morales possibles. Ce n'est plus même de kantisme qu'il s'agit, trop contaminé encore de stoïcisme pour qu'une subtile Nécessité ne l'emporte parfois sur l'exigence de liberté : mais la trace d'une tradition plus haute, dont je ne suis pas sûr de retrouver la marque en terre philosophique et qui me reconduit plutôt du côté des Prophètes de la Bible. Car ce surplomb, cet excès, cette volonté de désaccord avec le monde, qu'est-ce d'autre que la définition de cette Loi dont Malachie dira qu'elle ne doit pas « faire acception de personnes [12] », et le Dieu de Moïse, déjà, qu'elle est comme un grand « Livre » d'où s' « efface », à mesure, le nom même des « pécheurs [13] » ? Cet impératif formel et vide de tout contenu, n'est-ce pas celui que, avec Edom et Ismaël, refusaient toutes les nations en déclinant le don d'une

Thora où elles ne voulaient voir qu'un recueil d'ordonnances singulières, chaque fois insupportables à l'esprit de leurs usages, de leurs coutumes, de leur ethos[14] ? Cette imprescriptible imprescription, n'est-ce pas, selon la Bible toujours, le mérite historique d'Israël que d'en avoir compris le sens — et qu'est-ce que l' « Élection » même, selon le Deutéronome, sinon l'inouï, l'insensé, l'extravagant parti pris d'une obéissance abstraite et antérieure à toute assignation particulière[15] ? « Élu » veut dire : postulant d'une Valeur qui donne Valeur à toutes valeurs mais n'en reçoit d'aucune, — et c'est pourquoi il est dit qu'Israël, seule entre toutes les nations, se résout à « faire » puis à « écouter » ; à faire, par conséquent, *avant* de savoir ce qu'il faut faire ; à agir absolument avant d'entendre relativement. « Élu » veut dire aussi : pariant sur une instance si haute, si étrangère au cours d'Histoire, que c'est elle qui me convoque autant que je m'y plie, — et c'est pourquoi Isaïe dit que c'est « dès le ventre de sa mère » que Yahvé « l'a appelé[16] » ; Jérémie, aux premières lignes, que c'est « avant même » qu'il ne fût « formé dans le ventre » que Dieu le « connaissait[17] » ; et c'est le sens, enfin, du paradoxe qui a tant troublé les commentateurs et qui, dans la Genèse, fait de Noé un « Juste » *avant* la promulgation de la Loi[18].

Je reviendrai longuement sur le principe de cette Loi. Sur cette antériorité mystérieuse qui me fait, quand je l'élis et qu'elle m'élit, plus ancien que mon propre nom. Sur l'extériorité radicale d'un texte dont il me faut, comme le prophète, « avaler » le « rouleau » de Langue[19] et qui ne s'en grave pas moins en mes « reins », comme sur une « tablette[20] ». Sur cette éthique du Détour où l'action juste ne vaut qu'en référence à un Référent qu'elle n'épuise pas davantage que, selon Rabi Aqiba, le « cédrat » dont je « respire » le « parfum[21] » .. Mais, pour l'heure, il est temps de faire halte. Je demandais : de quoi faut-il que je me souvienne pour persister, malgré tous les démentis qui y font obstacle, à me penser et me baptiser Homme ? J'ai répondu jusqu'ici : il faut rien moins que l'évidence d'un Cogito qui trame lui-même sa vérité dans le postulat d'une Loi, suffisamment vide et formelle pour ne jamais dégénérer, cristalliser en terroriste légalité. Je puis à présent confirmer : il y fallait la réminiscence de cette fonction — de cette fiction ? — monothéiste dont le premier et le dernier mots sont peut-être d'arracher le sujet aux lourdes pesanteurs du monde, de la nature, de l'histoire qu'elle nomme « Idolâtrie », — et moi, en termes plus modernes, « Barbarie ». Pourquoi ne pas le dire alors ? Ce que j'avais dans la tête, tout le temps de ce parcours, c'était un Nombre, oui simplement un nombre, le nombre « Un » d'un monothéisme dont le testament ne connaît ni le mot ni la catégorie de « religion[22] » ; dont la tradition a ceci, au moins, de singulier que, rebelle à toute mystique, elle ne s'est jamais risquée à fonder ni ontologie ni cosmologie ni valeureux système du monde ; dont l'effet-de-monde n'est peut-être rien, alors, qu'une perpétuelle mise en suspens de toutes les adhésions d'ontologie et de cosmologie où les hommes se perdent, se confondent et s'affairent ; — d'un mot le « Un » d'une Résistance.

2

DÉTRUIRE LES BOSQUETS SACRÉS

Il faut aller plus loin. Tirer toutes les leçons concrètes de cet ancrage en légalité. Achever de tracer aussi le contour de ce sujet... Qu'il soit premièrement arrachement à la nature et volonté de désaccord avec le monde, qu'il ne soit pas une chose ni un étant parmi d'autres étants — cela implique une chaîne de conséquences où commencera d'apparaître en clair la fonction de la fiction monothéiste.

Et celle-ci d'abord que, contrairement au lieu commun, ce n'est pas dans les soutes nébuleuses d'une « économie libidinale » qu'une conscience puisera jamais de quoi s'affirmer et s'insurger. Qu'à l'inverse de ce que nous dit l'air du temps, ce n'est pas à l'écoute de son corps et de je ne sais quel murmure de chair qu'elle retrouvera la source et la ressource de sa Résistance. Que la première nature, en fait, à quoi elle doive résister, c'est la nature en elle, elle-même en tant qu'elle est nature, la propre naturalité de ses pulsions et de ses désirs. Car qu'est-ce que ce Désir dont l'impératif nous revient ces jours-ci avec tant d'insistance, dans l'obscène jubilation de sa démesure retrouvée ? Conçu en toute rigueur, c'est un procès de négativité, dont on sait, depuis le *Philèbe* au moins, qu'obsédé de son objet, acharné à s'y conjoindre, il est toujours au bout du compte aspiration au repos, à la paix, à l'immanence [1]. Son inquiétude infinie, cet inlassable élan qui ne cesse de le projeter au-delà de soi et de ses œuvres, ne sont jamais que l'image inversée d'une quiétude et d'une lassitude, promises au terme d'une dialectique dont on suppose confusément qu'elle finira bien par s'abroger et par se consumer. Vécu dans la brutalité de son déchaînement, dans cette prodigalité de soi qui semble si fort séduire nos vitalistes et romantiques, il recèle toujours un occulte appétit de néant, la nostalgie d'un ordre inavoué, la postulation secrète d'une identité de l'âme à l'âme qui, comme dit Rousseau dans sa méditation au bord du lac de Bièvre, ne lui fait rien tant désirer que de ne plus désirer du tout [2]. Suspendu enfin à l'horizon d'une béatitude à venir, il rêve encore d'un temps révoqué, proprement mortifié, qui n'a fui que pour se fuir et se contracter en un instant unique, indéfiniment dilaté où, jouissant d'une interminable plénitude, le sujet ne peut plus que souhaiter, comme Mozart dans une lettre à son père [3], l'anéantissement pur et simple de son être singulier… Il y a là, peut-être, dans ce rêve de bonheur qui hante tout le XVIIIe siècle et qui est le vrai point commun entre Marie-Antoinette et Robespierre ; dans cette précellence de la jouissance qui revient curieusement nous hanter en notre nouvel âge d'innocence, de sophisme et d'imposture ; dans tous les cas, finalement, où on parie sur la Nature au lieu de la Loi et de sa censure — la trace d'un nihilisme récurrent qui mine toute volonté propre et la voue à la mort de fait.

Mourir de désir ? On m'objectera sans doute que je me fais la part trop belle en le réduisant, ce désir, à sa définition hégélienne et classiquement dialecticienne. Que je fais fi, alors, de toutes les tentatives modernes pour le penser, après Nietzsche, hors de cette négativité honteuse, purgé de sa mauvaise conscience et de son inquiétude, dans la positivité glorieuse d'un immense « oui » au monde. Et qu'il y a là, du coup, dans cette pensée dite « de libération », un rapport neuf au corps et à sa matérialité qui a cette particularité, justement, de poser les droits de la vie contre ceux de la pulsion de mort où tendait l'Éros platonicien… C'est probablement vrai, mais vrai aussi que n'échappe pas qui veut à la clôture platonicienne et qu'il y a dans cet autre parti pris une autre version de l'illusion, du même mirage naturaliste. Ce qui l'habite c'est, comme toujours — et comme j'ai tenté de le montrer ailleurs[4] — le déni et donc le fantasme d'une obligée consomption qui répète en l'inversant le circuit du vieux schéma. Le piège où il s'enferre c'est celui jadis posé par Stirner, Sade et quelques autres, où l'innocence proclamée du devenir et de ses flux abolit toute échelle du Bien, du Mal, de la Perversion et même du Meurtre. Quel critère pour distinguer l'oppresseur de l'opprimé quand on chante la jouissance sans entraves et l'équivalence de toute jouissance ? Quelle raison de choisir la résistance au lieu de la soumission quand on fait un principe du Désir et de l'indifférence de tout désir ? Pourquoi condamner le racisme, l'antisémitisme ou les camps de concentration, quand on pense que les victimes y trouvent leur compte et leur plaisir, et que seul le plaisir compte à l'aune de la libération ? Au nom de quoi, encore, continuer à parler de droits de l'homme si le propre de l'homme est de devenir tout ce qu'il est, et si son premier devoir est de vouloir tout ce qu'il peut ? La vérité — la terrible vérité d'un certain gauchisme contemporain — c'est que si le Désir est bien, comme il nous l'assure, la mesure de toutes choses, il n'est plus nulle part de mesure pour faire la part de ces objets. Et si en sa ronde s'épuise toute la chimie de l'humain, pourquoi l'heure ne serait-elle pas venue de réhabiliter un Drieu, d'entendre un Darquier de Pellepoix[5], et de banaliser, pour finir, la naturelle, oh ! si naturelle horreur du siècle ?

La vérité surtout, c'est qu'il y a là, dans ce naturalisme de gauche, une redoutable tentation — néo-païenne toujours — qui pourrait bien finir par ne plus se contenter de « banaliser » le fascisme. Comme dans tous les fascismes *réels* en effet, c'est l'individu comme tel qui disparaît à la trappe de ce fier et gai savoir. Comme dans les années 30, on y voit revenir la vieille antienne idolâtre avec tout ce qu'elle suppose d'aveugle obéissance et de fantasmes sacrificiels. Et, comme dans le schéma grec, c'est l'idée même d'un sujet de Résistance, qui redevient un mythe absurde et improbable dont l'hypothèse est inutile autant qu'illégitime... Elle est *illégitime* en effet quand, à la façon de Calliclès, nos mutants et décadents décrètent toute valeur arbitraire, répressive et superfaitatoire — mince croûte sur un volcan dont il faut laisser venir, imperturbables et palpitants, la lave et le séisme. Elle est *inutile* quand, à la façon de Socrate cette fois, ils n'en reconnaissent pas moins souveraine valeur au Nombre mystérieux qui les fait vivre à l'unisson du monde, au rythme de ses flux, au gré de ses syncopes et de ses machineries d'ontologique libido. Elle est *saugrenue*, en un mot, quand, réconciliant ainsi contre lui, en une surprenante complicité, les deux figures antagonistes du célèbre dialogue, le sujet se trouve pris dans la tenaille d'une double nécessité qui lui prescrit, là d'obéir au désordre béni de ses propres intensités, ici de s'en remettre à l'ordre presque organique d'une maîtresse matière. Calliclès plus Socrate ? Socrate dans Calliclès ? Au-delà de l'image, c'est la clé d'un compromis sans précédent entre l'ordre des choses, qu'on nous dit structuré comme un désir et celui du désir humain, qu'on nous dit homogène aux choses. Au-delà du compromis, c'est le culte d'une Physique qui, parce qu'elle vaut identiquement dans l'ordre du microcosme pulsionnel et du macrocosme général, est le contraire de l'Ethique et sa condition d'impossibilité. Au-delà même de cette Physique, c'est le retour, une fois encore, de l'antique harmonie stoïcienne et du commandement qu'elle intime aux hommes d'épouser ce qu'ils ne contrôlent pas, d'adorer ce qui ne dépend pas d'eux, de se plier au régime de l'Inévitable — de renoncer, d'abdiquer, de *collaborer*.

Faut-il alors s'étonner si ce matérialisme de la libido fait parfois si bon ménage avec le matérialisme tout court ? Si dans l'Italie, par exemple, de la fin des années 70, il s'est trouvé un mouvement d' « autonomie » pour se réclamer simultanément des mots d'ordre de « libération » et des poncifs les plus éculés de la dogmatique marxiste ? Si en France, au même moment, la vieille passion antisémite se porte aussi bien du côté de la mouvance libertaire que du parti de la classe ouvrière [6] ? Si, plus singulièrement encore, à l'heure où la répression battait son plein en Argentine, un hebdomadaire d'extrême gauche, a pu opposer au témoignage que j'en rapportais, le désir des « masses » de Buenos Aires de disputer une compétition sportive, s'alignant ainsi exactement sur la position de l'Internationale communiste [7] ? Il y a là une série de paradoxes apparents qui s'explique dès lors que l'on admet que le matérialisme demeure le matérialisme et que, de quelque manière qu'il habille son déni du Père et de la Loi, il ne peut qu'indéfiniment varier les versions d'une même adoration de l'ordre. Il dit rigoureusement la même chose, celui qui voit, dans la jouissance qu'en tirent les simples gens, le critère de toute politique et celui qui fait, du sens de l'histoire, la mesure de toute valeur. C'est une commune démarche qui fait dire à l'un qu'aucun droit de l'homme ne vaut face au « pied » que « prennent » les hommes à leur concrète violation, et à l'autre que la liberté ne se peut mieux définir que comme « intelligence de la nécessité ». C'est une identique nécessité qui tranche dans tous les cas et marche sur les deux jambes, synchrones et interchangeables, d'un marxisme vulgaire et vulgairement historiciste d'une part, et d'un brouet gauchiste et platement freudien de l'autre. Oui, il y a bien, dans cette sainte alliance, les risques d'un fascisme qui ne surprendra guère que les myopes acharnés à chercher à droite ce qui toujours vient de la gauche [8]. Et pour moi, en tout cas, le choix est clair qui, au culte du désir, de la nature et du particulier, oppose un individualisme de la Raison, du Principe et de l'Abstraction, gravé non plus dans la chair des choses mais sur les tables de pierre, sises au lieu du plus haut Devoir.

On le devine, du coup : le fond de la question c'est, bien au-delà de cette pauvre « idéologie du désir [9] », un thème qui vient de plus loin, paré des prestiges de toutes les justes luttes que le siècle a menées en son nom, auréolé de la dignité qu'il a parfois rendue à tant de communautés bafouées — je veux dire le thème, l'affirmation, la revendication de ce que, depuis l'éveil des « minorités », on appelle la « Différence »... Car, il faut bien le dire, s'il est vrai qu'un antifascisme conséquent me commande ce Devoir et cette Abstraction, je vois mal ce qu' « à l'écoute de ma différence [10] » et de son « ethos », j'entendrai de cet antifascisme. Si l'on convient qu'un authentique sujet est un monstre d'humanité qui, sourd à toute nature, renie sa propre naturalité, alors il faut douter que sa plus précieuse richesse tienne dans l'irréductible particularisme qu'on lui enjoint, ici et là, de chérir et de cultiver. S'il est exact que l'individualisme suppose un arrachement à l'essence, à la chose, à la substance et un ancrage, au contraire, à la Loi et à sa transcendante exstance, comment ne voit-on pas que c'est lui tourner le dos que de prétendre l'enraciner dans une essentielle « minorité » ? Mieux, si l'on se souvient qu'un Moi qui résiste se définit moins comme une région que comme un point de vue sur le monde et que ce point de vue est d'abord celui qui interdit de tuer, ne peut-on imaginer une « politique de la différence » qui serait paradoxalement terroriste et meurtrière ? De fait, c'est bien ce qui arriverait si, conséquent avec soi-même, on reconnaissait aussi au bourreau, au pervers ou au nazi son droit sacré à la différence, son droit donc à tuer, à violer ou à enfermer [11]. Ce n'est pas une vue de l'esprit mais la concrète position de Calliclès encore et de ses héritiers contemporains, si prompts à opposer à la dictature du simple celle de la force, à l'empire du général l'empirie de la violence, à l'arbitraire de la Loi la loi du caprice et du délire. Ce n'est pas même un accident mais le strict corrélat de l'anti-pari qui, prétendant fonder une éthique sur ce primat de la différence, croyant en faire l'article unique d'une conception du monde, peuplerait son univers de surhommes, usurpant en se posant, et excluant en s'affirmant. Leur première découverte consciente, ce serait — c'est toujours — celle de cadavres à leurs côtés.

Qu'on m'entende bien. Je ne dis pas que telle minorité sexuelle, nationale ou ethnique ait tort de s'affirmer : outre que nul n'attend de moi de raisons de se révolter, ce serait singulière audace doublée de cuistrerie. Je ne condamne bien sûr pas la lutte féministe, bretonne ou occitane : et je précise, pour être clair, que j'ai tendance, spontanément, à me porter à son côté Je ne prétends pas davantage que la « différence » dont se targuent ces combats relève du leurre ou de l'erreur : elle existe à l'évidence et de sa seule évidence tire toutes les preuves de son existence. Ce que je dis, c'est ceci simplement, que le combat du peuple breton frôle bien souvent l'abîme d'une périlleuse celtitude et celui des femmes pour leur autonomie de redoutables fantasmes de meurtre et de castration [12]. Que ce type de tentation commence très exactement là où, du fait-de-différence, on choisit de ne faire rien qu'un fait et, de sa juste proclamation, l'affirmation aveugle d'une partiale, locale et exclusive spécificité. Et que le seul moyen, alors, de conjurer la menace c'est de faire de cette spécificité une espèce justement ; de cette brutale exclusion, une figure d'inclusion ; de cette différence réelle un *supplément* d'identité ; de la position donc du fait, la revendication et l'inscription d'un *Droit*... En clair, cela signifie que, pour ne point échouer en barbarie, le sujet doit supposer qu'avant d'être « particulier » et de se ranger frileusement dans le collectif censé nommer sa particularité, il est d'abord sujet, suppôt d'humanité et que c'est dans cette humanité que peut et doit se tailler sa singularité reconquise. Il ne lui suffit pas, pour se définir, d'additionner à l'infini la série de ses différences, car jamais, de cette addition, ne sortira un individu et jamais donc, de ce stock, l'impératif de ne pas tuer ni le droit à ne pas l'être. Un combat antiraciste par exemple court le risque de s'inverser un jour en un racisme à rebours, de s'enfermer peut-être dans un dogmatisme tribal, s'il ne prend soin de postuler, au-delà de la différence qu'il défend, un fond d'indifférence où elle viendra se découper. C'est démagogie en ce sens que de clamer, comme font certains, que « nous sommes tous des minorités », si l'on n'ajoute aussitôt qu'au cœur de toute minorité sommeille un rêve, sinon de majorité, du moins de tolérance. Il n'est pas de droit particulier qu'il ne faille rapporter d'abord à cet « homme d'origine diverse » dont parlaient les anciens Hébreux, à cet homme abstrait et générique qui était le vrai sujet de leur Loi [13], et c'est le sens encore du reproche, déjà cité, de Yahvé à Malachie coupable, précisément, de « faire acception de personnes dans la Loi [14] ».

Arrêtons-nous un instant au cas de la différence sexuelle qui est, sinon le plus important, du moins le plus exemplaire. Je veux bien qu'il n'y ait pas d'anthropologie possible sans que le partage qu'elle institue soit non seulement pris en compte mais placé aux commandes de l'analyse. Je sais bien qu'il est *de fait,* c'est-à-dire dans l'ordre de l'Être, absolu, originaire et probablement fondateur. Mais je crois tout de même qu'*en droit,* c'est-à-dire dans l'ordre de la valeur et du refus de violence, il faut s'efforcer à le supposer relatif, induit et secondaire... C'est à peu près ce que fait la Bible encore, au chapitre II de la Genèse, dans l'épisode fameux, et qui a fait couler tant d'encre, sur la naissance d'Ève, issue d'une « côte » d'Adam [15]. On n'entend rien en effet à ce passage si on ne l'éclaire pas de sa première version, au chapitre précédent, où un énigmatique pluriel faisait dire à l'Elohiste que Dieu, « créant *l'*homme à son image, *les* créa " mâle et femelle " [16] ». La formule revient au chapitre V encore où, reprenant pour la troisième fois son récit, le chroniqueur précise que « mâle et femelle, il *les* créa et les appela du *nom d'Homme* [17] ». Ce « nom d'homme » lui-même, ce *nom commun* de l'homme et de la femme, ce nom générique et abstrait où ils découpent leur différence, il ne faut pas oublier non plus qu'il se dit étrangement, dans le texte hébreu, « Adam [18] ». Plus troublant même, la parabole vient — on néglige toujours de le noter — au terme de cinq journées où le Créateur n'a cessé de *séparer,* de partager, de désunir — les « cieux » et la « terre », les « eaux des cieux » et les « eaux de la terre », la « terre ferme » et la « mer », le « grand » et le « petit » luminaire, les « animaux aquatiques » et les « oiseaux du ciel [19] ». Et voilà donc que, pour la première fois, en cette aube du « sixième jour », à l'heure du geste décisif par quoi s'enfante l'humanité, le Divin artisan retient la machine, l'infini procès de duplication, de redoublement d'altérité qui était, jusque-là, le rythme même de Création…

Pourquoi ? D'où vient cette interruption ? Si Dieu renonce soudain à distinguer, c'est qu'il s'agit moins, peut-être, de discriminer — et de dévaluer — l'Ève de chair que la « féminitude », comme nous dirions aujourd'hui, dont elle pourrait se prévaloir. C'est moins sa féminitude que la façon dont elle brouillerait, compliquerait le rapport des êtres entre eux et d'eux-mêmes avec le monde. Moins elle, donc, dans ce rapport, que le rapport tout entier en tant que la monarchie de l'altérité y donnerait primat à la nature, comme on verra d'ailleurs, très vite, à l'heure du péché originel. Ce n'est pas la « femme » comme telle qui est figurée « inférieure », mais la relation sexuelle d'abord qui est décrétée accessoire. Ce n'est pas elle qui est « abaissée » — elle qui a le « nom d'homme » — mais cet homme qui, elle comprise, le serait, le sera peut-être, si au commencement était le désir, la tentation et leur ronde infernale. Au lieu d'une prétendue « inégalité » — c'est *le même homme* qui est « créé mâle et femelle » — c'est la forme d'une égalité absolue que seule a rendue possible la médiatisation de la différence qui, d'habitude, asservit et condamne celles qui en portent le fardeau symbolique. Comment parler, ainsi qu'on le fait çà et là, d'une « misogynie » ou d'un « sexisme » biblique, quand c'est le sexe lui-même qui est ainsi réputé inessentiel, simple et dérisoire péripétie de la structure et du destin humains ? Il y a là, plutôt, l'image belle et audacieuse d'une réciprocité totale entre des partenaires qui, avant que d'être divisés, sont parents en humanité. Le pari sur une relation, premièrement interhumaine, où l'on choisit non pas d'exclure mais de *désacraliser* la blessure immémoriale que fait aux corps la guerre des chairs. Le fondement, le seul fondement peut-être, d'une morale du respect et de la reconnaissance où il n'est point de « particularité » qui ne soit rapportée, sitôt que reconnue, à l'instant et dans la mesure même où on la reconnaît, à un horizon de Droit et d'Universalité. Si la femme biblique est une « côte » c'est qu'elle est un visage avant d'être une matrice [20].

Mais enfin, diront les sournois, le judaïsme n'est-il pas lui-même le culte d'une altérité d'autant plus haut brandie peut-être qu'elle est déniée aux femmes et aux non-juifs en général ? Précisément non, car cette altérité a ceci de singulier qu'elle refuse l'idée de s'ancrer en une matrice, de se confondre en une matière, de se fixer à un sol réel qui, scindant l'humanité en autochtones et étrangers, ne peut que porter le fer et la guerre entre les frères humains : ce n'est pas pour vous seuls que Dieu est venu, dit Moïse aux Hébreux, mais pour « quiconque ne se trouve pas ici, aujourd'hui avec nous [21] ». N'y a-t-il pas, pourtant, un colossal esprit de particularisme dans cette Loi mosaïque, jalouse de ses prérogatives, si attentive à sa pureté, enfermée dans l'arrogante proclamation de sa propre élection ? On n'entendra rien non plus à la grandeur du message biblique si on voit privilège, chauvinisme, nationalisme, dans une Élection dont le premier souci est d'arracher le sujet à ces localités sans âge, ces géographies archaïques, ces enracinements sauvages et spontanés qui sont toujours et inévitablement source de cruauté : ce sont les « méchants », chez les Prophètes, qui « prennent racine » et Yahvé ne cesse de les « déraciner de dessus le sol [22] ». Isaïe ne dit rien d'autre dans le mot fameux où il parle de « détruire les bosquets sacrés » et, avec eux, le vieil esprit païen en son cortège d'obscurantisme et d'adhésion maléfique : « les pécheurs, dit-il encore, seront confondus à cause des *jardins,* objets de leur prédilection [23] ». Le Talmud non plus quand il donne à Babel le « même statut qu'Eretz Israël » : à Jérusalem donc, le statut d'une terre sans territoire qui ne tient sa sainteté que de son mirage de vanité [24]. C'est le sens encore du discours de Jérémie recommandant aux Babyloniens de « renforcer leur position en exil [25] » : de fortifier, autrement dit, une nation sans nationalisme, une identité sans incarnation, une fidélité sans patrie, rompant à tout jamais avec le mystère meurtrier du ténébreux esprit des bois Et c'est peut-être cet exil infini, ce fondamental refus d'étance, cette fantastique liberté à l'égard des formes figées et sédentaires de l'existence, qui a donné à ce peuple d'égarés, errant à travers un désert où il ne s'attachait jamais, priant sous de pauvres tentes qu'il déplaçait partout avec lui [26], la force, comme dit Levinas, de reconnaître l'homme dans l'homme plutôt que dans la nature : la capacité à comprendre l'univers à partir d'autrui plus et mieux qu'à partir des choses...

De là quelques leçons, concrètes et immédiates. A tous ceux qui se lamentent sur ces fameuses « racines » dont une modernité perverse aurait perdu le souvenir, on doit rappeler que toute parole, toute institution, toute mémoire même supposent un nécessaire et essentiel déracinement et que, libre par la loi, l'esprit est serf en sa racine. A la complainte monotone sur la nature fanée, labourée, par le soc de la machine ou le cancer industriel, il faut opposer cette évidence, rappelée par Levinas encore, que l'éthique commence là et là seulement où on se sent chez soi parmi les hommes plus qu'au secret de sa maison, dans le maquis de la ville mieux que dans le ghetto des bois. Au plan philosophique, il est urgent d'en finir avec la nostalgie, inspirée d'Heidegger et du romantisme allemand — mais grosse aussi de rejetons beaucoup plus inavouables — d'un « monde » d'avant les « objets », d'un « poème » d'avant la « parole », d'une « pensée » d'avant le « savoir », d'une épiphanie extatique dont l'homme serait le gardien, pour peu qu'à l'ombre de l' « arbre » et de sa grande sagesse, il sache aller dans les « sentiers » qui s'égarent à travers champs et cheminer méthodiquement dans le clair-obscur de la « forêt » de l'Être. Dans l'ordre politique, il est temps de rappeler aux tenants de la révolte antitechnicienne, que la lutte contre la technique est, comme telle, obscurantiste ; aux chantres d'une écologie « passée à gauche » (!) que la nature tue aussi et que tout ce qui tue est « de droite [27] » ; aux théoriciens d'une résistance terrée en son terroir, que la plus longue résistance qu'ait connue l'humanité se tint en diaspora. Car si, d'une manière générale, être sujet c'est obéir à une loi et n'obéir qu'à cette loi qu'on s'est soi-même prescrite, il faut bien convenir que le premier geste du sujet libre est de rompre avec le lieu de sa naissance ; de s'affranchir des pesanteurs qui le tiennent assujetti ; de trancher tous les liens qu'il n'a pas consciemment voulus ; de déchirer la trame organique qui le *situe* et qu'il n'a pas *élue :* l'Exil encore, cet exil dont ne cessent de parler les Prophètes[28], ce cosmopolitisme radical qu'il reste à réinventer contre *toutes* les illusions communautaires.

Je ne nie pas, bien entendu, qu'il y ait aussi, qu'il y ait toujours, des adhésions sans allégeance, antérieures à toute dévotion, plus anciennes que tout parti pris et qui font du sujet qu'elles investissent un être aussi vieux, plus vieux même, en un sens, que la plus vieille des choses. Je le nie d'autant moins que, Juif, j'ai souvent dit que je sentais dans mon appartenance une marque indéchiffrable et ineffaçable, qui est toujours-déjà là, refusée ou acceptée, pour ma chance ou mon infortune, comme une fatalité de haute époque où je suis « né » avant de « devenir ». Mais ce qu'il faut dire, simplement, c'est que cette marque a beau être, et être, pour tout homme, indélébile, elle ne vaut que par la re-marque qui la frappe au sceau de l'universel, la chiffre aux armes de l'impératif : et c'est pourquoi la Bible ne cesse de débaptiser, de surnommer ses héros, d'Abraham à Jacob, d'Esaü à Sarah[29]. Si j'insiste tant sur la catégorie de l'exil, c'est qu'il ne dit rien, cet exil, que le primat de la traversée sur le territoire, du droit sur le fait, mais aussi de l'écriture sur la parole ou de la lettre sur l'esprit : et que c'est dans la lettre austère d'une éthique que peut et doit venir se réinscrire une identité qui peut bien, après cela, se dire et s'éprouver antérieure à son âge légal — elles sont *écrites* dans le « cœur », consignées dans les « reins » les injonctions de la Thora. Quand je parle de « choix » c'est pour distinguer justement cette éthique selon la lettre, ce scrupule de la lettre qui, de toute origine, fait un lieu de transfert[30], cette attention à l'Écriture qui, disjoignant ce qui se doit de ce qui se fait, permet seule au sujet d'échapper à la dictature de ce qui est ; et puis, d'autre part, l'éthique selon l'ethos, les mœurs, le convenable qui, plus fidèle sans doute à la vérite de son étymologie, la conserve en l'état de trouble confusion d'une immaîtrisée nature... C'est cela, cela aussi, aujourd'hui, le sens d'un retour au judaïsme : en deçà de tout mysticisme, l'attachement à une religion qui, ne croyant à rien d'autre qu'à la forme de cette éthique, à cette hégémonie de la lettre sur l'esprit, à la nécessité de cette remarque, débouche, comme dit le poète, sur la définition d'une « nation spirituelle » dont « la Thora est le pays natal[31] »...

Je dis : au-delà du mysticisme. Je devrais dire pour être précis : au-delà de toute sacralité. Car telle est, dans l'économie de l'être, la magistrale fonction du judaïsme, qu'il ne veut rien, en définitive, qu'un univers désacralisé d'où l'on aurait extirpé les plus antiques vénérations. On ne comprend rien à la noblesse de son Dieu Un si l'on oublie qu'il ne lui fut jamais assigné d'autre tâche que celle de désensorceler, d'illuminer la brume où baignent les cryptes du cosmos païen. Je ne m'y réfère moi-même, je l'ai dit, que parce qu'à l'éloquence pompeuse des fameuses « forêts de symboles », aux épousailles providentielles de l'homme-monde et du monde-fable, il n'a cessé et ne cesse d'opposer la pureté d'une écriture qui va de l'homme à l'homme, sur les ruines de toute allégorie. Il y a un texte talmudique qui, distinguant les deux moments de l'infidélité et du blasphème, évoque l'abandon de la vérité bien sûr, mais aussi et surtout l'attachement spontané aux croyances mythologiques, à ces vieux Baal de jadis dont les Prophètes, déjà, ne se lassaient point de vitupérer les charmes. Il y a un autre apologue qui raconte comment, un jour qu'Abraham, fils d'un marchand d'idoles, avait en l'absence de son père brisé toutes les statues à l'exception d'une, la plus grande, à qui il comptait attribuer la responsabilité du massacre, le marchand à son retour refusa, non seulement de croire, mais même d'imaginer, qu'une idole, fût-elle la plus sublime, aurait pu venir à bout de la foule de ses semblables[32]. Aucune sacralité, autrement dit, n'a en elle assez de force, de dignité et d'éminence pour vaincre le paganisme.

Loin de succéder au « numen » antique, d'en figurer la vérité ou d'être dans son droit-fil, le Dieu hébreu n'apparaît qu'en tournant résolument le dos à la superstition. Le monothéisme n'est pas un théisme qui viendrait à sa place, dans la longue succession des dévotions éternelles, mais l'historique révolution qui rompt d'un coup avec tout le stock de piétés, de croyances et de fétiches qui s'attachent d'habitude à la notion de religion. Pour un juif ou un chrétien, la religion est bel et bien, et au sens profond cette fois, le nom d'un lien brisé. Croire à la pérennité de son message, ce n'est pas se rallier à ce spiritualisme diffus qui revient ces jours-ci hanter la modernité. Revenir à la Loi, c'est rompre au contraire avec ces retours frauduleux et la contrebande d'obscurantisme, d'irrationalisme et de surnaturel dont le judéochristianisme est, par définition, l'adversaire invétéré.

Non, le monde n'est pas plein de dieux, de Vie et de forces sourdes qui parlent secrètement au cœur de leurs fidèles. Le Dieu auquel je crois n'est rien que le grand vent qui chasse indéfiniment l'essaim d'âmes et de lares qui tournent autour de moi. Je ne refuse rien tant, faut-il le redire, que cette « entente amoureuse de la terre et de l'homme » qui « délivrait » mon cher Camus de sa part d' « humanité [33] ». Le sujet que je veux n'est pas l'ennemi de la technique mais son proche cousin au contraire qui, comme elle, s'acharnera à désenchanter le monde. L'âme est un pari, pas une ferveur, car elle se garde de toute ferveur et des débordements captieux — « dionysiaques », disent-ils — qui toujours l'emportent au large de la férocité. Nous le savons bien, nous autres dont l'oreille tinte depuis l'enfance des glapissements de ceux qui, sous l'homme, débusquent le « youpin » : l'antisémitisme, par exemple, n'est pas une politique, une morale ou même une perversion, mais une mystique, une théologie, une authentique ferveur justement, — et ainsi seulement s'entend cet étrange et irréductible racisme où l'on ne hait jamais mieux l'Autre que quand il est le Même [34]. Ils le savent aussi, les rescapés des camps qui se refusent à relativiser une souffrance à la limite de toutes les souffrances possibles : un holocauste aussi parfait, aussi parfaitement programmé, n'était pas un cas particulier de meurtre, mais une défaite absolue de l'esprit, une extinction de toutes lumières, une immolation sans présage ni précurseurs et ne pouvait pas ne pas être, je l'ai dit, d'ordre et de nature religieux. On les a vus, plus récemment, quoiqu'à une échelle incomparable, les méfaits de la mystique et de son cortège de messianisme fou quand une secte de fanatiques, hautement saluée d'ailleurs par la presse des pays de l'Est[35], fit d'une obscure mystagogie le chemin d'une épouvantable cérémonie sacrificielle, qui l'entraîna en un instant, des « bosquets sacrés » de la Guyana à l'enfer des faux martyrs et des vrais assassins. C'est contre tous ces délires donc, contre toutes ces extases, contre cette Foi qui s'égare sur les voies du sacré, que vaut le pendule de la Loi et du principe monothéiste autour de quoi jusqu'ici je l'ai fait graviter. C'est contre ces monstres de théologie et ces syncrétismes funèbres, contre cette profusion de tribalismes et d'œcuménismes noirs, contre ceux qui vont partout alentour, clamant leur faim de « mythes », que vaut le pari biblique sur l'Universel, l' « origine diverse », le déracinement fondamental. Contrairement à ce qu'on dit toujours, l'infinie détresse qui marque notre siècle n'a pas pour origine un obscur péché « logocentrique » qui, ruinant ses matinales et boréales assises, le traînerait vers son destin de nihilisme achevé : mais je dirais plutôt, moi, que le malheur de l'Europe des camps, de la guerre des sangs et des races, vient de ce que le christianisme, malgré son millénaire labour, ne l'avait point suffisamment ni assez profondément arraisonnée. Et il n'est probablement, aujourd'hui, de salut réel, pour un individu réel, que dans la très orthodoxe position d'une instance où s'abolirait enfin ce que j'appelle, pour faire vite, *le* « *Mystère* ».

Pourquoi ne pas le dire alors ? Si, soucieux de la rencontre et d'un dialogue fécond entre les deux monothéismes ; si, convaincu, comme je le suis, que c'est de cette alliance que pourra naître un front uni de résistance au néopaganisme ; si, parti même d'un parcours passionné des grandes étapes de l'aventure chrétienne et du creuset qu'elle fut pour l'Individu dans sa genèse ; si, malgré tout cela donc, je m'en retourne lentement, avec tant d'obstination, aux parages d'un judaïsme où pourrait presque présentement se borner ma perspective, — c'est peut-être, tout simplement, qu'il y a dans son histoire une pureté dans la démarche, une rigueur dans la démystification qu'à largement perdues, hélas, l'apostolat chrétien. Il faudrait pouvoir conter la guerre de quinze siècles que livra l'Église de Rome aux religions civiques, impériales ou campagnardes qu'elle héritait pour son malheur de l'Antiquité en ses confins. Se rappeler toute cette poussière de cultes, de sotériologies, de vénérations cosmiques qui n'en finissaient pas de survivre, de ressusciter sous ses pas et qu'elle intégrait vaille que vaille dans ses fêtes et ses lieux-dits. Citer toutes les assimilations hâtives, les syncrétismes douteux, les courts-circuits ruineux qui ici baptisèrent « saint Éloi » un bon génie de l'orage ; là « saint Georges » un héros archaïque dont la réputation de tueur de dragons se perdait dans la nuit des temps ; là encore, « Sainte Vierge » telle ancestrale déesse de la fertilité et des moissons. Montrer enfin comment, au terme d'un corps à corps qui était probablement perdu d'avance, les héritiers de Jésus ne cessèrent pas de pactiser et, de pacte en pacte, de compromis voulu en compromis subi, finirent par reconnaître, par consacrer leur historique défaite, en remettant en ordre, au moment de la Renaissance, leurs liturgies, leurs sacrements et leurs calendriers. Ce n'est ni l'heure ni le lieu de s'étendre sur cette odyssée [36]. Elle n'ôte rien, bien sûr, à ce que je disais de la contribution de la chrétienté à l'émergence des droits de l'homme. Elle explique simplement la raison d'un privilège ; du privilège que je reconnais, ici et maintenant, et pour ma seule part, à cet autre monothéisme qui — volonté ou nécessité — n'a jamais cessé, lui, du fond de son isolement, de croire et de proclamer, contre l'esprit local, le testament de l'Universel.

3

NOUS SOMMES TOUS DES ENFANTS D'ISRAËL

Encore faut-il préciser. Car les choses ne sont pas si simples. Cette opposition terme à terme n'a, comme telle, pas grand sens. Et il faut, pour l'entendre, mieux suivre et mieux poursuivre le fil de sa dialectique.

Je ne suis pas, je le répète, historien des religions. Mais c'est une évidence que, ce génie du Particulier, le christianisme ne s'y fût pas ainsi croisé, s'il ne l'avait cherché et délibérément trouvé. Il n'eût pas eu à composer s'il n'avait de son chef, et peut-être pour sa disgrâce, résolu de débattre, de vaincre puis de traiter. Ce n'est pas par goût de la limite bien sûr, mais par passion de l'illimité qu'il alla partout ficher sa Croix dans la terre meuble des « bosquets sacrés ». Ce n'est pas l'esprit des bois qui, lui-même, le hantait et le minait de l'intérieur, mais sa haine, au contraire, un antipaganisme militant et un rêve de baptême mondial. C'est à force d'Évangile, si l'on préfère, de prêche et d'absolue créance qu'il a progressivement dégradé, dépensé, relativisé la lettre de son message. Et c'est à trop vouloir s'étendre qu'il a pris le risque de s'éteindre ; au travail de l'intolérance que s'est forgé son étrange laxisme ; par excès plus que par défaut de Foi qu'il a consenti à se mâtiner, à se ruiner parfois de superstitions… Cette histoire de la Chrétienté et de son rêve cosmopolite, il n'est guère besoin de préciser qu'elle ne se confond nullement avec celle du christianisme et de son message spirituel[1]. Elle commence *après lui,* au déclin de la romanité, quand Constantin puis Théodose font de l'ecclésiale institution l'étai de leur pouvoir civil[2]. Elle s'achève *avant lui*, à l'aube de la modernité, quand la Révolution française brise le rapport séculaire de l'autel et du sabre et fait de la guillotine le nom de son autel nouveau. Mais il reste que, de cette longue aventure où, si souvent, les catéchisés virent dans les catéchumènes les éclaireurs des canonnières, de ce rêve impérial où l'Église, elle aussi, manqua perdre son âme en même temps qu'elle mortifiait celle des « infidèles », une leçon au moins se dégage : l'Universel n'est pas antonyme mais synonyme du Particulier quand il prend le risque de penser dans la forme de ce que je nomme, faute de mieux, un « universalisme ».

De cette combinaison maligne, on trouve un assez bon exemple, au lendemain de 89 justement, dans un texte littéraire qui, pour n'avoir jamais été un monument d'orthodoxie ni de réelle piété, n'en a pas moins valeur d'indice, de symbole et de document : *les Martyrs* de Chateaubriand. Voilà un livre, en effet, qui entend prouver à son temps la suprême éminence du « génie du christianisme » et dont un Sainte-Beuve pourra néanmoins dire, avec tout le siècle unanime[3], qu'il « plaira beaucoup aux amateurs de mythologie païenne à laquelle l'auteur a donné sans le vouloir une si grande supériorité ». Il y a un étrange malentendu dans cet univers de cantiques et de mystique où le son pur d'une cloche suffit à interrompre « l'horrible transport » d'Atala, et où le lecteur, pourtant, ne parvient pas à se convaincre du repentir de Chactas, de la divine sagesse d'Eudore ou des chastes sentiments de la belle Cymodécée. D'où vient que ce poète qui voudrait tant émouvoir, ravir le « cœur » et l' « imagination », remuer une sensibilité que « glace » le merveilleux gréco-romain, ne parvienne à nous montrer, comme dit Flaubert, que des « martyrs typiques », parfaitement conventionnels, sans vérité humaine, figés eux aussi dans l'évocation d'un Enfer, d'un Purgatoire, d'un Paradis qui ne sont guère plus crédibles que la « faux du temps », le « fil de la Parque », la « balance de Thémis » qu'ils auraient dû supplanter ? C'est peut-être, précisément, que Chateaubriand s'applique trop à supplanter, à montrer, à convertir. Il fait en littérature ce que d'autres font en politique : du catéchisme, de l'évangile — défendre et illustrer. Prosélyte plus que croyant, il ne se contente pas d'affirmer et de trancher dans l'absolu : il veut encore rivaliser, vulgariser et triompher. Animé du vieux rêve d'empire, mais transposé aux grilles de la langue, il ne lui suffit pas de croire à l'Infini : il veut voir toute finitude pâlir devant sa grâce. Prédicateur trop zélé, il voudrait que la nature entière imite son Dieu et que la terre, le ciel, la mer, tous ces paysages sublimes qu'il se complaît à décrire se mettent à l'unisson de la voix du Seigneur. C'est la forme exaspérée certes, mais d'autant plus éloquente, d'un universalisme de propagande qui, paradoxalement, concède au génie du particulier l'essentiel de ce qu'il demande : ces « images », ces « peintures », ces « mosaïques » — le mot revient souvent dans l'*Examen des Martyrs* — où le petit sacré, le démon du sol et des bois ne peuvent que faire retour dans un climat de mystère, de merveilleux, de panthéisme diffus qui est la définition même de la religiosité païenne [4].

Si l'on se tourne au contraire vers le monothéisme biblique, c'est la dialectique inverse et l'inverse de ce paradoxe. Est-ce là, en effet, que se maintiennent en leur pureté les valeurs de l'Universel ? Elles s'y maintiennent si bien qu'on se garde de les prêcher, de les diffuser, de les répandre et que, dans le premier royaume hébreu, les étrangers sont concitoyens sans être coreligionnaires [5]. Les commandements mosaïques ne valent-ils pas pour tout homme, pour l' « homme d'origine diverse » ? En droit oui, mais il n'en reste pas moins que les noachides sont expressément dispensés d'observer la plupart des prescriptions du Lévitique [6]. Ne méritent-elles pas, ces prescriptions, de régner sur l'univers et de terrasser la barbarie qui, partout, trône à leur place ? Lorsque l'armée juive, à l'heure de sa plus grande gloire, triomphe d'une armée païenne, elle se défend de lui apporter sa Bible à la pointe de ses épées et, si elle impose parfois aux vaincus « pénitence », elle ne parle jamais de « conversion » ni de « baptême » spirituel [8]. Serait-ce que l'idée d'empire lui ait été inconnue ? Ce qui est sûr, simplement, c'est que le Verbe et la Loi ne sont pas enjeux d'empire et, quand le Deutéronome distingue guerres « facultatives » et « obligatoires », il prend soin de préciser que la soumission civile est la seule que, dans les premières, Israël soit en droit d'exiger, — et l'obéissance, dans les secondes, à la morale minimale des sept commandements de Noé [9]. Y aurait-il là alors, une marque de mépris, le revers d'une intolérance inavouée ? Je connais peu d'hymnes à la tolérance aussi beaux que le fragment de Jérémie où Yahvé, en sa colère, assigne à ses enfants ce modèle de piété, cette leçon de dévotion que leur offrent, *quoique non juifs,* « les fils de Jonabad, fils de Récab [10] »... On pourrait multiplier les exemples. Disperser les références. La leçon, chaque fois, serait claire : au lieu que trop d'apologétique ramenait tout à l'heure au divers de la localité, c'est la position d'une radicale localité qui préserve maintenant la chance de l'Un et de l'Absolu. Alors qu'un impérialisme inconséquent était le fourrier du tribalisme païen, voici qu'un tribalisme supérieur devient le conservatoire d'un monothéisme conséquent. Que seul vaille l'Universel, c'est la conviction commune à tout monothéisme, mais à condition, ajoutent les chroniqueurs bibliques, que cet Universel s'ancre en une particularité, une minorité nouvelle, un écart irréductible dont le peuple d'Israël doit figurer l'exigence.

Là non plus, bien entendu, il ne faudrait pas schématiser. L'Exode nous montre, au départ d'Égypte, une foule de « gentils » et de « serviteurs du pharaon » qui écoutent la prophétie de Moïse et s'ébranlent à sa suite [11]. Des innombrables rencontres du peuple juif avec le mystère gréco-romain, on n'aurait guère de mal à repérer la trace, tant dans la pratique cultuelle que dans le détail de la Loi [12] ou telle figure architecturale du temple de Salomon [13]. Les rabbins talmudiques, plus tard, ne feront aucune difficulté pour admettre qu'en fait de religion, d'intelligence des textes, ils sont bien souvent redevables aux savants, aux philosophes et aux théologiens païens[14]. Les kabbalistes vont plus loin encore, qui voient, dans le séjour prolongé en Égypte, une ruse de la Providence pour incorporer à l'Esprit d'Israël toutes les « étincelles » égarées dans les temples d'impureté[15]. Et il est bien clair, enfin, qu'à telle ou telle étape de son histoire, en Afrique du Nord par exemple, le prosélytisme israélite n'eut parfois rien à envier à celui de la catholicité[16]... Mais ce qui est sûr pourtant et qui, pour l'heure, m'importe, c'est qu'il y a dans la Bible un modèle, tout juste le modèle peut-être, d'une fidélité sans partisans, d'un prêche sans zélotisme, d'une Révélation sans rejeton, qui est absolument unique dans l'histoire des religions. Qu'on n'entend rien à la structure de notre Talmud, par exemple, si l'on recherche un catéchisme, ou même un « enseignement » au sens traditionnel du terme[17], dans les dialogues concis, serrés, terriblement ésotériques d'une langue qui vient parfois aux limites d'une quasi-mathématique. Que l'idée de « Martyrs » hébreux ou d'un « Génie du judaïsme » est impensable dans l'espace d'une Écriture qui s'est toujours moins souciée de mettre sa validité à l'épreuve du dehors, ou de gagner à sa cause de nouvelles terres de la Foi, que d'approfondir inlassablement la *compréhension* de sa Loi, d'en amender le texte, d'y ajouter des gloses, en un procès de sens qui laisse peu de place au souci d'une Politique. Il y a là, en un mot, une tout autre dialectique, un tout autre pari intellectuel, où l'Universel et le Particulier ne sont toujours pas antonymes ; toujours strictement synonymes ; mais moulés et comme tressés, cette fois, dans la forme de ce qu'on peut appeler, faut de mieux encore, une « Singularité ».

Universalisme contre Singularité ? Les deux discours, on le voit bien, ne parlent pas de la même chose. Il s'agit de deux modèles distincts, même si les termes qu'ils emploient sont parfois identiques. Et on peut relire, pour le comprendre et mieux fixer la différence, un texte du *Traité théologico-politique* de Spinoza qui donne probablement la clé de ce double retournement[18]... Tout se joue, dit-il à peu près, entre deux conceptions rivales et largement antagoniques du prêtre et de son ministère. D'un côté, celui qui, missionnaire, « use partout de raisonnement » et compte bien, par son sermon, hâter l'avènement de la bonne nouvelle : arpenteur infatigable des terres et des âmes païennes, tout homme lui est paroisse et c'est au nombre de ses conquêtes qu'il mesure la valeur et la métrique de sa vérité — d'un mot, c'est un « *apôtre* ». De l'autre au contraire, le prêtre biblique qui, témoignant plus que discourant, parle « par dogmes et décrets », à l'image de « Dieu lui-même » dont il interprète le vouloir, sans prétendre à l'incarner ni à lui forcer les portes de la cité terrestre : analyste impénitent des profondeurs de la Loi, ministre sans paroisse et pasteur sans ouailles, il dit une Parole qui ne compte plus, pour s'assurer, le chiffre de ses adeptes — d'un mot, c'est un « *prophète* ». De l'un à l'autre, si l'on force quelque peu le texte, cet écart décisif : le prophète, dont le nom hébreu [19] veut dire « appelé » et qui est hélé, donc, par le Tout-Puissant plus qu'il ne hèle lui-même, n'est pas un augure omniscient qui prophétiserait le monde futur, mais un oracle impotent, parleur du pur présent, sollicité simplement, ici, maintenant, de *manifester* une ordonnance ; et c'est l'apôtre, au contraire, dont le nom grec dit bien qu'il « envoie au loin » sa vérité [20], qui se fait oracle de l'avenir, par ses soins déjà modelé. Mieux, si l'on poursuit le parallèle et qu'on le conduit jusqu'au bout, c'est l'apôtre désormais, parce que missionnaire et pèlerin, qui devient un voyageur, un nomade, un vagabond ; et le prophète en revanche qui, parce qu'il se satisfait de dire, de révéler le divin message dont il est l'improbable et irresponsable porteur, jouit d'une immédiate, inébranlable, presque inerte et comme éternelle déjà, proximité à la Loi : en toute rigueur, et contre le lieu commun, il faudrait pouvoir dire « juif arrêté » et « chrétien errant [21] ».

On pourrait, à partir de là, multiplier les oppositions terme à terme. L'apôtre vulgarise la Loi, le prophète la divulgue. Celui-là en est le prédicateur, celui-ci le réserviste. Le premier l'exhale à tous vents, le second l'exhibe en son monument. L'un s'en veut l'agent, l'autre le gage ou la trace. Dans un cas l'ambassadeur, le démiurge en ce monde ; dans l'autre l'écho, tout juste le vestige. Là une caste d'hommes qui portent leur parole aux hommes ; ici des figures d'humanité qui ajoutent une catégorie à l'être. Là encore les représentants d'un sacerdoce social, bientôt d'une chefferie ; ici les figurants donc d'une pure fonction ontologique. C'est Ézéchiel ou Jérémie qui inventent l'idée de martyre, quand Jean, Luc et Matthieu sont les vrais pionniers du messianisme. L'apôtre est déjà ce qu'aujourd'hui nous nommerions un militant : et l'Occident doit, peut-être, ainsi, à l'Église d'institution, cet idéal étrange qui veut que toute valeur, en ce monde, tienne son crédit d'un repos en politique. Le prophète, lui, est probablement le premier nom de cet « homme en trop » dont parle à présent Soljenitsyne ou de cet « être à côté » qu'évoquait déjà Mallarmé à propos des artistes et poètes : ces hommes dont il ne savait trop « à leur éloge comment les désigner, gratuits, étrangers, peut-être vains », mais dont il était certain qu' « instituant une minorité » face à la douteuse « unanimité » des nations, ils incarnent le « besoin d'exception » qui est, « comme le sel », la condition a priori, la part maudite et souveraine, où seule peut se proférer une parole vraiment universelle [22].

D'où aussi, entre les deux pôles, tout un jeu de combinaisons possibles dont certaines sont effectivement réelles. Il y a des apôtres juifs, par exemple : ce sont tous ces apostats qui, de Spinoza justement à Marx, des convertis du Moyen Age aux bolcheviks d'Octobre, ont pensé que les routes de l'Universel passaient par le déni de leur identité, de leur spécificité juives, et se livrèrent ainsi, parfois, à la merci du bourreau [23]. Il y a des prophètes chrétiens également : ce sont tous ces mystiques, ces hommes de cloître et de silence, ces martyrs d'hier et d'aujourd'hui qui, croyant à l'impossible Dieu du tombeau ouvert au jour de Pâques, à une Foi sensible au cœur qui n'attend point de l'ordre du monde sa preuve et sa validité, en ont haut porté les couleurs jusque dans la persécution [24]. Il y a des apostolats laïcs : chaque fois qu'un Universel impérial se combine à un particularisme local, — et c'est l'exemple, aujourd'hui, de ce mixte monstrueux de l'« Internationale » selon Staline et de la « Nation » selon Déat qui se baptise pudiquement, on l'a vu, « eurocommunisme ». Il y a des prophétismes athées enfin, chaque fois qu'un « homme en trop » prend le risque de formuler, par le geste et par le verbe, son intempestive maxime — et c'est toujours le cas de ces intellectuels qui, de Moïse aux dissidents russes, n'attendent pas que l'Histoire soit à l'heure du Vrai, du Bien et du Bon pour oser, à leur propre compte, en afficher l'évidence. Que mes amis chrétiens m'entendent bien : c'est finalement moins, ils le devinent, des objectivités religieuses ou des catégories confessionnelles que je qualifie ainsi, que des principes, des perspectives, des points de vue sur l'ordre du monde et du temps. Je nomme « apostolique » la forme spécifique de rapport à la vérité qui, parce qu'elle comprend celle-ci en terme d'Universel abstrait, porte toujours en soi un germe de « tentation totalitaire ». Et j'appelle « prophétique », au contraire, cette tout autre posture qui, parce qu'elle se comprend en termes d'Alliance, c'est-à-dire d'Universel singulier, est toujours animée par un songe de solitude et d'individualisme absolu.

Il faut bien voir, en effet, *de qui* parle la Bible quand elle met ses prophètes en scène et qui, donc, est concerné par ce modèle de singulière parole. Sont-ce toujours des Hébreux, descendants d'Abraham, d'Isaac et de Jacob ? S'il y a prophétisme dès lors qu'une Alliance se noue entre l'Homme et la Loi, il suffit, dit Isaïe, qu'un étranger, « fils de l'étranger », consente à « observer le sabbat sans le profaner » pour que Yahvé l'« amène », lui aussi, à sa « montagne sainte » qui sera, du coup, « appelée maison de prière pour tous les peuples [25] ». Cette Alliance n'est-elle pas un privilège réservé à quelques élus, ces hérauts mémorables qui ont donné leurs noms à quelques livres célèbres ? Ces livres bruissent de rumeurs plus obscures, émanées de cette foule de personnages, sans visage et sans nom parfois, qui, tels Eldad et Meydad au camp de Tabeërah, se mettent soudain à « prophétiser », oracles d'un seul jour, glossolales éphémères mais dont Moïse, dans les Nombres, consacre pourtant l'avènement[26]. S'agit-il d'exceptions, de chétives anomalies, tératologie d'un divin qui exige, pour se manifester, plus de régularité ? Moïse toujours, dans le même fragment, dit expressément le contraire quand il répond à Josué qui s'en indigne et conseille d'« empêcher » le prodige, qu'il n'en tire nulle jalousie et s'accommoderait même de ce que « tout le peuple de Yahvé soit des prophètes » pourvu seulement qu'en chacun le Tout-Puissant « mette son esprit[27] ». Chaque sujet vraiment ? les femmes comme les hommes ? le plus humble des humbles comme l'homme de haut parage ? c'est bel et bien ce que dit Dieu à Joël quand il évoque le jour de gloire où « quiconque invoquera son nom sera sauvé » et où, répandant « son esprit sur toute chair », il en oindra « les filles » autant que « les fils » d'Israël — et aussi bien « leurs serviteurs et leurs servantes » qui, « avec eux, prophétiseront[28] ». La prophétie, autrement dit, est un état de grâce, mais pas un état d'exception. Le prophète, c'est l'homme quelconque qui, simplement, s'oblige à la rigueur de la Loi. Tout homme est un prophète dès lors qu'il est pleinement, absolument et inconditionnellement un homme. Et il n'est pas jusqu'à la suprême parole de vérité, jusqu'à la plus universelle de toutes les paroles universelles, jusqu'à la parole et à l'initiative *messianiques*, en un mot, qui ne soient, selon le Talmud, à la portée de « rabbi lui-même, ou peut-être moi, si le Messie est parmi les vivants, ou Daniel s'il est d'entre les morts[29] »...

On comprend, alors, combien elle était fragile, ou plutôt insuffisante, ma définition de l'Individu réduit à cet « homme d'origine diverse » qui s'arrachait à la servitude de sa racine et à son immanence au monde. De même en effet que la revendication de différence, sans postulat d'identité, était synonyme de sauvagerie, de même un rêve d'identité, sans différence du tout, deviendrait vite le germe d'un délire de barbarie. Autant les localités païennes étaient caricatures de liberté, abrogeant toute Résistance dans le grand sommeil cosmologique, autant l'impérialisme apostolique est une parodie d'œcuménisme, façonnant des hommes sans âge et voués à l'esclavage. Si le romantisme hitlérien pouvait singer jusqu'à l'Élection en biffant sa référence tutélaire à l'ordre de la Loi, comment le collectivisme stalinien se serait-il privé, à l'inverse, de faire de cette Loi une Norme, en oubliant simplement qu'elle exigeait, pour se dire, d'être sise en dispersion ? La grande leçon, en fait, de ce « modèle prophétique » tel que j'en ai tracé le dessein, c'est qu'il faut maintenant commencer de rebrousser chemin : au lieu de remonter de la naturalité du corps à l'induction de sa conscience, redescendre de cette trop générale conscience à une spécificité nouvelle. S'il est un *modèle* précisément, et un modèle pour la modernité, c'est qu'il nous confronte à un Individu qui est une créature bifide et fondamentalement équivoque : partagé, dit encore le Talmud [30], commentant le « double Yod » du verbe « créer » dans la Genèse, entre le haut et le bas autant que la droite et la gauche, il est comme aimanté par un couple de forces adverses, deux allégeances rivales, qui le placent à mi-chemin du ciel de la Loi lue et de la souche du Soi qui lit. Ce qu'il dit, ce schéma, dans la tension de son mi-chemin, c'est l'arc d'une subjectivité qui ne rejoint jamais mieux sa voussure d'Humanité qu'en faisant d'abord sécession dans l'intimité de ses catacombes : être pleinement sujet c'est vivre au comble du paradoxe qui me commande de ne viser l'Universel — ma passion, mon premier cercle — qu'en commençant par m'en séparer et rejoindre le secret de ma subjectivité — mon obligation, mon second cercle.

C'est à nouveau, par conséquent, prendre le chemin de l'Exil, — mais d'un Exil qui, lui aussi, change de sens et de signe. Il ne s'agit plus seulement d'échapper à la massivité des choses et à leur muette présence : mais bel et bien cette fois de fuir les métropoles et le tapage qu'y font les foules en leur babil d'absence. Le problème n'est plus de parier la lettre contre l'esprit et ses sourdes sorcelleries : car la lettre meurtrit aussi quand elle est de facture humaine — et il faut, comme Samuel, s'en aller toujours plus loin des rassemblements de contingence, poser toujours ailleurs son arche de réclusion[31]. Le risque est écarté d'être chose parmi les choses et pauvre poignée d'homme à la matière pétrie : mais l'urgence reste, comme disent les Nombres, de « camper solitaire », de n'être plus « compté parmi les peuples » et de se faire pharisien encore, d'un pharisaïsme conséquent qui, entre la Cité et moi, creusera un tel abîme qu'enfin, peut-être, je pourrai à elle entière m'adresser[32]. La question est impertinente, désormais, de formuler une maxime qui, d'emblée et directement, vaudrait pour tous les hommes et les toucherait au vif de fraternité : l'objet de ma quête, maintenant, c'est une éthique du détour, une élection par l'esquive, une pratique de la médiation où j'appliquerai tout mon souci à repérer ce point d'extrême recul, ce lieu aux regards soustrait, cette instance de jugement sans sanction ni tribunal qui sont les seuls vrais foyers d'adresses universelles. Car je crois bien qu'en ces temps de grand silence où la Parole humaine semble avoir, pour de bon, perdu le droit à la parole ; en cette saison du soupçon où il n'est plus d'énoncé qui ne soit sitôt réduit à une figure du monde, un pli de ses structures, un tremblement tout au plus dans la géologie de ses épistémés ; en cet âge totalitaire dont le totalitarisme commence peut-être dans l'ordre de l'ontologie, avec le décret qui fait l'Être plein, sans faille, sans défaut, où puisse sourdre mon murmure contre les tonnerres d'Histoire ; face à ce désastre donc où d'aucuns saluent l'avènement d'un triomphal Esprit absolu, je crois que l'heure revient de miser sur une langue qui ne soit plus prêtée mais *commence absolument* avec le prophète qui la profère, l'auteur qui s'en autorise, exilé, oui mais à soi rapatrié.

Ce parti pris d'Exil, on peut l'entendre à la lettre d'abord, comme l'épreuve d'un moi qui se soustrait d'autorité au commerce des humains et à leur grimace de complaisance. C'est l'attitude de Rousseau par exemple, le Rousseau des *Confessions*, dans l'admirable chapitre 8 où il conte comment, « appliquant toute la force de son âme à briser les fers de l'opinion », il dut se résoudre « à faire avec courage tout ce qui lui paraissait bon, sans s'embarrasser aucunement du jugement des hommes[33] ». Faut-il y voir un symptôme supplémentaire de cette maladive misanthropie qui faisait tant jaser Voltaire ? c'est le contraire, en fait, et l'audacieuse expression de ce paradoxe inaudible dans la Cité de sociabilité : le seul moyen de chérir et de rejoindre ses semblables c'est, hélas, de s'en isoler et de feindre de les ignorer. Y lira-t-on une profession de foi préromantique, à l'image de ces cœurs liquides qui ne cultivaient leur moi que pour mieux l'ensabler dans l'humide poussière cosmique ? Jean-Jacques parle de « courage », de « force de l'âme », de « briser les fers », d'une contention de l'esprit donc, d'une âpre et raide résolution, d'un héroïque retour à ces valeurs d'authentique Raison que bafouaient, à l'entendre, tous ses contemporains. Comment, dira-t-on encore, vivre envers et contre tous une vérité de Raison ? est-on encore justifié de l'Universel quand on a choisi de ne plus compter du tout sur « le jugement des hommes[34] » ? certes oui, répond-il, appliquant stricto sensu la formule de l'idéal prophétique : car dans un monde de mensonges où seul vaut le particulier, il n'est point d'autre voie, pour coïncider avec l'Universel, que de rentrer en soi et d'adhérer, simplement, à ce qui « paraît bon ». Oui, cent fois oui, répéterait-il aujourd'hui encore, aujourd'hui plus que jamais, à l'ombre de cette Raison moderne qui a pris, si souvent, le visage hideux du délire tandis que ce qu'il appelait l' « opinion » flotte partout sur les ossuaires : car il n'est point d'autre séjour à la lucidité, point d'autre méthode pour une pensée de Résistance, point d'autre recours, quelquefois, pour un antifascisme conséquent, que de s'établir en ermitage et de se mettre en position d'*avoir raison contre la cité entière*.

On peut entendre aussi le thème en un sens plus figuré et c'est ce que fit cet autre homme seul qui, débarquant à New York, un matin de juillet 1940, déchu de toute fortune et banni de tout pays, inscrivit superbement sur la fiche rituelle de l'*Immigration service* américain : « J'habiterai mon nom. » Quand cet homme s'appelle Alexis Saint-Léger Léger, alias Saint-John Perse, chantre d'anabases et d'exils précisément, poète de la partance et de fiers dénuements, enfant des îles autant que de la terre de France, qui erra, sa vie durant, entre vagabondage et fidélité, le mot est plus qu'un mot, le signe d'une exigence. Quand on sait, de surcroît, que ce nom de gloire et de misère, jaloux de son indigence et de sa riche pénurie, fut associé, par la force des choses, à l'humaine aventure des quelques irréductibles qui surent opposer au nazisme la force de leur refus, cette exigence est mieux qu'une exigence, elle prend valeur de Résistance encore [35]. Quand, en 1960 enfin, recru d'honneurs et de mérites, l'artiste vieillissant déclare à Stockholm, à l'occasion de la réception de son Nobel, que si la « poésie est d'abord un mode de vie et de vie intégrale », rien pourtant ne garde forme ni mesure « sous l'incessant afflux de l'être [36] », comment ne pas reconnaître, dans un si long esseulement, la tentation têtue, et peut-être désespérée, de rompre le cercle de plomb qui achève de fermer l'Être à tout verbe singulier ? De cette grande figure des lettres du XXe siècle, de cet être exigeant à l'image de son œuvre, on pourrait dire alors ce qu'il disait lui-même de Dante, ce « rebelle-né [37] » : que, « né pour tous » assurément, il s'employa d'abord à ne « s'aliéner jamais » ; qu'homme de « présence » et d' « affluence », il eut soin de se retirer dans l' « absence » et le « refus » ; que, lié donc à son siècle, il ne trouva la force de s'y engager que dans l'outrance du dégagement, la plus inaccessible des claustrations, la plus haute des solitudes — celle de tout individu digne de ce nom, de porter son propre nom, de tenir surtout une « parole de vivant »...

Serait-ce qu'il y a aussi des paroles de morts, à quoi il faille résister ? Ce qui est sûr c'est qu'il y a des paroles de Mort, des paroles qui sèment la mort, et que le XXe siècle est le siècle de ces paroles-là... Hobbes, déjà, les annonçait, prédisant des « discordes » et des « combats » qui seront menés avec « d'autant plus d'acharnement qu'ils porteront sur des doctrines [38] » et opposeront des bataillons de doctrinaires. Le XIXe siècle les nomme, ces paroles mortifères, quand, dans le creux de la « révolution glacée », un membre de l'Institut[39] invente, pour désigner la « nouvelle science des idées » qui donnera à ses tenants un pouvoir « mathématique » sur les âmes, le terme inouï d'« idéologie[40] ». Le jeune Henri Beyle ne s'y trompera pas qui, consacrant à vingt ans un opuscule au *Caractère des femmes françaises* où il applique à la lettre les lois de la mécanique humaine selon Destutt, est au fond, curieusement, le premier idéocrate : le premier à avoir rêvé de « faire vouloir autrui », de « précipiter » en lui un sentiment, avec autant de certitude que le chimiste ses synthèses[41]. Les dictateurs non plus qui, plus tard, avec plus de fortune bien sûr et infiniment plus de sérieux, se réjouiront, comme Hitler[42], des miracles d'une « théorie des idées » qui donne à leur victoire une « certitude mathématique » ou, comme Staline[43], de « cette force d'une très haute importance » que représentent les idéologies dans « la solution des tâches nouvelles posées par le développement » du socialisme. Sartre, en 1952, reprochait à Camus de « négliger la philosophie marxiste[44] ». Camus aurait pu lui répondre que la philosophie marxiste, comme telle, n'existe pas. Que ce qui existe, partout, ce sont des idéologies, c'est-à-dire des philosophies concrètes, c'est-à-dire des machines à multiplier le crime. Qu'il les « néglige » moins, alors, qu'il ne s'en déprend et ne tourne le dos à ce délire à visage humain qui, à l'âge contemporain, parle la langue de la philosophie. Et, de fait, l'auteur de *l'Homme révolté* occupait strictement, à son tour, la position prophétique — qu'il entendait en ce troisième sens : une solitude, non point à l'égard de ses semblables — qu'il comptait bien retrouver au bout de son détour — mais de ces métropoles idéocratiques, de ces grandes nécropoles de savoir et de science, qu'il faut se forcer à éviter si l'on veut, modestement, tenter de redonner sens à l'universalité humaine.

Car tel est bien l'enjeu. Et Camus, toujours, ne l'ignorait pas qui, répondant au sarcasme par la superbe, lançait à la meute son célèbre « Solitaires ? Vous seriez bien seuls sans ces solitaires[45] »... Ce qu'il voulait dire là, c'est que le propre de la parole d'Exil est de n'émigrer des rassemblements captieux que font les idéologies que pour mieux réintégrer une solidarité plus vraie qui se noue, de visage à visage, entre des individus seuls. Ce qu'il *disait,* c'est qu'il n'est pas de parole d'exception qui, aussi singulière et parcellaire soit-elle, *parce que* singulière et parcellaire même, ne se veuille comptable, ne se vive virtuellement responsable à l'égard de la terre entière. Et ce qu'il retrouvait, en fait, c'est le sens ultime, peut-être, de la morale kantienne lue en sa conséquence : un sujet n'entre en moralité, et n'est donc réellement sujet, que du jour où l'audace le prend de croire que, de l'énoncé de sa maxime, dépend en dernier ressort le destin de l'humanité. Folie ? C'était aussi la folie de Gabriel Péri hurlant au peloton qui le couchait déjà en joue son « Imbéciles, c'est pour vous que je meurs. » C'était encore la folie de Kafka disant que « celui qui frappe un Juif jette l'humanité à terre ». C'est cette folie toujours qui, comme l'écrivait un jour Barthes[46], anime tout artiste quand, refusant l'alignement et l'inscription en « catégorie », il prend le risque de parler, et d'universaliser la singularité de son nom.

Nous sommes loin, à ce point, de la mythologie de l'Homme Dieu, — « sa majesté le Moi », disait Freud. Cette éthique de solitude est le contraire de l'égoïsme de puissance qui, à l'écoute de la tradition naturaliste, investit l'individu d'un droit sacré à l'holocauste. Le modèle prophétique, mené au terme de sa logique, s'inverse une nouvelle fois et laisse paraître un autre Sujet qui n'est jamais si bien soi que lorsqu'il *répond* d'autrui. Cet « Autrui » est une Idée qui est en lui, telle l'idée d'infini chez Descartes, comme un excès de pensée, un supplément de vouloir, une obligation à la tolérance et au refus de barbarie. Universel ? Particulier ? Il n'y a plus grand sens à opposer les deux termes, car les deux fils de la dialectique, l'ascendant et le descendant, finissent par se tresser en un indissociable lien qui donne toute sa portée maintenant à cet étrange « individualisme ». De même qu'à Caïn qui demandait : « Mon péché est-il vraiment trop grand pour être supporté ? », le commentateur talmudique répond : « Le péché contre l'homme est le seul qui à l'homme ne puisse être pardonné [47] », de même, aux néo-païens d'aujourd'hui qui réclament, pour chacun, l'expansion illimitée, on peut opposer, à présent, que l'âme, excédée de l'autre âme, grevée de tout le poids du monde, part totale à nouveau, mais de la totalité de la souffrance des hommes, n'est pas d'abord exigence de survie mais impossibilité de meurtrir. Et on comprend enfin pourquoi j'ai tant parlé de « Loi » et point encore vraiment de « Droit » : c'est que, hors cette préséance et l'ordre des raisons qu'elle dit, hors ce site monothéiste et le dispositif qu'il implique — moins d'ailleurs par la grâce de la transcendance dont il relève que par la vertu de l'éthique qu'il suppose — il n'est pas de droits de l'homme qui ne soient, toujours, déjà, ou bientôt, les droits du cadavre de l'homme.

4

LE KOULAK ET LE COMMISSAIRE

Reste qu'on peut maintenant, muni de ces acquis, revenir aux parages plus familiers de la phénoménologie. Réintégrer sans grand péril les sites d'égoïsme où siège tout de même, en fin de compte, cet étrange être au monde qu'est un sujet dispersé. Réévaluer aussi bien quelques-unes des leçons d'un Aufklärung — du lockisme par exemple — qui, à cette place, ainsi bordé et limité, retrouve sa pertinence. Et rappeler, autrement dit, à l'abri du double écueil de l'universalisme abstrait et du particularisme sauvage, le régime des droits réels qui s'attachent à un individu réel dès lors qu'il aspire et s'engage en une Résistance réelle…

Et d'abord cette évidence qu'un individu c'est tout de même et premièrement un corps. Mais un corps qui est plus qu'un corps. Mais un corps qui est mieux que la somme de ses membres. Mais des membres qui ne peuvent autrement se penser que comme les vestibules du ciel. Les besoins matériels de mon prochain, dit à peu près le Talmud, sont, pour moi, des besoins, des exigences spirituels : la vérité vaut d'être redite à l'âge de révolutions qui, du corps, font rien qu'un corps, de sa matière rien que matière, de ses besoins un capital, et de sa chair la glaise où se forge l'homme nouveau. La « santé », dit encore John Locke, est le premier des droits de l'homme et l'absence de souffrance la condition de toute liberté : le poncif, lui aussi, mérite d'être rappelé à l'heure de ces philosophies qui, fortes de Sade, de

Nietzsche et de leurs épigones, libèrent le sexe ou le désir en les soumettant méthodiquement aux opérations de l'industrie, en fondant tout rapport humain sur le modèle du travail aux pièces, en tolérant parfois le viol, le rapt ou même le meurtre au nom de l'appropriation collective du corps de tous et de chacun. Avez-vous jamais entendu les pauvres parler de leur propre corps[1] ? Ils en parlent comme d'une chose, d'une chose parmi les choses, dont ils épient du dehors, avec une curiosité craintive et presque superstitieuse, le galetas de misères, de douleurs, de maladies, comme s'il s'agissait d'un autre, d'un étranger, d'un voisin : leur corps est un postiche qui ne leur appartient plus ; leur corps est une grande plaie, et comme une névrose de chair ; ainsi que le Job de la Bible, ils l'épellent toujours à la troisième personne...

Aussi sommes-nous tous, aujourd'hui, des Pauvres qui devons clamer très haut le droit fondamental à la propriété privée du corps. Ce droit ne va pas de soi quand on sait tout le temps qu'il a fallu aux femmes, et aux femmes occidentales, pour arracher le droit élémentaire à l'autocratie de leur propre ventre. Il vaut a fortiori pour cette moitié de l'humanité où l'on brise, où l'on travaille, où l'on torture les corps, dans des laboratoires infernaux, à l'ombre de gibets dont aucun Moyen Age n'avait nourri le projet. Il est bafoué ici-même, d'une certaine manière, dans les sociétés d'assistance qui, chaque jour, nous dépossèdent du droit de souffrir en paix, dans le silence enfin, sans ce bourdonnement de mots, de discours affairés qui nous chuchotent le sens et les raisons de ce maigre taudis qui est, à les entendre, l'envers du paradis. Il est proprement déplacé dans les sociétés de surveillance généralisée qui privent les hommes de ce pénultième privilège qu'est le libre choix de l'heure, du lieu, du style de leur dernier soupir : si peu de Tolstoï s'en allant, sur les routes, mourir haut dans une gare, et tant de misérables, couchés jusqu'à la fin des temps dans d'absurdes mouroirs faits de pompe et de tapage. Un mouroir, dira-t-on, n'est pas une chambre de torture, et il faudrait, c'est bien vrai, beaucoup d'inconséquence et de sottise pour oser les comparer. Mais je dis simplement qu'un monde où, aujourd'hui, je ne peux plus souffrir ni mourir en paix, est un monde qui, demain, pourra me martyriser. Et que cette nouvelle déclaration des droits de l'homme qu'il devient urgent, sinon d'imaginer, du moins de rechercher, c'est par là qu'elle doit commencer : par un habeas corpus *élargi.*

Encore faut-il savoir ce qu'est un habeas corpus, comment il se déduit et ce qu'il implique de conséquences... Les historiens des idées le savent, la formule naît sur un terrain précis, elle suppose une philosophie, une anthropologie générale, celle de Locke encore qui, en quelques thèses bien nouées, et en dépit des limites considérables que je marquais plus haut, en fixe la tradition. La première : l'homme n'est effectivement libre que s'il jouit de lui-même et que, de son corps et de ses actes, il est seul à disposer [2]. La seconde, corrélative : il n'a *droit* à cette disposition que parce qu'il a le *devoir* d'abord, d'assurer sa conservation, — parce qu'il ne peut donner à autrui sur lui-même plus de pouvoir qu'il n'en a et parce qu'il n'est pas libre, autrement dit, de choisir, contre la « loi de nature », de refuser la liberté [3]. La troisième, plus concrète : ce devoir suppose lui-même un autre droit, celui d' « user » de tout ce qui, en ce monde, peut aider à se conserver, et de puiser à volonté dans toutes ces « nourritures » et « commodités » que le « Créateur » offre en abondance aux appétits de la « lumière naturelle [4] ». La quatrième, décisive : cet usage n'est lui-même possible que si l'individu dispose d'un moyen spécifique, le « travail », — mais un travail qui lui appartient comme sa chair et ses « mains » et qui, délivré déjà de la malédiction chrétienne, fait corps avec son corps et pièce à sa puissance [5]. La cinquième enfin où le scandale arrive : tout ce que ce travail peut, tout ce qu'une « main » ou un « outil » font, tout ce qu'œuvrent un « cheval », un « salarié » ou un « capital », se soustrait par définition à la « commune propriété » et, brusquement enrichi d'une marque personnelle, se découpe en inédites et légitimes « appropriations [6] »... Je schématise bien sûr, mais tel est bien, pourtant, l'essentiel de la déduction. Le parcours impeccable qui, de la propriété de soi sur soi, mène à la propriété tout court. La mécanique glacée qui, d'un sujet libre en droit, fait un individu possessif en fait. L'origine d'une théorie qui, en ses lieu et date de baptême, nous lègue finalement ceci, qui est historiquement incontestable : sans droit de propriété, pas d'habeas corpus.

Scandale, vraiment ? La question n'est pas là. Mais, en bonne généalogie, de la marque au présent de cette vieille tradition, du poids que continuent de peser, ici et maintenant, aux cours de l'histoire moderne, ces cinq thèses de la scène primitive... Grossièrement là encore, on peut entendre la première comme pari sur un individu qui doit, pour résister, faire et penser comme s'il n'était à nul homme, à nul lien social redevable de la personne qu'il est et de la singularité qu'il affirme : et il est vrai que le pari tient toujours, qu'il tient plus que jamais, d'une Résistance conçue comme monarchie absolue d'un pur sujet de droit. La seconde, qui retourne ce droit en « divin » devoir, n'est rien peut-être que l'énoncé de ce qu'en termes modernes nous appellerions un « droit inaliénable » : conférer au « Créateur » une propriété éminente sur les corps, c'est une manière de lester ceux-ci d'une inviolabilité ontologique sans quoi l'idée même d'un droit de l'homme ou d'une interdiction du crime serait proprement impensable. La troisième, parce qu'elle pose le règne de la créature sur les terrestres nourritures, demeure une machine de guerre contre les romantiques de tous les temps, ces funambules des brumes qui font du Moi une substance à la grande « Substance » confondue : lockienne, alors, la thèse, indispensable à toute liberté, que le Moi n'est pas du monde, qu'il vaut contre le monde, qu'il vaut toujours mieux que le monde et ses homicides naturalités. Dans la quatrième, celle qui fait du travail une propriété, rien qu'une propriété du corps, il y a déjà un contre-feu au délire marxiste qui y verra, lui, *la* propriété, au sens cette fois de l'essence, d'un homme qui, actuellement « aliéné », est promis à une reconquête où il adviendra un jour à sa vérité de « capital humain » : scandale ou pas, le propriétaire lockien reste une alternative à ce « Travailleur » qui, chez Staline comme chez les nazis, est l'une des figures majeures de la modernité fasciste. Quant à la cinquième thèse enfin, celle qui fonde à proprement parler le principe de l'appropriation, comment ne pas y voir comme le pressentiment de ces vastes démences qui, expropriant les simples gens de leur demeure et de leur bien, les privant du lieu même de leur identité et de leur nom, font des peuples sans visage, aux têtes insultées, courbées par la honte ? Sur ce point, comme sur les autres, la leçon du *Second Traité* est toujours attestée par le siècle : et il n'est pas sûr que nous ayons, sans elle, de quoi penser l'intégrité, l'imprescriptible droit d'un sujet à échapper à la violence.

On pourra certes objecter que le sujet dont il s'agit est un sujet « bourgeois », comme s'il en existait un autre qu'il faudrait lui préférer : toute l'histoire du socialisme, hélas, dit le contraire — que la forme-individu est, comme telle, une forme bourgeoise, née sur le terrain de la pensée bourgeoise, et que le seul choix possible est entre cette forme-là, avec sa tare originelle, et pas d'individu du tout, comme veulent les Cambodgiens, les Chinois et quelques autres. Je connais, pour l'avoir moi-même instruit parfois[7], le procès de sa volonté de conservation, de cette hantise de survivance, qui en fait un conjuré de la peur, persévérant égotiquement dans l'impérieux lignage d'un stérile conatus : mais toute l'histoire des révolutions est là pour illustrer qu'il n'y a d'alternative à ces basses et frileuses paix que dans la guerre contre les corps, l'atroce dépeçage des chairs et la grande nappe de sang que laissent les âmes en leur sillage quand elles montent à l'assaut du ciel. Je sais, comme tout le monde encore, que « la propriété c'est le vol » et qu'en situation de rareté — cette rareté qu'exclut Locke d'ailleurs, ce n'est pas un hasard, de son schéma — elle est source de misère et d'une indubitable oppression : mais que dire alors de ces États qui, confisquant le vol, monopolisant la rareté, règnent enfin sans partage sur les masses dépossédées et n'ont trouvé d'autre antidote au Capital que l'abolition sans merci de toute volonté propre ? Je conviens enfin que le capitalisme soit l'horreur et que, depuis Thiers au moins et les fusillés du Père-Lachaise, la figure du propriétaire en soit la proue emblématique : mais quand comprendra-t-on enfin qu'une société sans propriétaires du tout, c'est un capitalisme encore, c'est le pire des capitalismes, c'est le seul capitalisme au monde où, non content d'exploiter les hommes, on leur dérobe jusqu'au sol où s'ancre leur vouloir vivre, on leur échange, ces « petits bourgeois », ce bien qui est tout leur lot contre les grands œuvres d'histoire qui sont le destin des chefs ? Si le dilemme, autrement dit, est entre une philosophie de l'Histoire ou une pensée de « petit bourgeois », j'assume, moi, volontiers, le rôle du petit bourgeois. Si le débat, le partage, est celui du koulak et du commissaire, je choisis sans hésiter le koulak contre le commissaire.

A ceux qui hésiteraient encore, je recommanderais bien quelques lectures et cette étrange *Utopie* par exemple, imaginée voilà quatre siècles par un certain Thomas More... On connaît la constitution de cette cité qui, parce qu'elle abolit toute forme de « propriété », se passe aussi de lois, « réduites à un tout petit nombre » dont « l'interprétation la plus grossière est admise comme la plus juste [8] » : chaque citoyen est « docteur en droit » et le Droit n'est plus que le vestige des fastes de l'ancien monde. Chacun a en mémoire la forme de cet État qui, parce qu'il coiffe une société sans classes, sans « castes » ni « corporations », est soulagé de tout le poids des arbitrages politiques, mais se trouve seul responsable de l'organisation de la production et de la circulation des richesses [9] : c'est un État apolitique, mais pesant, étouffant, omniprésent, à chaque instant, dans la vie des simples gens. Célèbre aussi, le régime de cette vie quotidienne, les joies réglementaires, les plaisirs programmés, les peines standardisées qu'une administration distribue, avec une prudente libéralité, à ses citoyens-fonctionnaires : dépossédés du fruit de leur travail, ils ne disposent pas davantage de leur temps ni de l'espace de leurs émois[10]. Il y a là un modèle, le modèle depuis réalisé, d'une juste volonté égalitaire, mais qui, ainsi réalisée, se paie au prix de la liberté. Il y a là l'évidence qu'égalité se dit en plusieurs sens, le politique et le social, et que ces deux sens se croisent mais ne sont pas contemporains. Il y a là la preuve, tant avérée aujourd'hui, que la première suppose, exige la propriété, quand l'autre, la niant, suppose et implique la suppression du Droit. Locke avait-il lu More quand il affirmait de la propriété privée qu'elle est le premier des droits de l'homme[11] ? Ce qui est sûr en tout cas, c'est qu'à la lumière de ce modèle, de cette évidence et de cette preuve, la thèse est moins étrange, moins scandaleuse qu'il n'y paraissait. Elle signifie au fond ceci : un lien social qui s'ordonne d'abord à l'égalité sociale est assuré de ne retrouver jamais les garanties d'égalité politique — et c'est ce qu'ont découvert, beaucoup plus tard, les systèmes totalitaires ; une société qui part, au contraire, d'une scrupuleuse égalité politique, est la seule à pouvoir rejoindre, ensuite et par détour, un plus d'égalité sociale — et c'est ce qu'on appelle concrètement une démarche démocratique. La règle est simple. Mais si constamment ignorée qu'il n'était peut-être pas inutile d'en rappeler l'évidence.

Que se passe-t-il, cela dit, si, conscients des limites du modèle, de ces limites qui, on s'en souvient, ne sont pas celles qu'on croit communément, on tente de le généraliser, de le déplacer, de le radicaliser ? Si, forts de ses leçons qui sont, qu'on le veuille ou pas, incontournables, on revient maintenant à cet habeas corpus mystérieux que j'évoquais en commençant et dont je proposais, simplement, de penser l' « élargissement » ? Si, tenant ferme le fil et le nerf de la preuve lockienne, on tente de l'élargir elle aussi, d'en déployer la définition et d'étendre surtout le régime de son objet ? Il arrive ceci d'abord que, mis au travail d'un corps qui est plus que corps, plus que forme et matière, mieux que fruste présence de figurant au monde, la « propriété », à son tour, est plus que propriété, plus que « biens », et « richesses », mieux que simple « disposition » de ces « nourritures » et

« commodités » où s'arrêtait l'auteur du *Second Traité*. C'est la réduire, en minimiser paradoxalement le sens, que d'y voir un assaut, une évasive expansion, la conjonction au monde d'une âme qui tracerait, tout autour d'elle, ses cercles de produits, d'œuvres et de travaux. C'est n'y rien entendre que de la chosifier, la substantialiser, quand elle est fondamentalement les cercles rapatriés, l'espace et le temps retranchés, le corps et l'âme arrondis en eux-mêmes, dans l'aire d'une souffrance, d'une mort propre ou d'une conscience. Et si je la vante si fort alors et m'efforce à la rehausser, c'est qu'elle ne relève plus du tout de l'égoïsme philistin. Mais d'un individualisme subtilisé qui ne possède rien de mieux que la désertique solitude d'un paysage intérieur. Je n'est pas un autre mais un pur souverain dont le Moi est le royaume et le for intérieur la citadelle.

Je le dis sans jeu de mots, n'en déplaise aux apôtres de la division du Moi et du dérèglement de tous les sens. Je le dis avec d'autres, avec tous les hommes et toutes les femmes qui luttent, ici et là, contre les totalitarismes et n'ont rien souvent à leur proposer que cette propriété de conscience. C'est bien d'une citadelle qu'il s'agit quand des hommes aux abois, qui ont perdu jusqu'à leur propre piste, n'ont plus, pour se retrouver et crier leur désarroi, que le recours et le refuge d'un pur vouloir insurgé. Sait-on tout le pouvoir d'un vouloir quand, retiré en lui-même, il oppose aux tueurs la tranquille disruption de sa première personne ? si peu de consciences à l'Est qui tant dérangent l'ordre des choses. Sait-on tout ce que peut une inertie, l'inertie massive d'une âme, quand pèse de tout son poids le simple refus de plier, de servir, de s'aligner ? c'est probablement avec le rire, le rire grinçant qui fait pleurer le monde, la forme suprême du refus, du défi par le mépris. Je ne sais pas d'autre définition, en fait, de la dissidence que celle d'une redoute, d'un repaire de subjectivité — d'un « Rocher », dira la Bible — qui, taillés à même le corps de l'État et de l'institution, opposent leur camp retranché aux « camps » de la « droite » et de la « gauche » dont parlait un jour Boukovski. Je ne connais pas, finalement, meilleure définition de la liberté que ce refus d'adhérer, cette « nuque raide » comme disent les Prophètes [12], qui font qu'on se retire, qu'on se soustrait au monde, pour aller puiser ailleurs, au plus profond, au plus intime de soi, la ressource d'une Résistance.

Je ne songe pas là, bien sûr, aux impasses laboétiennes d'un hypothétique retrait du « désir », reprenant un beau jour la sève qu'il avait donnée à l'arbre de maîtrise. Mais, plus concrètement, à ces millions de révoltés qui, aux États-Unis par exemple, à la fin des années 60, tentèrent d'enrayer à mains nues la plus formidable guerre coloniale de l'Histoire ; et qui y parvinrent effectivement, parce qu'ils ne faisaient rien, ces « radicaux », que penser avec leur propre tête, parler au nom de leur nom, au mépris de toute logique et de tout intérêt institués. Je pense encore moins aux apathies stoïciennes qui, d'Épictète à Malraux, laissent au cœur même de l'espoir un fond de résignation ; mais plutôt, concrètement là aussi, à ces autres révoltés, à ces étudiants et ouvriers qui, dans la France de 1968, contre les partis, les syndicats, les doctrines constituées, déclenchèrent la plus importante grève générale de l'Histoire ; c'étaient des « individus bourgeois », des millions d'individus bourgeois, des foules de sujets « possessifs », solidaires parce que solitaires, qui ne conjoignirent leurs voix que parce que chacune venait du point le plus reculé de leur forteresse intérieure... Il n'y a pas un exemple, en fait, de Résistance qui ait été le fait d'individus programmés, de soldats d'une dogmatique, même retournée ou détournée : les trotskystes le savent bien qui payèrent l'illusion de leur vie. Il n'y a jamais eu de grande révolte antitotalitaire qui n'ait été le fait de ces propriétaires-là, combattants de l'intériorité, bandits des grands chemins de la solitude, francs-tireurs héroïques des fort-chabrol de la volonté propre : et les communistes français l'apprirent encore qui, comme Nizan et tant d'autres, ne purent refuser la barbarie nazie qu'au prix des déchirements que l'on sait, de la sécession absolue et finalement du martyre. Et c'est en ce sens alors que je dis, loin du lockisme cette fois, que la « propriété » est, de tous les droits, le premier et le plus éminent, tant dans l'ordre de l'être que dans celui des raisons...

En veut-on un autre exemple ? Il y a le cas, encore, du peuple juif, ce peuple dépossédé, arraché à lui-même, dont le meurtrier déracinement a couvert tout le temps et l'espace de l'Occident. N'est-ce pas le plus magnifique exemple de cette conscience ardente qui flambe mais ne se consume pas et qui a fait pourtant rempart au génocide millénaire ? N'est-ce pas la plus claire illustration de cette propriété de pauvres, de cette pauvre richesse métaphysique, qu'aucune misère n'entame, qu'aucune déréliction ne ruine tant que subsiste une volonté qui continue de dire non et de croire à des valeurs plus hautes que celles du monde ? Tel le Juste dont Isaïe dit que, si frappe le « malheur » et gagne l' « épidémie », il doit rentrer en sa demeure, se blottir en ses murs, et « fermer derrière lui les portes », le Juif est ce persécuté qui n'eut longtemps de refuge qu'en lui-même, dans cette maison de songes dont il portait en son cœur la pierre et la toiture [13]. Cette demeure métaphorique, cette Jérusalem « ville ouverte » dira Zacharie, c'est le mirage d'une terre promise qui n'est rien d'une terre réelle, mais une terre dans les têtes, irriguée des eaux d'en haut, illusion d'un messianisme dont les prophètes ne se lassent pas de dire qu'elle doit moins s'incarner que faire barrage, justement, aux délires d'utopie. « Peuple du Livre », le peuple juif est celui qui croit, qui n'a jamais cessé de croire, jusques et y compris, peut-être, avec le retour en Palestine, en une patrie fictive, faite de lois et de grimoires, à l'ombre de ces cathédrales de poussière qui sont ses monuments. « Peuple élu », il est celui qui sait, qui n'a jamais cessé de savoir, qu'Israël est *aussi* le nom béni d'une vaine propriété, d'un exil intérieur, d'un appétit d'universel qu'il porte au flanc comme une brûlure et qui lui a permis, simplement, de ne jamais capituler.

Je me suis longtemps demandé les raisons de la haine que nous vouent, sans exception, tous les régimes totalitaires et notamment les socialistes. J'ai toujours trouvé mystérieux l'antisémitisme larvé qui persiste également dans les partis communistes occidentaux, aux couleurs de l' « antisionisme » par exemple. Je n'ai jamais trouvé bien convaincantes, pourtant, la plupart des explications courantes du phénomène, et notamment par l'obsession du mythique « Juif errant », marchand et échangeur, circulant telle une monnaie à travers la société. Car, en réalité, s'il est vrai qu'il n'y a pas de fascisme qui ne s'acharne à traquer en chacun les repaires de volonté et de subjectivité, c'est par là que s'explique plutôt la haine d'un judaïsme, perçu comme théorie de ce repaire, culte de cette subjectivité, foyer de résistance à la toute lumière totalitaire. Si l'on admet qu'il n'y a pas un citoyen qui, dans un régime fasciste, ne doive à tout instant pouvoir soudain s'écrier, tel ce député conventionnel se sentant observé par Robespierre : « il va supposer que je pense quelque chose », — on comprend que le Juif, vu dans l'horizon de ce fantasme, comme poche d'opacité et incongrue nuit du monde, soit l'ennemi numéro un des Robespierre de tous les temps. Ce n'est pas au Juif errant qu'ils en ont, nos terroristes, mais à l'image inverse du Juif enraciné — enraciné en sa solitude. Ce n'est pas le circulateur qu'on persécute en lui, mais juste le contraire — c'est-à-dire, au fond, le propriétaire. Ce n'est pas l' « impérialisme » qu'on redoute dans le sionisme mais une alternative métaphorique et mondiale au socialisme des âmes. Car tel est le statut étrange d'Israël qu'il est moins une région du monde qu'une catégorie de la Pensée. Tel est le sens de cette catégorie que nous sommes tous, que vous êtes tous, des Juifs de cette Palestine-là. Pas de liberté qui ne soit sise en Israël, s'il est vrai que résister c'est toujours prendre le parti, le maquis de l'intériorité.

Est-il besoin de préciser que, de cette définition prise en sa lettre, on trouvera peu de figures dans les manuels de philosophie ? Faut-il rappeler comment ceux-ci ont collaboré, à leur manière, à réduire et traquer cette intériorité, à faire des hommes sans ombre, purgés de toute nuit ? De fait, autant que dans la Bible. c'est du côté des artistes, des écrivains, qu'on trouvera de quoi penser et illustrer cette Résistance. Du côté de Stendhal par exemple, idéocrate disais-je, mais inventeur de l'égotisme aussi — qui consacra rien moins qu'une de ses *Chroniques italiennes* à décrire le « maquis » justement où s'insurgent les réfractaires, les illégalistes, les hommes du bas... Nul ne fut, plus que lui, occupé de secret, obsédé de mystère, et on connaît, dans sa vie même, son goût des anagrammes, des rébus, des énigmes, des pseudonymes. Nul n'avait, depuis Mme de Lafayette au moins, et avec un talent qu'un Sartre ne retrouvera plus, si bien décrit les dangers du regard, ce scalpel indiscret, cette arme impitoyable que plongent au fond de l'âme l' « espion », le « confesseur » ou l'amant abusif : c'est rideaux tirés, volets fermés, qu'à l'abri des regards, Julien tire enfin de sous son lit le portrait de Napoléon et reprend la lecture de son cher *Mémorial*. Tout *le Rouge et le Noir* est une apologie de l'ombre, de la nuit, de l'intimité, celle de Vergy par exemple, où Julien consent à ne plus jouer à Sorel et peut se livrer, pour la première fois, à l'incomparable plaisir d'être soi. Celle de la dissimulation aussi, de la vertueuse duplicité qu'exigent des âmes chevaleresques, une société de philistins qui « tue, exclut, emprisonne ou humilie » l'homme de cœur et de talent... Éthique d'un bonheur impossible, quête acharnée d'un plaisir qui se dérobe à mesure qu'on l'approche, toute l'œuvre stendhalienne n'est rien, peut-être, que la revendication du droit inaliénable et sacré au silence et au secret.

Rien aussi, rien surtout — et très directement cette fois — qu'un manuel du combattant, du guérillero de l'intériorité. *La Chartreuse*, comme chacun sait, est le récit d'un complot, d'un étourdissant manège d'intrigues, à mi-chemin d'une vendetta et d'un crime de cour de Suétone. Voilà un ministre de la Police qui, tandis qu'il « s'habille comme un personnage de comédie », ourdit dans l'ombre des conseils, où il continue de siéger, ses projets de régicide. Une duchesse au grand cœur qui, telle une courtisane balzacienne, roule dans les carosses de l'ennemi et lui fait ses révérences, mais ne lui vend que l'apparence de son assentiment et lui réserve, par-devers elle, la plus inexpiable des haines. Un jeune vicaire de vingt-trois ans enfin, qu'anime une ardeur glacée, une passion indifférente aux faveurs et aux revers du sort, qui ne lui font pas plus d'effet qu'une belle main au jeu de whist... Ces trois personnages, hors du commun nous dit l'auteur, font alors cette première découverte que pressentait Julien, mais de manière confuse encore : la lutte où ils s'engagent, de toute leur âme et de toutes leurs forces, est une lutte sans espoir et parfaitement inutile — mais d'une inutilité splendide qui n'ôte rien d'essentiel à son style et à ses raisons. Celle-ci encore, qui échappait aux carbonari des *Chroniques :* c'est trop donner au Prince que de lui déclarer la guerre, c'est le sacrer et le reconnaître qu'entrer en illégalité — la dissidence authentique, la seule qui le vise au cœur, est celle qui, du cynisme, fait une arme de combat et du souverain mépris la plus absolue des armes. Cette troisième enfin, qui couronne le roman : au terme du voyage, au fond de son cachot, quand on se trouve face à la mort et en aval d'éternité, la tunique se décolle, on la retire à volonté et l'on se retrouve intact, miraculeusement identique, tel qu'en soi-même jadis, un soir au lac de Côme — Fabrice est un Lorenzaccio qui aurait réussi parce qu'il a, jusqu'au bout, tenu le pari de l'intériorité, du double jeu, de la réserve [14]. Désespéré, cynique et fidèle à lui-même pourtant, le héros stendhalien invente là, autrement dit, une modalité de Résistance que d'autres ont retrouvée depuis, et cette fois dans la réalité : face au regard du Prince et de la pensée unique, face aux machines de surveillance qui, jusque sur les visages, détectent l'insoumission, le droit et le devoir à une fondamentale *hypocrisie.*

Peut-être ce plaidoyer étonnera-t-il ceux qui m'ont entendu, ailleurs, plaider la haine du mensonge et le devoir de lucidité. Ce serait confondre les ordres, jouer dangereusement sur les mots, oublier que « vérité » se dit en deux sens au moins qu'il faut scrupuleusement distinguer. D'un côté, *la volonté de vérité,* l'acharnement à la dire et à la faire dire toute, dont on sait aujourd'hui l'usage qui s'en peut faire dans un monde qui censure moins qu'il ne force les sujets à parler et à se livrer. De l'autre, *l'impératif de ne pas mentir* dont l'hypocrisie stendhalienne n'est pas le contraire mais une figure, une forme parmi d'autres, sa modalité de résistance et de clandestinité, — une vérité toujours, mais tue et intériorisée, enfouie sous une plage de silence, quand la livrer toute nue exposerait au risque de périr. Il y a *un crime de vérité* qu'évoque le Talmud par exemple : c'est le crime de la sorcière qui, pour avoir trop loin, trop haut, porté son regard et manifesté sa curiosité, mérite en sa démesure d'être châtiée. Il y a *un drame surtout de la volonté de vérité,* ce drame dont Hamlet est le héros, lui que le destin a placé dans l'impossible situation d'être seul à savoir ce qui échappe à tous, de devoir faire lumière sur ce qui demeure dans l'ombre : quand sur les remparts, après le départ du fantôme, il annonce à Horatio et à Marcellus qu'il se pourrait que bientôt « il revête le manteau de la folie [15] », il sait que la déraison est l'issue, le seul moyen, de dire le vrai, dans un monde de fausseté. Il sait, et c'est son dernier mot — après qu'à Fortimbras, l'homme d'action, il a « donné sa voix qui meurt [16] » — que « tout le reste est silence [17] », qu'on ne peut vivre avec le vrai, qu'il y a un délire du tout-dire et qu'on meurt aussi de ce délire. Ainsi qu'Hölderlin reprochant à Empédocle d'avoir voulu apporter aux hommes la pleine et entière transparence, Shakespeare enseigne une hypocrisie supérieure dont la formule serait : *rien que la vérité, pas toute la vérité.*

Cette formule, d'apparence anodine, est peut-être décisive en ces temps raffinés où l'on extermine aussi les corps avec les armes de ce délire. Elle est loin, très loin d'aller de soi à l'âge de policiers qui, drapés d'hégélianisme, se pressent aux travées de l'Histoire et des procès posthumes où l'on condamne des vivants au nom de la *vérité de* leurs actes, aveugle à leurs propres yeux, mais dialectiquement manifestée. Je tiens que le fascisme commence — le fascisme multicolore — avec le souci de ranger un homme dans la prison de cette vérité, de l'enfermer dans la Bastille et la clôture de *sa* vérité, de le réduire, tout simplement, à l'étiquette de son concept. L'antisémitisme, par exemple, c'est aussi cette réduction du Juif à son étroitesse juive, cette manière de le définir par l'exclusivité de sa différence, le déni donc de cette marque, essentielle à toute liberté, qui consiste à être toujours ailleurs, autre chose que soi, mieux et plus que le soi de sa vérité. Et c'est le dernier sens de ce principe d'hypocrisie : le droit fondamental de chacun à démentir, à trahir, à décevoir, à n'agir pas toujours selon ce qu'il est et que l'on veut qu'il soit. Baudelaire — encore un artiste — réclamait en 1861 une déclaration des droits de l'homme où figurerait le droit de se contredire et celui de s'en aller.

Ce pouvoir d'indéfinition est-il compatible, enfin, avec le droit de propriété par où j'avais commencé ? Il en est le corrélat, la plus intime césure, la clé de voûte qui le soutient et lui donne maintenant toute sa portée. C'est l'ultime condition de l'élargissement du propre et de l'habeas corpus élargi, qui apparaît maintenant dans la rigueur de sa déduction. C'est le travail même de la dissidence qui, ancrée à même l'intériorité de l'âme, se tenant scrupuleusement à son lieu et à son enceinte, ne cesse pour autant de les fêler, de les fracturer, de les faire jouer. C'est ce dernier droit de l'homme, si l'on veut, sans quoi le sujet risquerait d'être un mime sans visage, mis en croix de lui-même, enlisé dans la routine et l'inhibition du linéaire ; et ainsi s'achève ce bref parcours qui, filant la métaphore de l' « individualisme possessif », en étend le parage aux dimensions d'une Résistance dont il reste, après sa phénoménologie, à faire la théorie.

QUATRIÈME PARTIE

LA BIBLE DE RÉSISTANCE

Car je ne suis plus, maintenant, si désolé d'Humanité. Je vois bien ce qui fait que, même perclus d'horreur, l'Homme reste une figure que rien, jamais, ne sut écraser. Je devine aussi ce qui fera que, jusqu'aux plus hauts périls, il ne cessera jamais de vanner ses justes révoltes. Oui, je le devine. Mais il faut encore avancer. Et c'est pourquoi, mieux assuré de son horizon, à l'aplomb de son nom désormais, je puis tenter, pour finir, de le remettre sur le métier du monde. Pour achever de formuler, après la déduction de son essence, le principe de sa Résistance.

On ne s'étonnera pas, alors, de me voir entrer d'un pas plus vif dans le taillis du texte biblique. Recomposer le fragment de cet opéra de songes dont je répète que le fin mot fut celui d'insoumission. En recueillir le verbe, semblable à une pierre rare, qui, à l'heure où d'aucuns s'attardent dans le calice, assigne une espérance. D'un mot et sans trop anticiper, le monothéisme est la pensée de Résistance de notre époque, parce qu'il propose une définition du Mal, *une doctrine de la* Justice, *une éthique et une métaphysique du* Temps. *Et aussi, pour commencer, les bribes d'une réponse à l'éternelle question : que puis-je, que dois-je faire, face au despotisme, au mensonge et à l'oppression d'Histoire ?*

1

LES SEPT COMMANDEMENTS

Alors donc, que faire ? Cette vieille question, je n'ignore pas ce qu'en ont fait effectivement, et que continuent d'en faire, tant de savants à la botte, qui, familiers de Syracuse et experts en Idéal, prêtent aux bourreaux leurs têtes et la rigueur de leur science. Je sais trop ce qu'elle vaut quand nos vaillants concepts, soudain désorbités, descendent dans la rue, marchent au pas des pelotons et, comme le présidait Hegel, d'arguments deviennent événements, de documents monuments et d'apodictiques meurtriers. Telle est même, je l'ai souvent dit, la vraie, la seule révolution du siècle que, la pensée y ayant pris le pouvoir, il n'est point de camps qui n'y soient de la philosophie concentrée, de la philosophie réalisée, « pudding [1] » enfin mangé, verbe enfin incarné — le monde « transformé » comme ils disaient, las de l'avoir trop longtemps « interprété ». Pour tous ceux qui ne parviennent pas à croire que tant de sauvagerie soit le banal produit d'une épouvantable méprise, pour tous ceux qui entendent, dans le glapissement des kapos de Buchenwald et de la Kolyma, l'interprétation sauvage des rêves centenaires que griffonnaient leurs maîtres dans leurs innocents traités, pour tous ceux qui, en un mot, s'en tiennent à ce précepte simple qu'un intellectuel, jamais, ne doit servir d'auxiliaire aux assassins, la tentation est grande de se réfugier dans le silence et l'ironie grinçante du refus à la mode de « toute idéologie »...

Reste néanmoins qu'on ne saurait durablement s'en tenir à ce scepticisme qui vite redeviendrait alibi de démission. Cette question du « que faire ? », c'est aussi un *défi* dont, si échaudés que nous soyons par tel sinistre souvenir, si pétrifiés même par l'horreur de ces idées qui tuent mieux que les bombes, nous ne pouvons éternellement psalmodier l'inanité. Intellectuel donc, mais parfaitement inorganique, sans régence ni tutelle, mais point déserteur pour autant, je crois de mon devoir d'y répondre, contre la cohorte des clercs qui poursuivent, eux, à ciel ouvert, dans le ciel de droite et de gauche, leur œuvre de soumission. Professionnel d'Histoire, conservatoire de mémoire, privilégié de ma voix surtout, rien que ma voix mais toute ma voix, je crois urgent de rappeler, de formuler catégoriquement les quelques maximes simples qui, à ras de terre des hommes, sont le bréviaire de ceux qui luttent. Et c'est pourquoi je prends le risque d'affirmer ces maximes, de donner corps à ces règles qui, pour être impératives et raisonnablement fondées sur la déduction de l'individu, n'en sont pas moins indicatives, relatives, on va le voir, aux cas les plus concrets de refus de soumission. Je les ai réduites au nombre symbolique de sept, songeant aux sept commandements de Noé où les anciens Hébreux voyaient cette morale minimale qui s'applique à toute société, pour peu qu'elle prétende échapper aux pièges de barbarie. Peut-être le noachisme d'aujourd'hui s'appelle-t-il, simplement, l'antifascisme.

Premier commandement : *La Loi, ta Loi est plus sainte que l'événement.* L'Histoire universelle n'est pas, comme on te l'enseigne, cet infaillible guide qui, recueillant le soupir des morts, tranchant dans la parole des vifs, décrète celui-ci dans la ligne, condamne en celui-là le déviant, et mène ceux qui survivent, tête fléchie et échine brisée, à son terme prescrit de merveille et de mystère. Tu ne dois plus donner créance à la fable des philosophes — cette bible des despotes — qu'il y a une « providence », dit l'un, un « esprit absolu », dit l'autre, une « dialectique », dit le troisième, dont les « petites perceptions », une obscure « ruse de raison », ton « origine de classe » peut-être[2] te dissimuleraient le chiffre qui, lui, ne t'oublie pas et ne manquera pas de te sanctionner. Garde-toi des enchanteurs qui, confondant la vérité avec les lauriers de sa victoire, l'attendent où les armées passent, l'entendent où le couperet tombe et ne te laissent le choix qu'entre rejoindre la caravane avec ton lot de justes souffrances ou retrouver en enfer ce peuple d'insensés qui n'ont point su être au rendez-vous de l'Inévitable. Car être libre, justement, c'est refuser le rendez-vous, ce guet-apens, et la bénédiction qu'il donne à tant de crimes et de douleurs qui sont la rançon, paraît-il, de son inexorable procès. C'est adhérer à des valeurs qui, même bafouées et démenties par l'innombrable Fait, n'en continuent pas moins de valoir, de croire à leur souverain Droit. C'est poser qu'il y a du Bien et du Mal, non point nécessairement en tous lieux et en tous temps, mais quoi qu'en fasse le temps et qu'il ratifie ou non leur obstination à être. Ainsi a vécu pendant deux millénaires le peuple de la Bible dont l'histoire ne fut jamais rien qu'une opiniâtreté à dire non, à dénier le verdict manifeste des siècles. Ainsi ont pensé et écrit ses rabbins, tout au long de livres étranges, fourmillant de confusions, d'aveuglants anachronismes dont la tranquille assurance témoigne d'une liberté extraordinaire à l'égard de l'Annale comme telle. Ainsi s'explique l'inconcevable persévérance à être d'une tradition dont tant et tant de savants, jusqu'à Spengler et Toynbee, prophétisaient la prochaine et nécessaire disparition. Tant il est vrai que résister c'est peut-être d'abord résister à l'Histoire elle-même, — dénoncée comme contresens, aberration et immémoriale méprise.

Disaient-ils autre chose d'ailleurs, et au nom de quoi résistaient-ils, ces quelques hommes et femmes, cette infime minorité[3] de héros qui, au soir du 18 juin 1940, entrèrent avec fracas dans la légende du xxe siècle ? Quand un pays réel, enivré de sa défaite, s'assemble avec ferveur autour d'un maréchal de providence, et que le bon peuple de Vierzon massacre un officier de chars qui essaie de tenir les ponts du Cher[4], on ne peut guère, sans rire, parler de « légitimité populaire » pour ceux qui, néanmoins, décident de continuer le combat. Quand c'est une assemblée souveraine, souverainement élue par le plus régulier des suffrages, et issue de surcroît du glorieux Front populaire, qui, éperdue de reconnaissance et déjà de pénitence [5], investit ce Sauveur, par 569 voix contre 80 seulement [6], des pleins pouvoirs pour « redresser » le « malheureux pays », il est difficile de trouver, au bénéfice de Londres, le moindre soupçon de légalité « démocratique et républicaine [7] ». Quand enfin, dans les années qui suivent, une police antijuive française déporte cent mille « métèques » et en recense deux cent mille autres [8] sans que la Nation en ses profondeurs n'esquisse le moindre geste *public* [9] de solidarité avec les victimes, il faut bien convenir que Vallat et Darnand sont bel et bien, pour l'heure, et pour une heure dont nul ne sait alors combien elle durera, des nationalistes conséquents [10] — et Charles de Gaulle, lui, en son exil superbe, un officier « félon » vendu à l' « étranger ». Il est certes facile aujourd'hui, aux prophètes de l'après-coup, de voir dans la Résistance la marque d'une précoce et géniale lucidité : la vérité c'est qu'au moment où les communistes eux-mêmes ne voulaient « ni Pétain ni de Gaulle », « ni la peste ni le choléra » et prêchaient la réconciliation des « ouvriers allemands et français » [11], les sept mille proscrits de la France Libre ne pouvaient se justifier que d'un pur pari moral, posé dans l'absolu, « envers et contre tout » dira l'un d'eux [12] — flottant au-dessus d'un monde dont l'évidence même se dérobait. La pire injure que l'on puisse faire à cette poignée d'irréductibles qui, dédaigneux de tout succès et du verdict de l'événement, s'entêtaient néanmoins à écraser l'infâme serait de dire que, tout compte fait, toute honte bue, le « vrai sens de l'Histoire » était là, tâtonnant comme à l'habitude, mais clairement manifesté aux malins qui surent le lire : car le sens, le *seul sens* lisible alors, était du côté de la collaboration dont tout conspirait à attester l'insurmontable fatalité, la régulière normalité, — contre quoi justement s'insurgeait le moins hégélien des généraux modernes. « Les jours suivants furent cruels », note-t-il après l'échec, en septembre, du soulèvement des colonies [13] : oui, non seulement cruel, mais proprement insensé, ce défi lancé, au-delà des hommes, des armées et des chancelleries, au cours des choses lui-même. Par cet invraisemblable geste dont il eût, par parenthèse, cher payé l'arrogance en cas de défaite, il ne faisait rien moins que traîner au banc des accusés l'Histoire en personne, soudain décrétée coupable, absurde, *impertinente*.

D'où ce second commandement, qui découle naturellement du premier : s'il n'est pas d'Événement qui vaille qu'on lui sacrifie la Loi, le monde alors est mûr, mûr à tout moment pour le jugement, — *et il sera toujours l'heure, pour toi, de manifester le Bien*. Dans les circonstances les plus anodines autant qu'aux heures de tragédie, le seul véritable courage consiste à dire et faire ce qui, en conscience, te paraît devoir donner valeur et honneur à l'existence. Tu te méfieras des météorologues qui susurrent qu'il n'est pas temps encore, qu'il faut laisser le temps faire son temps, qu'elle n'a pas fini de creuser, la taupe des temps qui viennent et qui, de fait, n'arrivent jamais qu'après que l'échéance est passée et que s'est tu le grondement qui t'ordonnait d'agir. Aux professeurs de patience qui ne se lassent pas d'attendre qu'en ses tours et détours le sens s'ajoute au sens et advienne à sa totalité, tu opposeras sens à sens, tu répondras coup pour coup et rétorqueras qu'il est des valeurs qui n'ont pas le temps d'attendre. « Que rien ne t'empêche, dit ainsi le Psalmiste, d'accomplir ton vœu au bon moment [14] », — non, que rien ne te contraigne à l'engager dans une Histoire, à le médiatiser dans une tactique, à le différer dans un scrupule qui sera toujours l'envers de la ruse, de la brigue et de l'intrigue. Un jour, raconte encore la Genèse [15], qu'Agar et Ismaël erraient dans le désert de Bersabée après qu'Abraham les eut chassés sur ordre de Sarah, l'eau vint à manquer dans l'outre et la mère, à bout de forces, « jeta l'enfant sous un buisson [16] ». Élohim s'en émut et, « du haut des cieux », ouvrit les yeux de la malheureuse qui vit devant elle « un puits d'eau » et alla y « faire boire le garçon » qui, après cela, « grandit » dans le désert [17]. Stupeur des anges, ajoute le commentateur talmudique, indignés de voir le Tout-Puissant sauver avec tant d'inconséquence celui qui, un jour, — ils le savent, eux, les fins lecteurs du dessein providentiel — fera souffrir Israël et se dressera contre son peuple. Et que rétorque l'Éternel ? Toujours selon le Talmud, il répond par ce mot magnifique et lourd de signification qui fait du calcul, du délai et finalement du mensonge le premier des crimes selon l'éthique : « Peu importe la fin de l'histoire, car il faut juger chacun selon ce qu'il est plus que pour ce qu'il deviendra [18] »...

Oui, le mot est plus qu'un mot mais l'index d'une exigence. Peu importe le dénouement supposé quand, au carrefour de la minute, s'infléchit le nécessaire et s'impose la rigueur d'un choix. Ce nécessaire est un leurre et la prémonition des anges une illusion, face à quoi seul compte l'impérieux ultimatum de sauver un corps mourant. L'idée d'un devenir éthique n'étant rien que mirage, la seule idée qui ne le soit pas est celle d'une action qui, ne se vivant plus dans l'humilité de la médiation, s'éprouve toujours au contraire dans la suffisance d'une sublime immédiation. En termes modernes nous dirions que le combat pour les droits de l'homme est chronologiquement, logiquement et ontologiquement le premier devoir des hommes : et cela, non plus en vertu d'une vague morale provisoire, d'un pis-aller humanitaire ou d'on ne sait quel minimalisme politique, mais comme conclusion rigoureuse, et parfaitement fondée, du refus de voir dans l'Histoire le maître souverain. C'est ainsi par exemple que j'allai jadis me mêler aux combats des Bengalais contre l'oppression pakistanaise : tandis que quelques beaux esprits voyaient dans les cadavres du delta du Gange de mauvais morts qui ébranlaient en ses assises l'unité d'un État réputé progressiste, c'est contre cette dictature du Progrès que je croyais urgent de m'insurger [19]. C'est aussi la raison pour laquelle, dans un tout autre ordre d'idées, l'argument était impertinent qui, un peu plus tard, jugea suspect d'entendre Soljenitsyne pendant que parlait un Marchais ou de se faire l'écho des dissidents russes à la veille d'une élection française [20] :

il ne pouvait valoir en effet que pour ceux qui, supposant ce qu'il faudrait démontrer, postulaient l'idée d'un sens total, totalisant, totalitaire qui donnerait label et qualité à telle ou telle misère réelle. C'est au nom du même principe encore que mon ami Marek Halter a pu, à peu près au même moment, témoigner, longtemps seul, contre la torture en Argentine : il avait en face de lui des partis qui, tous, préféraient faire silence sur une souffrance qui avait la douteuse inconvenance, pour les uns de n'être pas le Goulag, pour les autres de n'être pas le Chili, dans les deux cas de ne point s'emboîter exactement dans l'ordre réglé des paysages d'histoire [21]... D'un mot : si la bataille des droits de l'homme est bien l'enjeu majeur de cette fin du xxe siècle, c'est qu'il ne s'agit plus d'un enjeu justement, ni d'une nouvelle stratégie, ni d'une action de charité, — mais d'un autre regard philosophique sur le monde qui dit, comme le Prophète encore : tous les délais sont expirés pour résister à la barbarie, quel qu'en soit le visage et quelles qu'en soient les victimes.

C'est aussi, plus profondément, en vertu d'un autre rapport au Temps qui peut se formuler en ce troisième commandement : quelles que soient les conséquences présumées ou l'objective portée de ton geste, *tu devras en toute hypothèse poser que l'avenir n'est pas ton affaire.* Comment d'ailleurs le serait-il, cet avenir évanescent et rigoureusement aventureux qui n'en finira jamais de venir et d'improviser son propre passé ? Comment entrerait-il en compte dans le problème et la décision d'agir quand il est lui-même problématique, indécidable, jouant sans cesse à te trahir et à doter ton présent de postérités inopinées ? Ne vois-tu pas qu'une action qui s'y suspendrait et se voudrait relative à ce qui, un jour, sortira d'elle, serait relative à l'infiniment relatif et perdrait toute chance alors d'être simplement tentée ? A supposer même que tu la tentes, au nom de quoi la justifierais-tu puisque, prise dans une chaîne de preuves indéfiniment ajournées, elle sera par définition indéfiniment injustifiable [22] ? Non, la vérité, la plus élémentaire logique veulent que, face à cette ironie de l'Histoire qui défigure en même temps qu'elle l'inspire le résultat de tes entreprises, tu te déclares incompétent du résultat et préoccupé de l'intention qui, pour l'instant, t'anime. L'exigence, la véritable intransigeance morale supposent qu'au lieu de cette responsabilité historienne dont s'encombrent les prudents pour mieux temporiser, tu te délivres du positivisme et de cette fameuse « objectivité » pour assumer, sans crainte et sans regret, l'inconséquence de la belle âme. A l'éternel hégélien[23] qui te sommera de choisir entre « l'homme actuel » qui n'accepte pas son geste « dans toute son étendue » et le « caractère héroïque » qui ignore le conflit entre « vues subjectives » et « objectives », tu répondras que tu n'as que faire d'un « héroïsme » où se dissimule le plus sournois des désirs : l'acceptation du monde comme il va, suivi à la trace de ses égarements. S'il insiste de nouveau et t'objecte que ce futur dont tu dédaignes la sanction t'oblige de gré ou de force et « fera tourner » tes résolutions « autrement que tu ne l'eusses voulu », son insistance te renforcera plus qu'elle n'ébranlera ton parti pris : car elle peut bien tourner et tourner encore, la roue de la sacrée Histoire, elle n'intimidera que ses dévots et ne fera que t'inviter, toi, à la harceler toujours davantage en une interminable guérilla. Qu'elle soit ton maître, soit ; mais elle ne sera plus ton dieu ; et à un dieu, on obéit ; tandis que, contre un maître, on s'arc-boute. Qu'elle t'humilie et se moque de tes pures « intentions », c'est sûr ; mais nul ne t'interdit de répondre à son sarcasme par un regain de pure intention et à ses déchéances par de nouvelles insurrections. L'avenir n'est pas ton affaire signifie : ton lot est l'impatience, l'inquiétude, la turbulence d'un vouloir qui n'en finit pas, lui aussi, de démentir ses avatars. Résister veut dire : *recommencer* de résister et répondre pied à pied au faux « tragique » de l'action historique qui ne désarme que les apathiques et les abouliques de la prospective. « Ce qui va plus loin que tes œuvres, ne t'en mêle pas », dit l'Ecclésiaste[24] ; mais œuvre tout de même, — n'en finis pas d'œuvrer...

Un exemple précis ? Contemporain ? Ce commandement

s'applique presque exactement à ces intellectuels qui militèrent tour à tour, mais sans la moindre palinodie, pour la libération de Saigon agressée par l'impérialisme US puis, Saigon libérée, pour la dignité des réfugiés qui quittaient, en masse encore, le nouveau régime communiste. C'est la clé du paradoxe, mais non du désaveu qui les mena, en d'autres termes, des « comités Viêtnam de base » où l'on soutenait, dans les années 60, la juste lutte des Vietnamiens bombardés par le napalm américain, au comité « Un bateau pour le Viêt-nam » créé à la fin de 1978 [25], pour secourir les mêmes Vietnamiens, écrasés, de l'intérieur cette fois, sous la botte du despotisme rouge. On vit à cette occasion le directeur d'un grand quotidien reprendre point par point l'argument du « caractère héroïque » en expliquant en substance, dans une adresse à l'un des fondateurs du comité [26], qu'il ne pouvait s'associer à l'initiative d'individus dont le combat d'hier était responsable, à ses yeux, du désastre d'aujourd'hui et qui refusaient pourtant de l'assumer « dans toute son étendue ». L'interpellé répondit [27], en parfait « homme actuel », que le combat d'aujourd'hui était la suite logique de la bataille d'hier, que l'antifascisme n'apparaît contradictoire que parce que le fascisme est constant en son essence et qu'il n'est pas affaire de prospective, de stratégie, et finalement d'abdication mais d'urgence, d'imminence et d'infatigable indignation. L'un partait de cette évidence que l'avenir est issu du passé pour en tirer ce sophisme que le passé est issu de l'avenir dont il reçoit sa coloration et sa rétrospective vérité ; l'autre admettait la terrible méprise qui, de fait, inscrivait les camps de la mort dans la ligne « objective » de la guerre de libération, — mais n'ayant d'autre ligne, lui, que celle de la résistance à l'oppression, il inscrivait moins cette méprise au débit de la conscience des hommes qu'au passif d'une logique d'Histoire qui est la matière, précisément, de cette résistance elle-même. D'un côté, un commissaire qui, constatant qu'à dix ans près, les mêmes hommes et les mêmes femmes tombent sous les coups de la guerre coloniale puis de la dictature intérieure, en déduit que tous ceux qui ont hâté le dénouement de la première sont objectivement coupables du déchaînement de la seconde, — et voit dans cette responsabilité motif à se taire et à laisser faire l'horreur ; de l'autre un homme engagé qui, de ce fait indubitable que ce sont les mêmes hommes et les mêmes femmes qui souffrent là et ici, conclut que, les mêmes causes produisant les mêmes effets, la même maxime qui était juste là continuera d'être juste ici, — et voit dans cet écart non point motif de repentance mais raison de persévérer, voire de récidiver... En un mot, et au-delà de l'anecdote : les conséquences objectives d'un acte peuvent être politiquement considérables : elles n'en sont pas moins négligeables moralement. L'erreur historique n'est pas seulement un droit qu'en leur magnanimité les croque-morts nous reconnaîtraient : c'est un devoir imprescriptible[23]. L'errance politique n'est pas un argument contre la maxime éthique : mais la maxime éthique, en son innocence du royaume des fins, une arme toujours mieux affilée contre l'errance du politique.

Cette maxime, à son tour, qu'est-ce donc qui la fondera et lui dictera ses énoncés ? D'où te viendront cette assurance et cet aplomb à te tromper ? Ta Résistance ne serait-elle qu'aveugle et confuse et impuissante ré-action ? Seras-tu le jouet, le maigre fêtu ballotté au gré des vents d'Histoire ? Ce qui est sûr, en tout cas, c'est que le mépris de l'avenir ne suffit pas, tel quel, à fonder une insoumission. S'il est vrai que la justification de ta maxime ne peut être ni dans sa fin ni dans la conséquence que tu en escomptes, il reste — mais *il faut* aussi — qu'elle soit dans la cause et la forme de son motif. Si l'Histoire est un mécompte dont tu n'es pas comptable, tu es responsable en revanche — et tu l'es *absolument* — de la rigueur d'un principe où doit refluer toute la cohérence que d'autres mettent à pister le cours du temps et de son errance. Si ton initiative est rigoureusement sans avenir, elle n'est pas sans ressort pour autant, ni sans cette lucidité supérieure qui te permettra, le cas échéant, de refuser les fausses alternatives où, au nom du « sens de l'Histoire », t'enferment les savants[29]. Que l'avenir ne soit pas ton affaire, autrement dit, cela ne signifie pas qu'à la dialectique hégélienne tu doives substituer l'enlisement stoïcien dans l'instant, mais que, cet instant même, tu dois le plomber d'une densité d'intention, de projet, d'éternité peut-être, qui fasse de son imminence mieux qu'un caprice et un singulier délire. C'est pourquoi la bonne maxime sera celle dont tu pourras faire, sans dommage ni contradiction, objet de « Prophétie », au sens où je définissais le mot. L'unique critère : au cas où, par hypothèse, d'autres que toi, ailleurs, appliqueraient la même loi, cette loi induise moins de meurtre, d'horreur, de barbarie. Et mon quatrième commandement : quoi que tu veuilles et qu'un temps irrémitent puisse faire de ton vouloir, *tu n'entreprendras rien qui, d'emblée, ne soit digne d'être aussitôt et perpétuellement recommencé...* C'est à peu près ce que déclare Isaïe quand, gémissant d'avoir « peiné pour rien », œuvré « pour le néant » et « en vain consumé sa force », il se console pourtant de savoir que « son droit » est « auprès de Yahvé » [30]. Ce qu'il veut dire là, c'est que même intempestive, frappée de déshérence, désavouée sitôt que proférée, sa parole a, en elle et pour elle, du fait de sa transcendantalité, le critère absolu de sa sempiternité. Ce qu'il *nous* dit, profondément, c'est que si toutes les nations du monde ouvraient enfin les yeux et se tenaient, comme lui, à proximité de la Thora et de sa prescription, par exemple, de ne point tuer autrui, le monde irait moins mal que pour l'heure il ne va. Dans un univers polysémique où l'Histoire, comme un cancer, fait sans cesse proliférer le sens, telle est la question qu'après lui, tu ne dois jamais oublier de poser : « Le sens que, souverainement, je manifeste à présent, mériterait-il ou non d'être *universalisé ?* »

C'est un critère net et je crois qu'appliqué méthodiquement, il permettrait d'éviter bien des débats d'académie. Il est clair par exemple que la maxime qui poussait les intellectuels des années 30 à protester, salle Wagram, contre l'arrestation de Thälmann et à applaudir, salle Pleyel, à la condamnation de Boukharine, ne pouvait, sans sophisme, être universalisée ; mais clair, en revanche, qu'elle pouvait l'être — et, de fait, elle l'était

— la règle de Camus renvoyant dos à dos, quinze ans plus tard, bourreaux de droite et bourreaux de gauche. Je veux bien qu'on me dise que l'entrée des chars russes est progressiste à Prague et l'intervention de la CIA réactionnaire au Chili, mais à condition que l'on ajoute que le distinguo est politique, c'est-à-dire conjoncturel, c'est-à-dire contingent et finalement mensonger ; alors que le refus, à l'inverse, de l'impérialisme sous toutes ses formes est une attitude morale qui, en toute hypothèse, économise des vies humaines et pourrait sans péril être partagée par tout le monde. L'idée chère de la gauche, encore, qu'il y a parmi les dissidents du bon et du mauvais, du « juste » et du « suspect », est une idée probablement efficace s'il s'agit de couper une tête, mais à peu près impraticable quand on tente de la formaliser ; car si le sort d'un Soljenitsyne est assez vite réglé, que dire d'un Boukovski, d'un Pliouchtch, d'un Maximov ? où finit la bonne Résistance et où commence la mauvaise ? où le socialiste « dégénéré » et où le « contre-révolutionnaire » invétéré ? à partir de quand la religion est-elle « opium du peuple » et jusqu'où légitime « soupir de la créature tourmentée[31] » ? faut-il, en mer de Chine, sauver les réfugiés économiques et sacrifier les politiques ? L'énumération de ces impasses serait plaisante si elle n'était atroce et si en chacune ne gisait le refus de cette vérité, pourtant simple, que l'ordre de l'Éthique commence là, et seulement là, où l'on consent à ce principe d'universalité : une vie est une vie, un corps est un corps, dès lors qu'ils sont en péril de mort ou de dignité… Sur un plan plus général enfin, on voit bien que, dans le fameux dilemme, le primat de la « fin » sur les « moyens » est une position *moralement insoutenable* puisque, dès que l'on tente de s'entendre sur la détermination des fins, cela engendre la discorde et la pluralité des opinions ; tandis que la position inverse peut aisément, elle, se formuler en règle universelle puisque, les moyens n'étant rien que le point de concours concret des hommes concrets et de l'Histoire concrète, leur inventaire exhaustif serait, au moins en droit, susceptible d'être dressé dans un minimum de cacophonie et de meurtre légitimé.

On le voit bien, maintenant : ce qui est chaque fois en jeu c'est l'autonomie de la morale par rapport à des disciplines voisines, adverses et qui aspirent à la réduire. Et voici, alors, le cinquième commandement : en dépit de la tradition et contre les chantres de démission, tu devras poser et te convaincre que la vérité, ta vérité *est étrangère à l'ordre du Politique*... Car qu'est-ce que ce Politique que j'ai si souvent déjà tenté de démystifier ? qu'est-ce que cela voudrait dire : « le vrai est politique » ? qu'entendent-ils, les savants, quand ils clament avec tant d'assurance que « tout est politique » ? C'est en fait une thèse très ancienne, vieille comme la philosophie et martelée par deux mille années de théories. Elle naît probablement chez Platon et on en trouve la trace, par exemple, dans ce dialogue de jeunesse qui s'intitule l'*Euthydème*. « Politique » est le nom que donne Socrate à cet « art suprême » et « royal » que recherche l'Athénien Clinias et qui doit « commander à tout [32] ». S'il a ce privilège sur la foule des savoirs concurrents, c'est qu'il a le mérite, ajoute-t-il, de « rendre tout profitable [33] ». Ce « profit » lui-même signifie que, convenablement « rassemblée », la poussière de passions ou de misères que les hommes baptisent « opinions », pourra advenir à son ordre et à son harmonie secrète [34]. Appréhendées dans leur « synthèse » autant que dans leurs « divisions », elles apparaîtraient, ces misères, comme des « erreurs », des points de vue partiels et partiaux sur le tout, dont les hommes ne peuvent se plaindre qu'en mauvaise foi ou ignorance. Et ce que Socrate affirme, alors, c'est que, face à cette sublime science à quoi le « Roi » seul a accès, face à cette « Vérité » suprême et « rectrice » dont les chefs se réservent le privilège, les humbles n'ont qu'à se taire et croupir en leur endurance... Cette forte démonstration, on la retrouvera chez Aristote, chez Leibniz ou chez Hegel. Elle se lit même chez Spinoza, apôtre, dit-on, de la « liberté de conscience », puisqu'il consacre tout un *Traité* à établir et frayer les conditions *politiques* d'avènement de la vérité[35]. Il n'est peut-être pas un philosophe de la grande tradition qui n'ait tenu pour acquis — et qui ne se soit acharné à le prouver — que le Vrai est affaire d'État, au sens le plus strict et le plus banal du terme[36]. Et tu sais, bien entendu, la fortune qu'aura cette preuve chez les derniers héritiers de la tradition, ces fils prodigues qui s'essayèrent à « transformer le monde » à l'aide des grilles d' « interprétation » que leur léguaient tant de siècles de pensée d'Ordre. Je veux parler de Marx, de Lénine et de leurs épigones qui, convertissant en règle pratique cette vieille assurance théorique dont l'Occident s'était bercé, n'ont point cessé, depuis, de légitimer une forclusion de l'éthique dont on connaît les résultats concrets...

Ainsi par exemple de l'attitude de la gauche communiste allemande des années 30, et de son incroyable échec à enrayer la montée du nazisme. Pourquoi le Parti se tint-il, jusqu'à l'incendie du Reichstag, à la ligne suicidaire d'une lutte prioritaire contre la « social-démocratie », qui équivalait concrètement à collaborer avec Hitler[37] ? Par quel mystère ces innombrables actions ponctuelles aux côtés des nervis SS, ces cent cinquante votes unitaires avec les nazis au parlement, cet invraisemblable été 1931 où il fit campagne avec les Casques d'acier contre le gouvernement de gauche d'Otto Braun en Prusse[38] ? Est-ce simplement par fidélité à Staline que Neumann, numéro deux de l'appareil, inspira, en août 1930, une « déclaration-programme pour la libération nationale et sociale », saluée par Röhm, Niekisch et Strasser comme l'entrée du Parti communiste dans le « front de résistance allemande[39] » ? Au nom de quoi le même Neumann pouvait-il, deux mois plus tard, négocier avec Goebbels, au bord du lac de Constance, un éventuel renversement d'alliances, contre une intervention de l'Armée rouge venant prêter main-forte aux ambitions nationales d'Hitler[40] ? Faut-il conclure à une terrible mais banale erreur de jugement quand le Bureau politique, au même moment, ordonne à ses militants de noyauter la SA et de constituer les fameuses « sections biftecks », rouges dedans, brunes dehors, où nazis et communistes allaient fraterniser pendant que s'installent, un peu partout, les premiers camps de concentration[41] ? Non, les descendants de Bebel, de Liebknecht et de Karl Marx, savaient la *vérité* sur les camps, la SA et Hitler, — mais la vérité, pour ces têtes *politiques,* était d'abord la *vérité de* la crise globale de société qui ébranlait l'Allemagne et dont il fallait *politiquement* hâter le dénouement. Ils entendaient bel et bien la plainte qui commençait de monter des ghettos et même des cellules communistes : mais, au manège marxiste, une plainte n'est pas une plainte, mais plus qu'une plainte, mieux qu'une plainte, l'écho sensible et dérisoire du séisme qui, travaillant le corps social, rendra possible, à terme, une prise du pouvoir d'État qui demeure son objectif. Ce n'est pas faute d'informations qu'ils se sont si longtemps aveuglés, mais par excès de science plutôt, de théorie, de dialectique, — cet « art royal », comme disait Socrate, qui enseigne que le vrai n'est pas dans le vrai mais dans une « Vérité suprême » qui le réduit au rang de symptôme et lui prescrit sa place, son rang servile et humble, dans l'ordre historique des choses. Si ce parti omnipotent, profondément lié à la classe ouvrière de l'époque, riche d'une tradition sans égale dans toute l'Europe, en pleine expansion encore au début des années 30[42], a pu « seller, comme dit l'anarchiste Friedrich[43], le cheval sur lequel Hitler allait traverser la porte de Brandebourg », — c'est qu'il fonctionnait sur une conception du monde qui, faisant des sujets de purs figurants rapportés à la scène d'Histoire, et, des victimes, l'inévitable dépense d'un sûr procès de révolution, il ne concevait pas de brute et sèche évidence qui ne dût s'*objectiviser* au mouroir du Politique et de ses « organisations ».

De là, un sixième commandement qui est le corollaire de cette expérience tragique et pourrait dire, en parodiant le mot célèbre : *sans théorie ni parti révolutionnaire, tu pratiqueras la Résistance.* Car, au-delà du KPD, ce qui fait là faillite, c'est cette vieille idée des Lumières que plus on *sait,* plus on a de chances de *résister :* les hommes, à l'évidence, n'ont jamais mieux succombé qu'à l'heure où ils étaient, mieux que jamais, idéologisés, — et le savoir donc ne suffit pas quand ne le féconde plus la détermination éthique. C'est ce préjugé, aussi, ancré dans les cervelles marxistes, que les stratégies de rupture peuvent le moins (la résistance) parce qu'elles peuvent le plus (la révolution) : leur radicalisme, qui n'est rien, bien souvent, que l'envers de la volonté de puissance des chefs, n'a cessé au contraire, en ce siècle, de détourner les simples gens, au nom d'une hypothétique fin des temps, des tâches impératives des présentes fins de l'Histoire. C'est cette vieille conviction, enfin, enracinée, elle, dans l'ensemble de la gauche occidentale, que les grands appareils, pourvoyeurs de radicalisme, d'idéologie et d'espérance sont seuls capables d'agencer, d'organiser, une insoumission collective : c'est toujours l'inverse qu'on constate et l'organisation massive, méthodique de la démission. Connais-tu un seul de ces appareils qui puisse se targuer d'avoir été à l'origine d'une seule grande révolte antitotalitaire ? Sais-tu une seule de ces révoltes qu'ils n'aient commencé par prétendre étouffer, différer, parfois même interdire ? Y a-t-il beaucoup d'intellectuels alignés, adhérents, militants, qui, aujourd'hui encore, ne condamnent les Pinochet avec les arguments des Brejnev, les Brejnev avec les arguments des Pinochet, les uns et les autres avec l'argument retourné du fascisme ? Ultimes incarnations de l'« Esprit objectif », ces partis ne sont pas la somme des esprits subjectifs qui les composent. Ils vivent d'une existence propre, dont ils marquent l'empreinte aux corps et aux âmes de leurs fidèles. Ressortissant moins aux catégories de la conscience qu'à celles de l'Histoire encore, ils immolent toute conscience à leurs nouveaux autels de discipline et de rigueur. Servants de l'esprit du monde, substrats prétendus de l'actuelle et future odyssée de l'humanité, ces grandes machines à mobiliser sont les machineries monstrueuses du grand théâtre païen et de sa tragédie d'abdication.

Comment oublier, par exemple — pour aller droit au plus douloureux — le cas de ces organisations juives qui, à Varsovie, Berlin ou Budapest, dressaient les listes des déportés, prélevaient sur les malheureux l'argent qui couvrirait les frais de leur propre déportation, et levaient jusqu'aux forces de police juives qui allaient rafler les hommes, les femmes et les enfants juifs vers les convois de la mort[44] ? Comment oublier aussi que les insurgés du ghetto de Varsovie durent, un peu plus tard, se procurer à prix d'or armes et dynamite auprès de trafiquants ou de déserteurs allemands, parce que le Parti communiste polonais et l'Armia Krajowa, principal *appareil* de résistance du pays, se montraient réticents, sinon hostiles, à ces gueux, ces insurgés de l'Espoir qui prétendaient mourir les armes à la main en assumant, seuls, leur dignité d'hommes libres[45] ? Le fait est que, concrètement, les seules organisations qui aient jamais dispensé aux sujets autre chose que du malheur et du despotisme consenti sont celles qui, consacrées à une vocation ponctuelle plus qu'à une mission perpétuelle, s'éteignent et se sabordent une fois leur tâche accomplie et allègent la souffrance concrète au lieu de s'en nourrir, — de la « capturer » disait superbement Ezéchiel. La différence entre le « comité de coordination » du ghetto et l'Armia Krajowa par exemple, c'est que le premier était un maquis dont le réseau épousait, presque en sa trame exacte, la topographie des égouts, des soutes et des caves de Varsovie, — et la seconde une machine dont la pyramide préfigurait déjà le nouvel ordre social, les nouvelles hiérarchies, peut-être, de la Pologne libérée. La différence entre le FLN algérien et le CNR français encore, c'est que celui-ci disparut à la fin de la Résistance, même s'il confia à d'autres le soin de réaliser ses idéaux, alors que celui-là, institutionnalisant sa juste guerre, ne pouvait que devenir l'armature d'une société vite tentée par le totalitarisme et la guerre de tous contre tous. Ce qui distingue, en cette fin des années 70, un organisme comme « Amnesty International » d'un parti politique classique c'est que, apolitique justement, se souciant comme d'une guigne de changer l'homme, la vie ou le monde, il se contente, sauvant les corps, tous les corps et rien que les corps, de nouer des solidarités entre des solitudes qu'il renforce et conforte, au lieu de les abolir.

On est loin, alors, de la traditionnelle notion d' « engagement » qui s'éclaire maintenant d'un jour nouveau. Car tel est le dernier de ces commandements qui, seul, fera cohérente la suite des six premiers : s'il est vrai que se rallier c'est renoncer à s'engager, — *il te faudra, pour t'engager, commencer par te dégager...* Faut-il rappeler qu'un Gide, par exemple, n'a réellement contribué à l'honneur des hommes et des humbles qu'avant son ralliement, à l'heure où, dégagé de toute allégeance, il n'était qu'une conscience malheureuse, emportant son indignation au Tchad ou au Congo ? Faut-il redire, une fois de plus, la leçon des Prophètes et leur méfiance de ces mots d'ordre qui, faisant ordre dans le monde et désordre dans les âmes, alignent toute parole sur ses adhérences païennes et lui barrent à jamais la route et l'appréhension de Justice ? Si le Politique et la Vérité sont bien ce que j'ai dit, il n'est pas d'action éthique en effet qui ne suppose le retrait du Moi, une plage de dissidence, un promontoire à l'écart d'où l'on puisse juger, trancher d'entre les choses. Si l'Histoire est ton maître et le Maître de tous les maîtres, alors la condition a priori de toute Résistance possible ne pourra être que dans le décret — et l'effort continué — qui te fera étranger au cours de cette Histoire et te soustraira du même coup aux rets où elle prétend t'emprisonner. Cela ne veut pas dire, bien sûr, qu'au nom de je ne sais quel esthétisme, tu te réfugieras, tel un Jünger justifiant sa démission par un mauvais *Traité du rebelle*[47], dans l'univers des souffleurs qui se gaussent, de haut, de la gesticulation humaine et condescendent parfois, entre deux méditations, à la soulager par charité. Mais cela signifie, bien au contraire, que donnant, une fois pour toutes, congé aux délices jumeaux du renoncement esthétisant et de l'optimisme politicien, tu auras d'autant mieux prise sur l'Histoire qu'elle n'aura plus prise sur toi. Tu ne harcelleras que mieux les potentats après que tu auras quitté leurs temples et brisé leurs idoles rieuses. Et je crois bien que c'est ainsi, ainsi seulement, que tu pourras, comme ils disent, « rendre espoir à Billancourt ».

Où soufflait-il l'espoir, dans l'Allemagne nazie, encore une fois ? A l'heure où les agents du Komintern livrent à la Gestapo les pauvres têtes brûlées qui, dans leurs rangs, prétendent quitter la ronde, — ce sont des catholiques par exemple, ou des pasteurs protestants, qui, au nom de la Foi chrétienne et de la haine du paganisme, disent non à Rosenberg [48]. Au moment où la gauche officielle serine ses fables criminelles sur le cours historique des choses et le destin du capitalisme, ce sont des soldats qui entrent en dissidence, tel ce vieux général de la Reichswehr qui, découvrant sur un banc public l'inscription « interdit aux Juifs et aux chiens », s'en va se cloîtrer chez lui et se laisser doucement mourir. Alors qu'en 1934 encore Manuilsky pérore qu'« il n'y a pas le moindre doute à ce que la ligne suivie par le Parti communiste allemand consistant à éviter le combat ouvert contre les bandes fascistes était absolument juste [49] », ce sont des hommes de loi qui, au nom de la légalité weimarienne, refusent comme Carl Goerdeler, bourgmestre de Leipzig, de voir flotter sur un hôtel de ville la bannière à la croix gammée [50]. Quand on se décidera à écrire l'histoire vraie de cette Résistance de l'intérieur, on découvrira des figures d'irréguliers, pacifistes ou anarchistes, « asociaux » ou « petits bourgeois » qui, persécutés des deux bords, criaient « plus jamais la guerre » avec Carl von Ossietzky, Erich Mühsam, Ludwig Quidde et quelques autres, presque tous mutilés ou morts en déportation [51]. On verra surgir de l'ombre la foule anonyme de ces témoins de Jéhovah qui, seuls encore, préférant le supplice à l'anathème, refusaient d'accoler au nom d'Hitler le « Heil » de ferveur qui ne s'applique qu'à Dieu [52]. On redécouvrira des héros, dès leur martyre oubliés, parce qu'ils osaient penser à l'écart, comme l'imprimeur berlinois Ernst Friedrich, ce fou qui consacra sa vie à constituer un « Musée de la paix » que les SS, en 1933, transformeront en caserne [53]. Ou comme Martin Gruerwiehl, l'ouvrier désengagé toujours, qui rompit la loi du silence en publiant, dès 1934, sous le titre *Un prisonnier de Dachau raconte,* le récit minutieux de sa saison en enfer [54]. On trouvera peut-être aussi la trace de ses samızdat de fortune qui — déjà ! — circulaient, au mépris des consignes de partis, au mépris des consignes de *tous* les partis, entre de simples individus qui, un à un, entraient héroïquement, d'un pas ferme et résolu, dans un présent voué à la catastrophe... Cette « histoire vraie », bien entendu, n'est pas écrite ni près de l'être. Elle serait le plus cinglant des démentis à la mémoire des appareils qui, vingt ans durant, couvrirent de leur vain galimatias le tumulte des empires et des nations. Elle serait le plus bel hommage à ce discret remue-ménage qu'aux heures de plus grande démission font toujours les simples gens, dès lors qu'ignorant les grossières balises d'Histoire, ils bravent les forces du mensonge et l'arrogant cynisme des chefs. Puissé-je, par ces quelques lignes, avoir simplement — et humblement — contribué à ce qu'un jour, enfin, ils ne soient plus si seuls.

2

L'ORDRE DU MAL

Ce catalogue de commandements n'est bien entendu pas un catéchisme et je n'ai pas la volonté de le croire exhaustif ni définitif. C'est une série de points de vue plutôt, de regards furtifs et fragmentaires sur ces souterrains du vouloir, ces caves de chouannerie dont j'invitais, dès le commencement, à réentendre le murmure. A travers ces exemples de lutte ou d'abandon, c'est comme un processionnal d'horreur, mais aussi d'espérance qui, tout au long, témoigne du nécessaire déclin, du décours métaphysique qui arrache l'éthique à ses crêtes, et l'inscrit aux séjours du bas. Et peut-être commence-t-on alors, à travers ces quelques cas, d'entrevoir ce qu'est, en son fondement, cette Résistance d'en bas ; ce qu'au-delà du Politique elle implique de parti pris ; ce qu'elle veut dire, en fait, et métaphysiquement, quant aux raisons que les hommes se donnent de vivre, de mourir ou simplement de souffrir...

Car s'il fallait résumer, embrasser d'un seul regard ces méthodes et ces leçons, réduire à un article unique ces commandements d'insurrection, je dirais au fond ceci : qu'ils s'opposent tous à un diktat qui n'est plus vraiment de Politique au sens où l'on entend toujours ; qui se passe, à la limite, d'État, de Police ou d'Idéologie pour ployer le corps des humbles sous le faix de la souffrance consentie ; qui s'étaie, en fait, d'un lot de principes simples, discrets, inavoués, mais prodigieusement efficaces pour faire taire une âme meurtrie, — et dont il faut, d'abord, tenter de récapituler la chaîne... C'est un principe, premièrement, qu'on dirait d'*économie* parce qu'à la façon de Leibniz[1] il pèse, toise et comptabilise la douleur des hommes concrets à l'aune du tableau d'ensemble, de la grande fresque cosmique dont elle rehausse par contraste les formes et les reliefs : c'est ainsi qu'on nous dit, par exemple, que le « bilan » de soixante années de socialisme est « globalement positif[2] » ou que le chômage en Occident est la « rançon de la croissance », — et tant pis pour celui qui paie car ce prix est dans l'ordre, il fait ordre avec le monde, il n'est jamais que l'ombre et le négatif du Bien. Un principe, deuxièmement, qui relève de la *statistique* parce qu'à la manière des « sciences humaines » modernes, il permet de reconnaître dans cette singulière douleur le simple spécimen d'une loi universelle, d'une maladie typologique, où s'abolit la clause du moi, du Je n'endurant plus que le « On » d'un nom commun : celui-ci est un « névrosé », celui-là un « déviant », cet autre un « inadapté », — et foin de son obscène et souverain malaise car, ainsi étiqueté, il devient régulier, sommé en une règle, ombre d'un Mal cette fois, banal et générique. Un principe de *chimie* encore, au parfum hégélien, qui assure à ses victimes qu'il n'est pas de plaies à vif, de hideuses banquises de sang qui ne dérivent en leur contraire et ne finissent par précipiter en une harmonie promise dont elles étaient à leur insu la matrice de prescience, abominablement féconde : c'est la démarche, cette fois, de tous les apôtres « progressistes » de la « juste » ou « révolutionnaire » violence, — car la violence, pour eux, a ses raisons, elle a la raison du lendemain pour elle, elle est la voie royale de l'avènement du plein midi. Un principe, enfin, qui ressortit, lui, à l'*optique* parce qu'il couronne les précédents de cet ultime argument que la misère, tout bien pesé, n'est rien de positif, mais une illusion du regard, un mirage de l'œil malade qui se dissipe dès lors que, chaussant d'autres lunettes, on consent comme Descartes à « changer ses désirs plutôt que l'ordre du monde[3] » : et c'est au nom de cette « sagesse »-là qu'on intime au ventre-creux de ne plus rêver de pain, ou à l'esclave de se libérer dans ses chaînes, — car sa servitude n'est rien, son manque de pain rien non plus, rien chaque fois qu'un point de vue erroné sur le doux spectacle du monde... Économiste, statisticien, chimiste et opticien : le bourreau est tout cela à la fois, et opprimer c'est toujours ficher dans les cervelles les quatre coins de ce qu'il faut bien appeler une même *machine à sens*.

C'est la raison pour laquelle il suffit bien souvent de *parler* une servitude ou un malheur, de lui « donner sens » au sens simplement sémantique du terme, d'en « rendre compte » comme on dit communément, pour y collaborer et contribuer à la gommer. C'était déjà la méthode des bons maîtres stoïciens qui, à la question de savoir comment rendre supportable par exemple la scandaleuse répartition des biens entre les bons et les méchants, rétorquaient invariablement : il suffit de la mettre en phrases, d'en élucider le mystère et le ressort logique, de la comprendre dans une trame serrée de raisons qui, passant insensiblement de l'ordre anodin des « causes » à la chaîne subreptice des « fins », la rendra, d'un coup, aussi « nécessaire » et « naturelle » que la production des « figues » par le « figuier » ou des « olives » par l' « olivier [4] ». C'est encore la sûre méthode des marxistes d'aujourd'hui qui, à l'impérieuse obligation de disculper le fascisme rouge et les camps de concentration à l'Est, répondent exactement de la même façon : il suffit d' « analyser », d' « expliquer » le phénomène, d'en éclairer les « origines » ou les « conditions historiques », — et de le rendre si clair alors, si évidemment limpide, si régulièrement déduit de l' « arriération » des masses russes, de l' « encerclement impérialiste », des conséquences de la « guerre civile », qu'il en devient ordinaire, mécanique et presque *inévitable*. Je ne suis pas très sûr non plus que la complaisance de certains à rationaliser l'horreur nazie, à l'enchâsser dans une histoire ou une sociologie de l'ignoble, à la référer à telle « crise du capitalisme », telle « situation internationale » où elle baignerait tout entière comme un pâle conséquent à la source de ses antécédents, ne soit pas un des meilleurs moyens d'en diluer la spécificité, d'en réduire la brutalité, d'en noyer les teintes crues dans une pénombre rassurante d'occultes motivations et de sages déterminations qui, mieux parfois que l'oubli, finissent par la légitimer. Il n'est pas vrai, autrement dit, que la résistance au fascisme passe toujours par la « théorie » comme on le croit à gauche : théoriser pour théoriser, c'est prendre le risque d'une rhétorique qui, faisant mousse autour du mal, émousse ce qu'il y a de Mal dans le mal. Il n'est pas exact non plus que les staliniens mentent sur le Goulag, comme on s'imagine à droite : ils mentent de moins en moins, ils disent de plus en plus vrai, ils n'en finissent pas, à vrai dire, d'accumuler les vérités, — et il suffit d'un coup d'œil sur la bibliothèque stalinienne du stalinisme pour voir comment tant de fortes et fines thèses ne font que reculer le seuil de l'intolérable et rapprocher d'autant le seuil de l'acceptable [5]. Il est faux enfin que, comme on le dit partout, il faille, pour entendre quelque chose au totalitarisme, le rendre familier à l'œil et à l'oreille : si cette familiarité est parfois une victoire de la raison, c'est toujours une défaite absolue de l'esprit, qui rend sourd et aveugle à l'exceptionnel excès de barbarie. C'est peut-être là qu'elle commence cette « banalisation » dont parlait un jour une illustre déportée [6] : dans cet imperceptible mais inexorable glissement qui, donnant sens à ce qui n'en a pas, nous met toujours en péril de justifier l'injustifiable.

N'est-il pas cocasse, alors, de voir périodiquement revenir en Europe le spectre d'une imaginaire — et trop commode — « réhabilitation » du fascisme ? Si la leçon stoïco-marxienne est exacte, le vrai danger est peut-être en deçà, dans ce subtil et discret et innocent procès de langue qui, acclimatant l'infâme à l'ordre du discours, l'intègre simplement en un terrible discours d'ordre... Je veux bien, par exemple, que l'on entasse passionnément toutes les pièces du dossier d'un Drieu La Rochelle [7] : aussi loin qu'ira l'enquête, plus loin même elle fouillera, mieux elle accumulera les traits de caractère et de conjoncture, — et mieux elle butera sur l'irréductible apax d'innommable ignominie, et mieux elle échouera sur cet insondable saut qui, à conditions égales et « complexes » équivalents, a fait de celui-ci une canaille et de celui-là un résistant [8]. Je sais bien ce qu'il a d'aléatoire et de contingent ce saut : mais s'arrêter à cette contingence, en disperser le nœud, en recenser les fils, s'enivrer de son si banal mystère, c'est faire comme ces philosophes qui posaient qu'« on ne peut aimer le mal que parce qu'on le regarde pour le bien » et parce que des « causes occasionnelles » ont troublé la divine sûreté du jugement [9], — et c'est toujours, au bout du compte, excuser le crime, absoudre la volonté mauvaise, s'attendrir même parfois sur les gracieuses incertitudes d'un enragé qui reprochait à Doriot de n'être point... assez nazi [10]. Je ne dis pas qu'il ne soit pas intéressant d'analyser une perversion, de scruter l'incohérence d'un délire et d'en interpréter les symptômes : mais n'est pas analyste qui veut et le socratisme, lui, en revanche, est un peu le freudisme du pauvre, — qui, réduisant toute monstruosité à une étourderie, toute malignité à une involonté, tout égarement à une improbable affaire de famille, d'enfance ou de sexualité, fait mieux qu'excuser puisqu'il *gomme* cette fois le Mal, le rapporte à ce qu'il n'est pas, l'explique par un défaut d'être et, à la lettre, le nullifie. Erreur de ceux qui croient que, vu de loin, dans le recul diaphane du temps, le fasciste se dévoile mieux, purgé de ses zones d'ombre, d'irrationalisme et de passion : il n'y a pas de fasciste pour l'historien, plus de méchanceté pour le psychosociologue, toutes circonstances leur sont atténuantes et atténueront, par exemple, les bassesses antisémites — Drieu toujours — d'un écrivain, plutôt médiocre au demeurant. Erreur symétrique de ceux qui veulent que, vue de près, dans l'opaque intimité de sa démarche réelle, dans la sympathique épousaille de ses motifs concrets, cette bassesse s'entende mieux : chacun sait que, de près justement, le bourreau est un brave homme et, au box des accusés de Nuremberg, on aurait cherché en vain les stigmates du diable de la veille sous les traits émaciés de Göring, le visage apeuré de Rudolf Hess, la pauvre silhouette de Julius Streicher flottant dans ses dérisoires vêtements civils [11]. De près, de loin : il y a là une double et réciproque hallucination qui fait que donner sens c'est, paradoxalement, ne plus rien voir du tout et prendre, sinon le parti, du moins le *point de vue* du meurtre légitimé.

D'une manière plus générale, et dans l'ordre cette fois de la phénoménologie la plus triviale, c'est prendre le point de vue de la Mort : le point de vue du mort sur le vif. Sait-on bien ce qu'il signifie, en effet, le thème tout simple et tout innocent qui veut que l'on donne, comme on dit, « un sens à son existence » ? L'argument est implacable qui, de Socrate encore à Plutarque, atteste que ce n'est qu'à la « dernière heure », dans la lumière réfléchie de l'abîme, que toute la poussière d'actions, de passions et d'épreuves qui ébruitèrent le cours d'une existence, peut enfin s'organiser en une constellation rétroactive et se composer, au bord du sépulcre, un visage de cohérence et de claire signification. Imagine-t-on un sens *dans* la vie, au cœur même du cours de la vie ? la formule est contradictoire, comme l'a fort bien compris un Benjamin Constant épiant sur les lèvres d'une maîtresse à l'agonie le décisif « mot de la fin » qui suffira à magnifier l'absurde cacophonie de ses vaines paroles de vivante, — ou un Chateaubriand prêtant à Rancé cette funèbre réflexion que « ce qu'on est à l'instant de la mort, on l'est pour toujours [12] » et que ce qu'on fut, réciproquement, dans le chaos des instants qui précédèrent ne vaut que rapporté à cette instance de l'atroce et dernier jugement. Peut-on bâtir une éthique, une attitude de résistance, sur cette superstition du sens ? l'idée même est absurde, impertinente à un temps qui fait de l'homme un fantôme perpétuel, dépossédé de son présent, hanté par un désastre qui devient l'unique affaire d'une odyssée dérisoire, empressée de se dénouer, ensorcelée déjà par l'écho de rebours de la débâcle finale : et c'est ainsi qu'un Malraux, posant comme Rancé que la mort « transforme la vie en destin », n'a jamais pu mettre en scène que des silhouettes funéraires, saisies par le roman à la veille de leur anéantissement, se hâtant d'un pas gourd vers la fosse qui les attend, — loin donc des humaines tâches de la condition des hommes, étrangers à ces humbles soucis qui font les morales du quotidien. Je ne dénie bien entendu pas au malrucisme sa grandeur : mais, dans la trouble « ardeur » de ses personnages de purgatoire, voués à une gloire posthume et presque surhumaine, « frénétiquement à l'affût » comme dit Scali à Alvear — je vois aussi la tentation d'une anti-éthique qui, héritée de Nietzsche ou de D'Annunzio, n'est parfois pas bien loin de quelques-unes des plus sombres mythologies du siècle. Peu importe, à la limite, que cette conception soit vraie ou erronée : car, ce dont je suis sûr, c'est qu'elle est vraie seulement du point de vue du fossoyeur qui, lisant toute biographie comme une nécrologie, ne chante l'aventure humaine qu'au son du glas des trépassés. J'ignore si, oui ou non, la mort « rend irrémédiable tout ce qui l'a précédée [13] » : mais je sais qu'il y a là, dans ce romantisme de la finalité, le tour d'un humanisme athée qui, affamé de transcendance, reporte sur l'idole de mort tous les attributs ruinés du dieu mort. Là encore, autrement dit, et même si le Sens n'a plus tout à fait le même sens, c'est la même machine qui tourne et qui, après avoir prêché le silence, enseigné la résignation, légitimé le meurtre, — enferme maintenant les simples gens dans une conception « tragique » du monde qui ne les arme pas bien mieux contre la réalité du malheur.

Alors ? Alors, moi je dis l'inverse. Je dis qu'il faut inverser toutes ces filières spontanées. Je dis qu'il faut casser, démanteler la machine à sens. Je prétends qu'il n'est de solution, de méthode de résistance, que dans une mutinerie de l'insensé, un luddisme ontologique qui saura, un à un, dissiper ces mirages de cohérence... Ainsi de la mort. Il n'est pas vrai d'abord, il ne *doit* pas être vrai qu'elle ait la moindre valeur ni la moindre dignité ; loin d'être cette fortune, ce lot inestimable qu'il me faudrait chérir, accommoder, préméditer, elle n'est rien qu'haïssable et difficultueuse déroute, pauvre foire aux damnés beaucoup plus qu'aux martyrs, implosion d'indigence et échec sans noblesse ; et s'il est exact que, d'une certaine manière, on meure le plus souvent à hauteur de ce qu'on a vécu, je sais bien que je mourrai bas, sans l'ombre d'un éclat, sans l'once d'une rédemption, comme l'ont si bien compris, de Swann à Meursault, de Jacques Thibault au Boris de Gide, tous ces condamnés de hasard qui peuplent la littérature moderne. Il n'est pas davantage vrai qu'elle ait ce pouvoir qu'on lui prête de triompher d'une existence et de la transfigurer ; apogée d'absurdité et abîme de démence, comble de franche horreur et lacune de toute vérité, elle la ruine plus qu'elle ne la statufie, elle en brouille le dessin plus qu'elle n'en sanctifie les traits ; et s'il est exact encore qu'au sens strict elle l'achève et qu'elle en est le « but », c'est un but dont la vanité même ne peut, comme le dit admirablement Jankélévitch[14], qu'achever de lui ôter, par contamination rétroactive, les maigres bribes de sens dont il lui arrivait, vive, de se payer d'illusion ; oui, étrange finalité que celle de cette fin de néant, de cette infinie borne de « vent », comme dit l'Ecclésiaste[15], qui n'en finira plus jamais de faire de tout mon parcours, et pour l'éternité, une marche sans terme et un égarement vagabond. Et ce qui est vrai, en revanche, beaucoup plus probablement, c'est la leçon du vieux Job quand il voit, au lieu d'un signifiant divin dont des « êtres pour la mort » attendaient paisiblement le verdict, une profondeur invisible et cryptique, une obsédante saillie d'horreur qui s'acharne, de leur vivant même, à ébouler, « démolir de toutes parts », envahir de « ténèbres » et de « pourriture » les vaines guérites que, sur les « sentiers » du temps, des « êtres contre la mort » s'emploient à élever[16]. Positivité sans dieu, négativité sans téléologie, ma mort n'est pas tragique mais atroce : rapportée à ce qui l'a précédée, elle le rend insensé et non irrémédiable.

C'est ce même entrelacs de positivité muette et de négativité aveugle qu'on retrouve dans l' « autre » mort, celle de la violence infligée. L'histoire d'Abel et de Caïn, du meurtre originel tel que le conte la Bible [17], est à cet égard tout à fait exemplaire. Ce crime a-t-il un « sens » dont un inventaire de conditions, une saturation de circonstances suffirait à rendre compte pour en atténuer l'horreur ? Ce qui frappe, dans le texte biblique, c'est que tout semble se jouer dans l'intervalle d'un instant, dans un bref et ponctuel coup de foudre, dans un temps contracté et comme incandescent : nul ne saura jamais ce que Caïn pensa de la parole de Yahvé [18] ; nul non plus ce qui le « motiva » à se lever contre Abel [19] ; tout ce qu'on sait, tout ce qu'on entend, c'est l'abrupt « il le tua [20] », cet inexpliquable passage à l'acte sans véritable passage, cet incalculable pas sans passé ni procès, ce presque rien de catastrophe d'où c'est l'idée même de « circonstance » qui est explicitement balayée. Est-il motivé alors, « responsable » dirions-nous, et est-ce bien « volontairement » que Caïn sombre en méchanceté ? Oui bien sûr, dit encore le chroniqueur, qui précise que Dieu avait « prévenu » l'homme [21] ; qu'il lui avait montré le monstre tapi tout près de lui ; qu'il aurait donc pu « bien agir », « dominer » l'« élan » du mal et puis s'en relever [22] ; et que, s'il ne l'a pas fait, ce n'est donc pas étourdiment, mais en vertu d'un choix vicieux, d'une option de perversion, d'un trop-plein de mauvais vouloir, — qui seul rend possible le châtiment personnel, repérable au « signe » qui lui est apposé au front qui le poursuivra tout le temps de son errance [23]. D'un côté donc, la faute n'est pas vraiment *dans* l'Être, elle ne fait pas ordre avec son ordre, elle ne saurait se réduire à aucune « explication » : et c'est ce que confirmeront les Prophètes quand ils reprendront, pour la nommer, le lexique de la négation — du « manquement », de la « déviation », de l' « égarement [24] ». De l'autre, au contraire, elle est bel et bien *de* l'Être, elle fait désordre de son ordre, au point que le sol lui-même a dû « ouvrir sa bouche » et se rebeller contre le rebelle [25] : et c'est ce qui explique que, si méfiante d'habitude à l'égard du vocabulaire d'idolâtrie, la Bible reprenne constamment pour la désigner, et au-delà encore du simple épisode de Caïn, les images positives de la démonologie — « débauche », « graisse » autour du cœur, « rut » de l'animal[26]... *De* l'être sans *y* être, *en* être mais en être *mal,* s'y *poser* sans s'y *composer :* tel est le statut du crime selon les Juifs qu'à égale distance de la méprise socratique et de la souillure tragique, il ne se peut mieux penser que comme fente dans les choses, déchirure dans leur trame, béance dans leur plein, immense mais incommensurable *Mal.* Et c'est cela, alors, le « péché » : un dense mais insensé trou d'Être. Et c'est cela le pécheur : un homme qui a un « cœur » mais qui, selon les textes, le porte du « mauvais côté[27] ». Et c'est cela qu'en toute rigueur il faut poser, contre les beaux esprits qui « rendent compte » du délire d'un Dieu et de ses semblables : pesant dans le monde de tout son poids de néant, *ce type de meurtre-là n'existe irréductiblement qu'autant qu'il est dénué de la moindre signification.*

Ainsi s'explique que si l'Ancien Testament est, à coup sûr, le plus magnifique livre de morale jamais façonné de tête d'homme, l'idée moderne d'une « psychosociologie » de l'ignoble lui est beaucoup plus étrangère. S'il bruit, tout au long, de la grande clameur du Juste vitupérant l'Infâme, on y chercherait en vain le fin ramage du savant et ses abyssales représentations de l'âme pécheuse dont un Paul ou un Augustin enrichiront la Chrétienté. Jamais on n'aura tant regardé l'horreur en face ni si fiévreusement prophétisé contre, et jamais on n'en aura été si loin non plus, si rétif à la totaliser, si entêté à ne point réfléchir sur. Ezéchiel et Jérémie ne doutaient pas qu'un prophète soit toujours, comme le voudra d'ailleurs la légende, un prophète de malheur, prenant le malheur de front, lisant son désordre comme tel, sans jamais chercher à le réduire ou à le badigeonner de simulacre. Le mosaïsme tout entier n'est rien peut-être que cette paradoxale exigence de lucidité qui, refusant les effets de sens dont on a vu le ravage, enseigne sinon le discord, du moins la discontiguïté de l'impératif éthique de vérité et de ce que, après les Grecs, on appelle la « volonté de savoir »... Paradoxe ? peut-être, mais c'est très précisément celui qui hante la psychanalyse freudienne, son interminable procès, sa critique du semblant et l'implacable traque à quoi elle soumet le fantasme et le délire d'harmonie. Obscurantisme ? si l'on veut, mais je rappelle tout de même que c'est à cet obscurantisme-là que *l'Archipel du Goulag* a puisé sa ressource, sa charge déflagratrice, son pouvoir de conviction et presque de révélation : on ne rappellera jamais assez que Soljenitsyne est un artiste, point un théoricien, — et que cet artiste est un prophète qui, renonçant enfin à établir une énième et décisive « interprétation » des camps, choisit de les montrer, d'en ressasser l'atroce, d'en rabâcher l'absurde, et d'en dire, d'en énoncer simplement l'insensée litanie [28]. Illusion alors ? oui, certainement oui, mais à condition d'ajouter que cette illusion est le meilleur des contre-feux à la double hallucination rhétorique de tout à l'heure qui, mettant l'horreur en ordre, l'inscrit dans l'Ordre du Bien ; et que c'est probablement dans les fictions, les « illusions » de l'art contemporain qu'on trouve le discours le plus « vrai », le plus clairvoyant, le plus prophétique encore, dans toutes les acceptions du mot, sur ce que j'appelais ailleurs la « barbarie à visage humain ». Quel expert dira mieux que Kafka la sèche et livide et grisâtre angoisse de l'homme contemporain ? quel docte sismologue ira plus loin que Joyce et le monologue de Molly Bloom dans le pur et lucide constat de l'acosmie du monde ? n'y a-t-il pas davantage dans le style haché de Dos Passos, dans l'interminable interruption de *Manhattan Transfer* que dans la plupart des traités sur la misère industrielle ? et c'est encore un écrivain, Philippe Sollers, qui nous montre aujourd'hui les voix sans visage et les choses en leur tohu-bohu, dans cet enfer de langue qu'il a l'audace — l'ironie — de baptiser *Paradis*...

Il ne reste plus grand-chose, à ce point, de la machine à sens et de l'éminent pouvoir qu'elle conférait aux Maîtres sur la souffrance des humbles. Il ne reste, en fait, qu'à en disloquer les quatre coins et à les faire pivoter sur leur axe de désolation... A l'économiste leibnizien, on opposera que peu importe le « tableau » et l'ordre dont il crédite les singulières taches de misère ; et on ajoutera que, parce qu'elle n'est rien, justement, cette misère, qu'absolu et forcené non-sens, un seul homme qui souffre suffit, à la limite, à prouver que toute harmonie chavire et sombre dans la confusion. Aux statisticiens modernes, qu'il n'y a pas de nom ni de titre, point d'espèce ni de site pour dire et classer le malheur ; mais que c'est ce malheur qui, à l'inverse, par le simple fait qu'il est, dément la pertinence des sciences, avère le point où elles défaillent et bégaient le « on » dérisoire d'une indisante grammaire. Au chimiste hégélien, nécrophage de fraîche douleur, que cette douleur n'est le lieu d'aucune sorte de sainteté, de miracle, de dialectique ; mais qu'au camp de la mort ou au taudis de la faim, le seul discours adéquat devrait être celui de la damnation, de l'infirmité planétaire, d'une informe déraison, gagnant de proche en proche les étiages et les crues d'une Création soudain frappée d'une inexplicable fausseté. A l'opticien cartésien, et à ses molles leçons de sagesse, que ce qui « troublait » les hommes, ce n'était pas le regard mais les choses, la lecture mais le texte, car c'est le texte même des choses qui est fondamentalement obscur, à jamais indéchiffrable, gavé de barbarismes, ivre de barbarie, plus louche en son opacité que le mauvais œil des simples en son immédiateté. Aux uns et aux autres donc, que la souffrance n'est pas une matière première servile qui peinerait clandestinement au profit de somptueuses ordonnances chuchotées dans la coulisse, — mais que c'est l'hypothèse même de cette ordonnance, de ce chuchotement, de cette coulisse, qui apparaît en sa vanité dès lors qu'on la considère sous l'angle de la déréliction... Preuve de non-ontologie : je souffre donc le monde n'est pas, il n'est pas vraiment le monde mais un immonde capharnaüm. Malin génie : l'harmonie n'est pas de ce monde, elle n'est même pas vraiment en désordre, mais c'est l'idée même d'ordre qui, comme telle, est un fantasme indigne et assassin. Renversement : si l'on convient d'appeler « tragique » la conception des choses qui dit la pénible dramaturgie du Mal mué en Bien, et « pessimiste » celle qui conte la simple et brute pénibilité d'être homme, homme voué au Mal, à un Mal intotalisable, alors il faut conclure, contre l'air du temps une fois de plus, que le Tragique est l'élément même de l'oppression et le pessimisme, peut-être, le point de vue de l'opprimé...

Car il ne s'agit plus seulement, à présent, de la dialectique du sens et du non-sens. On accoste insensiblement, là, aux bords d'une autre thématique, de plus ancienne mémoire, qui nous vient des théologiens au titre du « mal radical »... Que dit, au juste, la Genèse dans le récit fameux qu'elle consacre à l'épisode adamique et au péché originel ? Ce qui me frappe, dans ce texte, c'est qu'il semble intégralement organisé pour disqualifier les notions d'Innocence, de Chute et d'Histoire que la plupart des commentaires classiques n'ont cessé d'y plaquer. L'innocence ? On n'a pas assez remarqué [29] ce fait tout de même troublant que c'est à l'aube du sixième jour, dans la sérénité du jardin d'Eden, alors qu'Eve n'est pas encore venue au monde, avant que la funeste concupiscence ne soit venue troubler l'homme, avant que ne l'envahisse donc le sentiment de la faute, qu'Adam reçoit du ciel l'avertissement fatidique et qu'un « ordre est donné à l'homme » pour le plier à l'Interdit [30]. Un Interdit *dès* l'état de nature, un inexplicable tabou à l'heure du paradis terrestre, un commandement divin avant la culpabilité : cela veut dire en clair qu'il n'est point d'Innocence qui ne soit d'emblée marquée, gâtée par une Loi fondamentale, posée *dans l'origine* et à l'orée de tout péché. L'Histoire ? Si l'auteur du récit a cru bon de faire intervenir dans son scénario ce mystérieux « serpent [31] » dont la dramaturgie d'ensemble se fût fort bien passée ; si, au lieu d'en faire une machine introduite inopinément, pour de banales raisons d'intrigue, il a tenu à le présenter comme une *créature divine*, fabriquée par Yahvé en personne, en un geste fabuleux sur quoi le chapitre précédent s'est longuement attardé [32] ; s'il a pris enfin le risque, avec ce hideux reptile formé « du sol et retourné au sol [33] », de ressusciter l'un de ces vieux démons chthoniens que le judaïsme, on l'a vu, n'a pas cessé de chasser de son imaginaire ; si le serpent est là, donc, avec tant d'évidence et d'insistance, c'est peut-être pour signifier que le Mal qu'il incarne est là aussi, toujours là, déjà là, toujours-déjà présent avant même de survenir ; c'est qu'à la lettre, ce Mal « créé » avant l'homme n'a pas d'histoire, qu'il n'est pas histoire ni avènement, mais tradition et éternité... La Chute enfin ? Il faudrait, pour qu'il chute, qu'Adam eût été haut et que le péché lui fût venu par accident et du dehors : or il est difficile de ne pas voir dans l'étrange ronde de la « disculpation[34] » qui lui fait reporter sur Eve, et Eve sur la bête, la responsabilité du crime, un extraordinaire aveu de culpabilité, nous dirions aujourd'hui de mauvaise conscience où il apparaît que le démon n'était rien qu'une version, une dimension, une *tentation* de l'intériorité, vouée et comme pentue dans cette tradition du Mal. Il faudrait pour qu'*il y ait* chute qu'il y ait véritablement événement, passage de l'avant à l'après, défilé du non et du oui : or, une fois de plus, comme dans l'histoire d'Abel et de Caïn, l'événement est si bref, l'intervalle si foudroyant, le passage si anodin et presque imperceptible, qu'il donne le sentiment d'une uchronie ponctuelle, d'un pli plus que d'un pas, d'une aveuglante « surimpression » où la faute ne succède pas à la pureté mais, dans l'instant, la perd[35]. Le péché originel n'a, à la lettre, pas d'origine. Le mal n'*arrive* pas, il est en deçà et en amont de tout surgissement. « Mal radical » désigne cette énigme, cet incroyable paradoxe, ce cercle satanique, à la limite de toute pensée, et que donne à penser la Bible, pourtant, par la grâce de sa parabole : une horreur qui se confond avec la genèse même du monde.

De là cet autre paradoxe qui parcourt, lui, tous les textes prophétiques et concerne l'étrange, l'ambivalente représentation que se font les Hébreux de ce Dieu de l'Interdit. D'un côté en effet, c'est un seigneur de toute-puissance qui ordonne à Jérémie par exemple de « prendre de ses mains » la « coupe du vin de la fureur » dont il abreuvera « toutes les nations[36] » ; qui annonce à

Amos « la fin du peuple d'Israël » et le deuil de la terre elle-même, destinée à la « dévastation[37] » ; qu'on voit brandir chez Isaïe « sa grande et longue et forte épée » pour en pourfendre les justes autant que les coupables[38] ; — c'est l'arrogant, le cruel, le méchant, le mortifère « Yahvé des Armées », maître d'holocauste et augure de désastres qui se révèle à son peuple dans le traumatisme effroyable d'une promesse de cataclysmes[39]. De l'autre au contraire, c'est un Sujet de toute-faiblesse, un Prince aux yeux de douleur, qu'on voit chez Isaïe encore cultiver une vigne rebelle qui, malgré les soins prodigués, ne parvient pas à pousser[40] ; un étranger sur la terre, à bout de souffle, dit Michée, incapable de « faire du bien », et « déshonoré » par de faux prophètes qui moquent son invalidité[41] ; un infirme justement, sourd à la plainte des hommes, impuissant, dit Habacuc, à entendre l'appel au secours qu'ils lui adressent du fond de leur caverne[42] ; — c'est l'humble, le pitoyable, l'apitoyé Adonaï d'Exil, qu'on verra, dans le folklore yiddish moderne, emplir une coupe percée, éternellement percée, avec les larmes qu'il verse sur le malheur d'Israël. Est-il bon, est-il mauvais ? Bénévole ou malveillant ? La question n'est pas là mais, au-delà, dans le double impératif de combattre tantôt sur le front de la tentation païenne, — celle de Platon par exemple imaginant un Dieu « retiré dans la guérite du gué » et laissant le Mal le supplanter, s'implanter à sa place, occuper le défaut d'Être qu'il creuse en sa retraite[43] : le coup de génie du judaïsme est d'y opposer l'idée d'un Dieu omniprésent, faisant et posant le Mal, recouvrant de son corps divin sa place de malédiction, la générant même, cette place, en une positive plénitude qui devient paradoxalement, non pas le démenti, mais la meilleure preuve de son existence[44]. Tantôt, à l'inverse, sur le front de ce qui sera bientôt la tentation chrétienne, — celle qui, d'Augustin à Malebranche, laisse espérer un monde délivré de la chute par le triple jeu de la Pénitence, de la Rétribution, et de la Providence[45] : et le second coup de force biblique est d'y opposer, comme par avance, le sceau d'un dieu vassal, agi plus qu'acteur, débordé, excédé, transgressé par le libre cours d'un Mal dont il est l'obligé et la première victime [46]. Dans les deux cas, autrement dit, ce qui apparaît là, frappé au double écu du heaume d'Élohim, au croisement de ses deux visages qui se regardent et se répondent, c'est cette unique et identique intuition que le monde ploie sous la loi du Mal et que le Mal, en retour, est l'autre nom du Monde. Et « radical » signifie cette fois-ci : non plus seulement l'origine et la genèse, mais l'horizon et l'avenir des choses ; cette marque d'Impossible, un freudien dirait de « Maîtrise », qui fait éternellement obstacle à la paranoïa totalisante des hommes et dont l'étrange fiction de l'impotente omnipotence divine porte, ainsi, gage et témoignage.

On comprend mieux, alors, la véritable portée du crime d'Adam et d'Ève et la nature de l'Interdit qu'au septième jour ils ont violé. Rien à voir avec un crime de sacrilège, une offense à la divinité de Dieu, puisque ce n'est que plus tard, après la naissance de Seth, que l'idée en sera concevable et qu'on commencera, dit la Bible, d'« invoquer le nom de Yahvé [47] ». Aucun rapport non plus avec une violence criminelle, une injure à l'humanité de l'Homme puisque c'est plus tard encore, au moins avec Caïn, au pire après la naissance d'Énoch, que cette idée d'humanité prend forme et, avec elle, le crime [48]. Pas davantage de trace d'une irruption du Mal comme tel puisque, je viens de le dire, c'est infiniment plus tôt cette fois, en amont de toute historicité, qu'apparaît sa tradition... Non, ce qui advient là en réalité, la seule chose qui y survienne vraiment, la seule qui pouvait faire Histoire en cette heure raréfiée du premier péché du monde, c'est peut-être le contraire justement, l'inverse de ce qu'on dit toujours : non pas la découverte, mais le déni plutôt, le recouvrement, la luciférienne rature, le propre *désaveu,* du Mal et de cet Impossible que signifie le monothéisme... Car enfin, n'est-ce pas *ignorance* qu'elle s'appelle cette « science » du bien et du mal que le serpent susurrait à Ève et dont les Prophètes sauront la formidable machine à sens qui, la sous-tendant, l'abuse et lui fait toujours dialectiser ce qu'il faudrait démarquer ? Tout le verset 6, celui de la tentation proprement dite, n'est-il pas la chronique d'une bévue et d'une *illusion*, — de l'opiniâtre naïveté qui consiste à trouver « bon à manger », « agréable aux yeux », « plaisant à contempler », un fruit dont il est écrit pourtant qu'il est de malédiction ? Face à cette passion, cette volonté — car il s'agit bien d'une volonté — de méconnaître la malignité d'un arbre qui était pourtant là, « au milieu du jardin », ne faut-il pas conclure que c'est bel et bien *par innocence* qu'Adam sombre en méchanceté et non point, comme on le croit d'habitude, *par méchanceté* qu'il a chuté de son innocence ? Telle serait alors la plus claire leçon du passage : s'il est exact qu'il y a du Mal et que ce Mal ploie les choses à sa Loi, le plus grand crime humain, le premier crime des hommes en tout cas, consiste à le dénéguer, — et Isaïe dira qu'il n'est pas de plus grand malheur que de « dire pour ce qui est mal, bien[49] ». Mieux, tel est le travail même du texte qu'il oblige à une duplication du Nom où l'on voit le mal — entendu au sens de « péché » — provenir de la forclusion du Mal — entendu au sens de « Mal radical ». Le lecteur apprendra vite ce que coûte de calamités, ou plus exactement de « Déluge », une confusion de cette ampleur. La modernité non plus n'a pas manqué de nous le rappeler à l'âge d'un totalitarisme dont les fantasmes les plus barbares semblent parfois se ressourcer à l'antique épisode adamique. N'est-ce pas dans la bouche d'Adolf Hitler que nous est revenue, en plein XXe siècle, la sinistre tentation reptilienne d'« être comme des dieux » ? dans la tête des Cambodgiens, le déni délirant de la triple fatalité du sexe, de la mort et du travail qui était imposée au sujet après la faute, en rappel de sa finitude ? dans la cervelle de Vladimir Ilitch et de ses épigones, le rêve d'une « société sans classes », parfaitement transparente à elle-même, où tout arbre, fût-il concentrationnaire, est « agréable aux yeux » ? en un mot, dans l'histoire générale du fascisme, la volonté eschatologique d'effacer, d'*oublier* cette trace obsédante du mal où butait déjà le premier homme.

Mais on devine aussi, pour finir, comment le refus d'oublier, la rage de reconnaître, la passion de lucidité, sont et seront symétriquement les conditions a priori de la Résistance... C'est bien, en effet, parce qu'il y a du Mal et que ce Mal est insoluble qu'il reste à s'y opposer, à le contrarier, à le chicaner en une insurrection de l'âme qui ne connaît plus de raisons que celles de l'intolérable. C'est bien, comme dit le Deutéronome, parce que « le pauvre ne disparaîtra pas » de la surface de la terre [50] et que nulle solution finale d'Histoire jamais ne viendra à bout de cette infinie pauvreté, qu'il faut ici et maintenant, sans plus attendre, dans l'urgence et l'imminence, s'y opposer pied à pied. L'éternisation du Mal et de cette poussière de souffrance qui en est le chiffre vivant, ne forclot pas l'esprit de révolte, mais le libère au contraire, en justifie le geste, en éternise la voix, — dont aucun messie profane ne saurait plus désormais gérer ni régir l'irréductible protestation. On n'a jamais « raison », autrement dit, de résister, — de cette « raison », de ces « raisons » qui ne font jamais que maquiller la déraison du monde. Et c'est contre ces « raisons »-là, d'abord, que les hommes se révoltent quand, las d'être dépossédés de leur misère autant que de leurs maigres richesses [51], ils décident de se dresser pour qu'il y ait, en ce monde, un peu moins, simplement, de pauvreté métaphysique et matérielle...

Il y a là un paradoxe qui troublait fort les théologiens chrétiens et qui leur faisait dire en substance que, la moralité absolue exigeant une liberté absolue et cette liberté absolue la possibilité de l'immoralité, il n'est pas de moralité qui ne suppose et implique, mieux que le risque, la nécessité d'un monde absolument immoral. Il y a là un cercle encore dont les Prophètes et les rabbins talmudiques éprouvaient déjà le rouet quand ils faisaient de l'Homme le propre Associé du Seigneur, collaborant avec lui, en un face-à-face elliptique, dans le grand œuvre d'une Création perpétuellement remise sur le métier mais *jamais réellement achevée*. Et c'est pourquoi, enfin, aux deux représentations de la divinité qui se croisaient tout à l'heure, la Bible en ajoute, en greffe une troisième, au moins aussi insistante, où Yahvé des Armées ou de Miséricorde apparaît maintenant comme un « refuge », une « citadelle », un « bouclier », une « forteresse », et surtout un « *Rocher*[52] » : autant de signifiants pour dire que Cela qui est, fait, veut et parfois subit le Mal n'en est pas moins un môle où *simultanément* s'adosse la possibilité de le refuser.

3

AINSI PARLAIENT LES PIERRES

Le refuser de quelle manière ? Au nom de quoi et de qui ? Par quel miracle et mystère ? Comment résister à un Mal qu'on a dit si « radical » ? On va très vite le comprendre en filant méthodiquement cette métaphore du « Rocher ». En la suivant à la trace de ses occurrences textuelles. En la mettant au travail des grands concepts de l'Éthique monothéiste. Car cette image énigmatique, étrangement absente de la plupart des commentaires traditionnels, presque toujours traitée comme une insignifiante cheville de rhétorique, mais étonnamment insistante, pourtant, dans la littérature biblique elle-même, — a peut-être plus de sens et d'importance qu'on a bien voulu le croire…

Qu'est-ce donc que ce « Rocher » ? En quoi, pourquoi fait-il roc ce gîte de minéralité ? La première réponse, c'est Isaïe, une fois de plus, qui la suggère. Nous sommes aux premières lignes du chapitre cinquante et un. Au croisement des deux cycles post-exiliques qui composent la fin du recueil. Au lendemain de l'avènement de Cyrus dont Esdras et Daniel chanteront la bonne nouvelle [1]. Et que dit alors le Prophète, en cette heure de gloire et d'allégresse ? Il dit ceci d'abord, — que « rechercher Yahvé », c'est chercher effectivement, très concrètement une pierre, une vraie et vive meulière, une riche et authentique carrière où, tel un visage dans le plâtre, j'ai été proprement « engendré [2] ». Ce Dieu, étrangement, n'est pas encore le « potier » de Jérémie et des Lamentations qui « façonnera » l' « or fin » de l' « argile humaine[3] ». C'est Lui-même qui est l' « or fin », la concrète et pâteuse « argile », l'artisan étréci, confondu à son objet et à la masse *dans laquelle,* dit le texte, « nous avons été taillés[4] ». Le seul énoncé de son nom suffit à pulvériser le schéma classique d'un engendrement bipolaire, à double causalité où le Principe féconde une Substance qui l'attend, au-dehors, « comme la femelle désire le mâle[5] ». Il n'y a plus de dehors, en fait, plus d'extériorité substantielle du tout, dont ce Dieu mystérieux ne fasse un non-lieu, une creuse et vaine béance, d'où il a fallu, précise-t-il, que nous fussions « tirés » pour être ensuite « taillés[6] ». C'en est fini de la matrice, de la mère féconde et généreuse dont tous les polythéismes, toutes les philosophies, toutes les sciences aussi, nous disent la patiente et frémissante « puissance » : face à ce « Rocher », il n'est de « mère » que stérile, interdite de germination, littéralement improductive, — et c'est le sens, un peu plus bas, de l'évocation du nom de « Sarah[7] ». Finie également l'idée d'un matériau, d'une matière distincte et fertile où s'imprimerait une Forme, porteuse d'ordre et de sens : la matière, dit exactement Isaïe, attire moins la forme qu'elle ne s'en « tire », l'expulse, la rejette hors de sa « cavité », de son ingrate « fosse » de néant[8] : et l'étymologie de cette « fosse » atteste sa connivence avec l'essentielle aridité de la « femelle » matricielle[9]. Il n'est pas de sol ni de terre non plus qui, happés dans le génitif et l'androgynie célestes, ne deviennent natures mortes, mortelles et mortifères : la nature, continue le verset 3, c'est toujours la « ruine » le « désert », la « steppe[10] », — rémanences honteuses et tardives de cette poussière où, jadis, aux premiers jours du monde, étaient pêle-mêle puisés, en un insoutenable chaos, humains et animaux, « serpents » et « innocents » [11]. La terre, la matière et la mère : que Dieu soit un « Rocher », cela veut dire qu'aux troubles séductions d'un triple *matérialisme,* le monothéisme oppose un « regard », un « espoir » vers le « ciel », une conception de l'homme, de son géniteur et de sa lignée qu'on pourrait appeler un *patérialisme* conséquent[12]. Pour être tout à fait clair : c'est, *aujourd'hui,* le meilleur des antidotes au fantasme central de tous les fascismes réels : le fantasme d'une « Race » née, disait Hitler, de la « Nature » et de la « Mère », sans intervention des œuvres du « Père », au terme d'une monstrueuse et « sanglante » parthénogenèse [13]...

De ce partage, de cette ligne de clivage fondamentale, on trouvait déjà des illustrations, dès les premiers livres du Pentateuque. C'est ainsi par exemple que s'explique, en dernier ressort, la faute d'Adam : noyé « dans le flot » matériel qui « montait alors de la terre » et « arrosait toute sa surface [14] », il n'était encore que débile et piteux fils « naturel », enfant de la zone du bas, où grouille l'horreur des choses, incapable de « regarder », de « reconnaître » le principe du haut [15], en un mot, la parfaite incarnation du « malheureux » décrit aux dernières lignes du chapitre [16], qui a « rendu son dos pareil au sol » et à « une rue pour les passants ». On comprend mieux, aussi, pourquoi le premier dialogue d'hommes dont la Bible ait conservé la trace, est aussi le premier cas de violence dont elle consigne la mémoire : c'est que la naissance des deux frères « enfantés » par la « femme », avec la simple « grâce » de Yahvé [17], s'inscrivait sur le terrain de la fécondité à double entrée ; que la fonction même des protagonistes, « pasteur » d'un côté, « cultivateur » de l'autre [18], figurait symboliquement cette fatale misère des origines ; et il n'était pas jusqu'à la littéralité de leurs patronymes — « Caïn » signifie l' « acquis » d'un sol et « Abel », au contraire, le « souffle » immatériel [19] — qui, à bien y regarder, ne désignât déjà, ne *creusât* peut-être, tout le ruineux écart de la scission matérialiste. Il est clair, à l'inverse, que si le second dialogue biblique, cette autre rencontre de frères, qui opposera un peu plus tard Esaü et son puîné Jacob, ne dégénère plus, malgré son extrême violence, en affrontement physique, c'est que les temps ont changé et que l'horizon a basculé ; l'heure y est à des mères vénérables, qui, à la différence d'Ève, « conçoivent » sans « enfanter [20] », accouchent dans la stérilité, s'indignent parfois, comme Rébecca [21], de leur incompréhensible fortune et, attribuant au Seigneur toute la gloire de leur ventre, ont d'ores et déjà consommé la divine rupture. Et ce qui est sûr, alors, c'est que si la question du fratricide est la première — peut-être la plus décisive — des questions métaphysiques qui se soient d'emblée posées à la conscience prophétique, si cette question advient d'autre part dans le traumatisme de la fraternité ratée, avortée, prématurée, tenant à un fil si mince qu'il fallut un seul instant, on l'a vu, pour qu'un geste foudroyant le tranchât, — la seule manière concrète d'y apporter réponse, de remédier à la catastrophe, de conjurer sa possible et menaçante répétition, est d'établir cet axiome qu'on ne respecte jamais le « frère » qu'en y reconnaissant le « Père » : et c'est la leçon du vieil Isaac, aveugle certes, mais pas si dupe qu'on croit du manège de la « Mère » quand, dans l'épisode fameux [22], il bénit tour à tour et réconcilie sur son Nom de *Père* l' « homme de la campagne » et l' « homme des tentes [23] »... Ce n'est pas un hasard, du coup, si l'image de rocaille est expressément associée dans le texte d'Isaïe à la perspective « imminente » de la fin de l' « oppression [24] ». Si, dans les Psaumes, elle assure celui qui s'y adosse d'être « délivré » de ses « ennemis [25] ». Si Samuel, en son second livre, constate, plus directement encore, qu'elle « le sauve de la violence [26] ». Dieu est un « Rocher », et ce Rocher « engendre » l'homme, cela veut dire deuxièmement qu'il est le pic où s'ancre — en terre de Loi, de Droit, nous dirions simplement de Rationalité — le commandement de ne point tuer autrui.

On comprend encore, à partir de là, pourquoi on fera régulièrement fausse route à chercher dans la Bible je ne sais quels regrets ou postulation de paradis perdus. L'attention qu'exige Isaïe « des peuples et des peuplades [27] » est juste l'inverse de ces nostalgies obscures dont s'enchantent aujourd'hui nos apôtres d'archaïsme : l'archaïsme, d'Adam à Isaïe, c'est chaque fois, sans ambiguïté, la pure figure de l'horreur ; et c'est de cette horreur-là, justement, que l'homme a dû se dégager pour réellement s'hominiser. Contresens total de voir dans son « regard vers le haut » un clin d'œil en arrière ou un retour aux sources puisque l'arrière est, par définition, le lieu des matrices et des matières ; que ce sont les sources mêmes qui sont naturellement empoisonnées : qu'il parle, dès le verset 5, de les étancher, d' « assécher les eaux du grand abîme[28] », — et Nahum, après lui, de « faire tarir tous les fleuves[29] ». Absurde de dire que le malheur viendrait d'une perte ou d'un oubli de l' « Origine » puisqu'il advient toujours, au contraire, dans le sillage de son regain, de la rechute de l'Origine et que tout l'effort des Prophètes est d'y faire obstacle précisément, d'en barrer, d'en endiguer la crue, d'en refouler toujours plus bas, plus profond, dans la mémoire des hommes, la trace compulsive et sanglante. Ils vont si loin, d'ailleurs, dans ce sens, que leurs oracles fourmillent d'épisodes stupéfiants où l'on voit le Tout-Puissant abjurer sa Création et ses créatures[30], rêver d'arbres replantés et de rivières ressourcées[31], remettre en scène, ici, dans l'ordre rigoureux de son déroulement de jadis, le scénario d'engendrement[32], s'exclamer là qu'il n' « est » pas mais qu'il est « devenu » un « Père pour Israël » et que c'est Ephraïm, si tard venu ! qui est « son premier-né[33] ». Et quand on lit enfin, dans le plus récent des traités bibliques, la Sagesse de Salomon que « la création entière, dans sa diversité, fut de nouveau façonnée[34] », comment ne pas conclure qu'avec cet ultime dédit, répondant comme en abyme à l'ouverture du Pentateuque, c'est tout le corpus testamentaire qui se boucle sur une genèse dont le ratage paraît décidément être le lot et la loi ? Car le problème est bien là : le Dieu juif est un Dieu manqué, qui a manqué son ouvrage, qui l'a manqué à jamais et qui, là-haut, s'Il existe, doit très franchement s'esclaffer de voir tant et tant de fous rêver d'un Eden immortel, d'un Age d'or miraculeux ou d'une Nature oubliée dont Il sait, Lui, depuis son « Rocher » l'inoubliable perversion.

De sorte qu'en traduisant la « Bereshit » par leur « Genesis », les scoliastes grecs ont probablement, sans le savoir, discrètement brouillé les cartes. Ils manquaient la distinction capitale, l'intime homonymie, qui faisait toute la richesse du mot hébreu, qui le travaillait et le fendait de son équivoque, — entre une « Origine » qu'il faut biffer et un « Commencement » qui doit, interminablement, venir la surcharger. Ils oubliaient que, pour l'homme biblique, l'idée de « Genèse » n'a peut-être tout simplement pas de sens, et qu'il faut lui substituer cet autre thème, bien plus complexe, d'une innombrable genèse, d'une génétique plurielle et sérielle qui ressasse, sans rémission, le travail de sa rature. Ils *nous* font oublier que le chiffre d'or de ce monothéisme en son aurore, c'est, paradoxalement, moins le « Un » du Primitif que le « Deux » de la répétition et que les Prophètes ne refusaient si fort de dédoubler le principe de Fécondité, que pour mieux redoubler maintenant, multiplier à l'infini, celui d'Historicité... C'est de « *deux* Tables du Témoignage » que parle Moïse dans l'Exode[35]. Elles sont écrites « *de part et d'autre* » et « sur les *deux* côtés », par le propre doigt de Dieu[36]. Deutéronome veut dire « *deuxième* Loi » et c'est toujours une Loi « *seconde* » qu'annonce l' « oracle de Yahvé[37] ». Au mont Ébal c'est encore d' « un *double* de la Loi de Moïse » que parle Josué[38]. Le « camp d'Élohim » que voit Jacob, après sa rencontre avec Laban, s'appelle, toujours, le « *double* camp[39] ». Et la tradition talmudique, enfin, précise que ce sont les *deux* séries de tables, les vraies et les « brisées », qui furent enfermées dans l'Arche... Ce motif du « duel » est omniprésent dans les textes. Il n'est pas de registre où il ne trouve à intervenir. Le monothéisme n'est pas un monisme. Sa catégorie fondamentale n'est pas celle de Création mais de Recommencement. Que Dieu soit un « Roc », cela signifie, quatrièmement, que l'Éthique est un procès qui ne cesse de contredire de corriger de *résister* au cours historique des choses et à leur train de muettes et terribles naturalités.

C'est le sens profond, également, de la notion d' « Alliance », si souvent mal comprise et hâtivement assimilée à des notions voisines. Ce n'est pas, comme chez Platon par exemple, une érotique terrestre, une voie de l'homme vers Dieu, une hémorragie de l'âme qui culminerait, par l'ascèse, dans la communion contemplative avec un vœu originaire : c'est plutôt un artifice sublime, la voie de Dieu vers l'homme, une brute déchirure du Ciel, d'où « procède » et « décline » la contrainte d'un commandement[40], — c'est d'en haut, au milieu des éclairs, par un trou de la nuée, que Yahvé, dans l'Exode, descend vers un peuple immobile, « fixé » et « limité » à la lisière du Mont[41]. Il ne s'agit pas davantage d'un pacte, d'un contrat entre égaux où, à la façon des païens, se croiseraient deux intérêts fondamentalement complémentaires : le Deutéronome est beaucoup plus pessimiste, qui dit l'échange inégal, les intérêts divergents, la promesse unilatérale et le troupeau naturellement, spontanément rebelle à son ordre. C'est Dieu qui est « fidèle », qui « tient » les termes du serment, qui s'y engage, dit même le texte, « jusqu'à la millième génération » tandis que le « bétail humain », lui, est structurellement « infidèle » à un « vouloir » qui va très clairement à rebours de sa pente et de sa « nuque[42] ». Cette fidélité divine elle-même n'est pas pour autant éternelle, au sens chrétien du terme, donnée une fois pour toutes, quoi que disent et que fassent les pécheurs en leur demeure : pour un texte de Jérémie où Dieu affirme que « de même qu'on ne peut mesurer le sable de la mer », de même « ne pourra être rompue mon alliance avec David[43] », combien d'autres où l'on assiste aux reculs, aux suspens, aux longues plages de ténèbres qui interrompent une Alliance, certes sempiternelle, mais bizarrement écliptique[44]. Ce n'est pas non plus, enfin, que, comme on le dit parfois, le Dieu juif soit colérique, capricieux et inconstant : on le dirait plutôt exténué, fourbu de soi et des autres, recru d'outrages et d'errances, lui le grand extravagant, le négateur universel, le dieu contre nature qu'on voit si souvent recevoir le contrecoup de son inconcevable exigence, — personnellement « affecté[45] », physiquement « paralysé[46] », proprement dépossédé parfois par la méchanceté des hommes et même de ses meilleurs « pasteurs[47] »... Une Alliance parfaite, en d'autres termes, est une contradiction dans les termes, et le

Deutéronome le dit bien qui s'achève sur cette remarque, que Moïse restera le seul prophète qui ait regardé Dieu en face [48]. Sa défaite historique est analytiquement contenue dans la compréhension de son concept : et c'est le sens du mot de Jérémie, l'oracle défaitiste justement, se demandant pourquoi Jérusalem est une « apostate » éternelle [49]. Mais de cette éternité pourtant, elle tire les raisons de sa nécessité et de son constant renouvellement : et c'est pourquoi ce coup de force s'appelle en toute rigueur, aux heures de plus grande lucidité en tout cas, une Alliance « nouvelle » ou renouée [50]. Parce que le meurtre est l'ordinaire et la démocratie l'exception, nous dirions aujourd'hui que faire Alliance c'est regarder vers un Dieu qui est aussi et cinquièmement : la pierre qui roule, s'éboule, mais roule encore et remonte à contre-pente du désir des humains.

Reste que les choses, elles aussi, n'en finissent pas de rouler. Que le désir n'attend jamais pour donner cours à sa carrière. Que les humains n'attendent pas Dieu pour contracter et s'allier. Et l'Alliance, de ce fait, ne peut être qu'une Alliance au carré, une Alliance sur d'autres alliances, une Arche seconde qui se greffe sur les arcs dont les hommes, spontanément, cintrent leurs séjours d'argile... Quoi de plus spontané par exemple que ce rapport immédiat que chacun noue avec soi-même et qu'il appelle « conscience » ? Prendre sur cette immédiateté le point de vue monothéiste, c'est ajouter simplement qu'elle n'est pas innée mais reçue, inscrite sur le « rouleau » divin dont Ézéchiel remplit ses prophétiques entrailles [51] : et que le déni de cet héritage, de cet Homme hors de l'homme, de cet homme toujours déjà « fils d'Homme [52] », est l'autre nom de l'égoïsme, et cet égoïsme du meurtre, comme on voit, un peu plus loin, dans la parabole des pasteurs qui, « se paissant eux-mêmes », sèment partout alentour la « dispersion », la « force » et la « violence [53] »... Quoi de plus régulier également que cette étrange volonté de servitude qui pousse des hommes libres à s'allier avec un Roi, « comme font toutes les nations [54] » ? Samuel n'en disconvient pas vraiment, qui consacre quelques versets à tenter de fléchir « le peuple » mais sept chapitres, ensuite, à opposer le Droit au Fait et le Roc de l'Alliance aux prétentions de Saül : oint de Yahvé, simple « chef de son héritage », strictement asservi à « l'autorité des juges », ce prince de fortune qu'il fallut jadis quérir au creux d'un « tas de bagages[55] » n'est ni l'auteur des lois, ni la source de sa propre autorité et il lui suffira, par deux fois, de l'oublier, pour que l'« Esprit de Dieu » se retire de lui et qu'il perde la « Royauté » dont il n'était que le *médiateur*[56]... N'est-il pas légitime et naturel enfin, de s'allier aux autres hommes et de prêcher partout la paix ? Légitime oui, dit Moïse quand il annonce aux hommes d'Israël, dans le Deutéronome, que ce n'est pas avec eux seuls qu'il conclut l'Alliance mais « avec quiconque ne se trouve pas ici, aujourd'hui, avec nous[57] » ; naturel non, ajoute-t-il, quand il les adjure, dans l'Exode, de ne point « conclure d'Alliance avec l'habitant du pays dans lequel ils entreront de peur qu'il ne devienne un piège au milieu d'eux[58] » ; car, là encore, la même distinction s'impose entre une alliance directe et explicitement politique d'une part, qui, rêvant d'une harmonie spontanée des passions et des intérêts, commence avec la guerre et s'achève avec la guerre, et une Alliance indirecte, strictement verticale de l'autre, qui, médiatisant les différences dans le miroir de l'Un, est seule capable d'assurer une authentique et durable universalité humaine... Le monothéisme, ici, ce n'est plus seulement ce qui interrompt le cours de l'historicité pour y conjurer le retour de l'origine : c'est aussi ce qui s'interpose dans la synchronie de la moralité, de la politique ou de la psychologie pour empêcher que le face-à-face de l'homme avec soi-même, ses rois ou son prochain ne tourne au corps à corps. La religion est une schize davantage qu'une communion. Le Rocher c'est ce qui rompt autant que ce qui roule. Faire Alliance, en hébreu, se dit toujours « briser » une Alliance. Alliance, dans les Septante, se traduit encore « couper ». Le Rocher, c'est cette coupe, ce bris, cette schize : et ce qu'il « coupe » c'est, précisément, le leurre — le « piège », dit Moïse

— d'une « convivialité » qui est, inévitablement, principe de barbarie.

Encore faut-il distinguer. Car c'est probablement là, sur cette question de la convivialité et de sa schize, que se sont le plus profondément séparées les deux grandes religions monothéistes. Non pas, bien entendu, que les chrétiens aient un souci du « Prochain » qui aurait cruellement manqué aux Juifs : la pitié, la charité, la sollicitude à l'égard d'autrui sont des thèmes constamment présent chez Osée, chez Isaïe et même chez Jérémie. Ce n'est pas non plus, comme on l'a dit un peu partout, que les Évangiles inventent une Loi d'Amour qui serait leur spécifique apport au fonds monothéiste : cette loi, on l'oublie trop, est inscrite en toutes lettres, et dans ses deux parties, dans le corps du Lévitique et elle y est reprise par les Pères comme une citation textuelle [59]. C'est moins encore que l'originalité des apôtres ait été de conjoindre cet amour du Seigneur et cet amour du Prochain qui seraient demeurés disjoints dans la tradition prophétique : chez Luc, c'est un docteur de la Loi qui opère le rapprochement et quand Jésus s'y risque dans Marc, c'est en s'autorisant explicitement d'une référence à la Bible [60]. Non, la vraie différence, grosse de conséquences tant morales que politiques, est exactement à l'inverse : s'il est vrai que la double prescription est commune aux deux Testaments, c'est peut-être le Nouveau qui, contre toute attente, les autonomise. Ainsi, c'est Jésus qui, dans Matthieu, distingue, démarque, hiérarchise « le premier et le plus grand commandement » d'une part, et puis le second, de l'autre, qui lui est simplement « semblable [61] » ; et c'est Moïse qui, dans l'Exode, les tient pour indissociables, impossibles à hiérarchiser et à penser l'un sans l'autre [62]. La grande nouveauté du Dieu de Bonté et de Miséricorde est de parier sur une grâce, un rachat, une rédemption qui permettent, une fois l'amour divin donné, à l'amour de l'homme pour l'homme de vivre de sa vie propre ; et c'est le Dieu ancien, au contraire, qui, articulé à un Mal radical et à une conception pessimiste du monde, ne connaît pas d'amour de l'homme pour l'homme qui ne doive constamment aller quérir auprès du Ciel ses titres de légitimité. C'est Jean qui parle de regarder le frère en face, sans autre raison ni détour que sa fraternelle « unité », éternellement fondée, sans retour ni éclipse, sur le principe de providence[63] ; et c'est le judaïsme qui, pariant sur une acosmie fondamentale qui voue tout face-à-face à un foudroyant rapport de forces, préfère dans le prochain sa proximité à Dieu, scrute sur son visage le « regard » et l'optique vers le haut, et n'engage de travail de communion que sur fond d'un commun détour par l'*engagement* de l'Alliance... Pour le christianisme, autrement dit, l'autre homme est aimable en tant *simplement* qu'il est un homme ; pour le judaïsme, en tant qu'il est *vraiment* un homme et qu'il le prouve inlassablement en répétant son allégeance à la Loi. Le monothéisme des apôtres est une religion de l'Amour défini comme Agapê ; le monothéisme des prophètes est une religion de l'Amour toujours, mais défini, adossé à l'« Équité ». Et cette Équité, qui est une autre détermination du Rocher, signifie d'abord *égale distance au principe paternel.*

Nul ne saurait nier, bien entendu, l'extraordinaire révolution culturelle qu'impliqua cette émancipation chrétienne du vieux commandement. Quand Jésus annonce cette nouvelle inouïe : « Je ne suis pas venu pour appeler les justes mais les pécheurs », c'est plus que le paradoxal renversement qu'on a l'habitude d'y voir. Ce n'est pas qu'il découvre soudain, chez le pécheur, des vertus insoupçonnées et que Dieu en son caprice ait pris plaisir à déposer là un surcroît de dignité. Ce n'est pas que l'acuité gracieuse de son regard sache voir plus loin que la faute et exhumer sous la gangue l'éternelle étincelle divine qui sommeille en tout homme. On n'entend rien à cette « nouvelle » christique si l'on ne voit qu'elle écarte par définition toute notion de valeur justement, de vertu ou de mérite. Rompant avec le nomos juif, plus peut-être qu'avec l'éros grec, elle ne propose pas de nouvelles raisons d'aimer mais l'inédit concept d'un amour *absolument sans raison*[64]. On a peine à imaginer, alors, la blessure que fut pour la piété ancienne, pour les croyants du Dieu d'Équité qui « rend à l'homme selon ses œuvres et rétribue chacun selon ses voies[65] », la prédication de ce « Roi des Hébreux » qui venait prêcher maintenant l'équivalence des voies, l'indifférence des œuvres. Dans la parabole des vignerons[66] où le Maître, en son amour gratuit, donne même « denier » à chacun, au « dernier » comme au « premier », n'est-ce pas tout l'ordre juif du monde qui chancelle et la flamme vacillante du Droit qui brusquement pâlit face au soleil radieux qui « se lève sur les méchants » autant que « sur les bons » ? Dans la singulière recommandation de « tendre l'autre joue » si « on te frappe sur la joue droite », les Juifs pieux n'étaient-ils pas fondés à retrouver l'écho des mœurs de Ninive, où les hommes ne « savaient plus distinguer entre leur droite et leur gauche[67] » ? Le fait est qu'avec cette transmutation chrétienne de toutes les valeurs admises, c'était — je l'ai assez dit — la figure de l'individu moderne qui surgissait enfin des limbes de l'Occident. Mais c'était aussi peut-être — et c'est cela qui, pour l'heure, m'importe — la fragile et subtile machine à résister, si patiemment dressée par des siècles de judaïté contre l'éternité du Mal, qui perdait en même temps sa raison d'être et ses fondements. « Vous ne résisterez pas aux méchants », dit explicitement le Dieu de Jésus[68]. « Garde-moi loin des méchants[69] », implorait le Psalmiste à son Rocher. Ce qui s'est perdu entre-temps, entre ces deux propositions, dans l'entre-deux de cette querelle, — c'est la sourde conviction, comme disait encore la Bible, que « toutes les voies de Dieu sont justice[70] » et qu'au *détour* de ces « voies » s'élève la « forteresse » des « opprimés[71] »...

Car qu'est-ce au juste que cette « Justice » ? En quoi était-elle indispensable à la machine de résistance ? On le devine : si je m'attarde ainsi sur cette millénaire dispute, c'est qu'il ne s'agit pas seulement d'une affaire de théologiens. Et si, malgré la sublime beauté du commandement d'amour chrétien, je prends tout de même le parti de l'ancienne position mosaïque, c'est que j'y pressens la trace discrète, la seule trace peut-être, de quelques-uns des concepts qui, ici et maintenant, permettent de fonder une attitude éthique face à la barbarie concrète... Les Prophètes savaient qu'il est des forfaits si monstrueux qu'il suffit de les perpétrer pour, d'un coup, rompre l'Alliance et se séparer, irrémédiablement, du chœur des morts et des vifs. C'est le cas de Caïn encore qui, pour avoir versé le sang d'un frère, se trouve accablé d'une « faute trop lourde pour qu'il la porte » et se condamne aussitôt — c'est lui qui parle et point seulement Élohim — au destin de « fugitif, de fuyard sur la terre », à jamais sans feu ni lieu [72]. C'est le cas des Ninivites qui, pour avoir mêlé leur propre sang, cette fois, à celui des « animaux » de la ville et les avoir tous associés à une cérémonie de jeûne, dérogent aux règles de pureté qui font d'un homme un Homme et deviennent, dit Jonas, « comme des bêtes en grand nombre [73] ». C'est, aujourd'hui, celui de tous ces bourreaux qui, déchus au rang de bêtes et traitant leurs victimes comme des bêtes, tuant l'individu en eux et le niant surtout chez les autres, retrouvent cette double figure biblique du crime de sang. Ce type de criminel-là est « un perverti, disent les Proverbes, et une abomination de Yahvé [74] » : celui, autrement dit, qui, non content de tuer ou par mégarde ou par passion, érige sa pulsion de mort en maxime universelle, — « lois » raciales des nazis par exemple ou « science » stalinienne de la terreur. « Ne rivalise pas avec lui, disait le verset précédent, et ne choisis aucun de ses chemins [75] », — en clair : la convivialité n'a plus sens, le dialogue n'a plus lieu d'être, et prétendre le renouer avec qui, par définition, le déjoue, c'est à coup sûr échouer, au pire être dupé, trahi, « violenté » encore [76]. « Je le retrancherai du milieu de mon peuple », menacera plus tard Ézéchiel [77], — je prendrai acte de ce désastre ontologique : quand l'idolâtre a consciemment, et de son chef, fait le choix de cet écart, de cette infinie séparation, c'est l'universalité humaine, en tant que telle, qui se trouve, par sa faute, ruinée et comme mise en suspens. « Ne recule pas indéfiniment, conclut alors le Deutéronome, la borne de ton prochain[78] » : non, n'écoute pas les ambidextres — les Ninivites toujours — qui, aujourd'hui comme hier, prêchent les vertus d'union, d'unanimisme social, de clivages abolis et de paix politique où, chaque fois, s'éloigne d'autant la frontière de résistance et d'indignation devant l'horreur. Car le monde, qu'on le veuille ou non, est bel et bien coupé en deux . et ne plus distinguer entre droite et gauche, la droite des assassins et la gauche des victimes, c'est, en ce sens, le plus grand des crimes selon l'Éthique... Ce n'est rien que cela la Justice, — qui distribue moins des peines qu'elle ne borne et répartit des lieux. C'est cela encore le Rocher : la pierre blanche qui démarque, entre les bons et les méchants, la distance et l'intervalle. C'est cela le monothéisme : l'impeccable définition d'un « crime contre l'humanité » qui fait de l'antifasciste un géomètre conséquent. Et l'on comprend enfin que lorsque le Psalmiste implorait Dieu de « le garder loin des méchants », il fallait l'entendre au sens le plus strict, le plus topographique du terme : l'assassin n'est pas parmi nous mais hors de nous, — ni mon frère ni mon prochain mais mon lointain selon l'espace.

Mais aussi, corrélativement : ni le ténébreux, ni l'étranger, mais mon familier selon le temps... Il y a dans la Bible en effet une formule un peu mystérieuse qui revient comme un leitmotiv aux jours de la colère de Dieu, et qu'on aurait tort de traiter comme une cheville de style. C'est la malédiction fameuse qui, contre toute attente et au mépris de l'évidence, punit si souvent « la faute des pères sur les fils jusqu'à la troisième, la quatrième, voire la millième génération[79] ». Elle est d'autant plus troublante qu'on lit dans d'autres textes — parfois aussi dans les mêmes — que les fils « ne seront pas mis à mort pour leur père » mais « chacun selon son propre péché », celui qu'il a effectivement et personnellement perpétré[80]. On dirait que s'affrontent là, mal distinguées encore, deux définitions de la faute, deux conceptions de la culpabilité, individuelle et collective, entre quoi les Prophètes balancent et ne parviendraient pas vraiment à trancher. D'un côté l'idée, banale, d'un châtiment singulier, strictement imputé au propre auteur du péché, qui seul doit en répondre au tribunal des hommes. De l'autre le thème, plus subtil, d'une responsabilité globale, d'une justice métaphysique, d'un tribunal ontologique, qui garde trace de ce péché au-delà de toute expiation. Et, ce qu'invente ici la Bible, c'est le concept neuf, et probablement décisif, qu'il y a un Temps du crime, une temporalité du forfait, une continuité propre à l'Éthique qui croisent, mais sans s'y confondre, la durée réelle des choses... « De génération en génération », cela veut dire, profondément : le crime contre l'humanité — celui de Caïn, celui des nazis — induit dans l'ordre du monde un désordre si vif, une césure si radicale, qu'aucune sanction d'Histoire ne saurait en effacer le ravage. Entendue au sens fort, la formule signifie : il est des holocaustes si parfaits, si effroyablement mémorables, qu'aucun « recul du temps », aucune casuistique, n'empêcheront qu'ils ne saignent jusqu'à la fin des temps. Prescrire ? Amnistier ? A partir d'où et de quand, demanderait le Prophète ? Faudra-t-il dix, trente, cinquante ans pour que l'horreur ne soit plus l'horreur ? L'arbitraire même du délai atteste que l'amnistie est une idée de juriste qui, en *Justice,* n'a strictement aucun sens. La contingence même de la marque témoigne contre un principe qui, incapable de se formaliser, est le contraire de ces maximes universelles qui, seules, fondent une attitude morale. Mieux, cette amnistie-amnésie est, selon les Psaumes [81], la dernière arme du méchant, la figure suprême de méchanceté qui redouble et multiplie encore le malheur. Et nous savons bien, nous les Juifs, que c'est toujours l'éclipse du crime ancien qui rend possible le crime nouveau ; la rature des pogroms d'avant-hier qui fit la terre vierge pour les Buchenwald d'hier ; le voile sur Buchenwald encore qui, demain, pourrait reconduire la forme du vieux délire. Parce qu'elle n'en finit pas de réveiller les morts pour mieux les tuer de nouveau, une éthique de l'oubli est plus qu'une contradiction dans les termes : les termes mêmes où s'éternise la volonté de tuer.

Cela ne veut pas dire pour autant que la seule attitude tenable soit celle de la morose et éternelle vengeance. Et cela veut même dire l'inverse pour qui sait se mettre à l'écoute du rythme de cette temporalité. L'épisode d'Abel et de Caïn s'achevait tout de même, il faut le noter, sur un geste peu douteux de clémence et d'indulgence : à l'heure où il l'exile à l'orient d'Eden, Élohim « met au coupable un signe » qui aura certes le pouvoir de rappeler sa faute, mais qui interdira aussi « que ne le frappe quiconque le rencontrera[82] ». En même temps qu'il est marqué à vie, le « fugitif » a la vie sauve et se trouve symboliquement préservé de celui que les Nombres nommeront, dans un contexte presque identique, le « vengeur de sang[83] ». C'est même de peur que ce vengeur ne poursuive le criminel tandis que « son cœur est échauffé[84] » et qu'en son trop de zèle il ne « le frappe quant à l'âme[85] », que le Deutéronome systématisera l'étrange institution des « villes refuges[86] » où, à l'écart de la communauté, pourra s'abriter néanmoins « tout meurtrier[87] ». L'Exode était plus explicite encore qui, à quelques versets d'un passage déjà commenté[88], parlait d'un Dieu qui « supporte faute, transgression et péché mais sans les innocenter », — qui les absout, si l'on veut, mais sans les amnistier. En sorte que toute la machine mosaïque de Justice pourrait bien tenir en ce spectaculaire mais rigoureux retournement qui fait de la mémoire la condition a priori, non pas du ressentiment, mais d'un gratuit, radieux et généreux *pardon*. Dans pardon en effet, il y a don et donner, dit le Psalmiste, ce n'est pas simplement rendre[89]. Ce rendu n'est pas dû mais proprement abandonné, par pur effet de bonté, au monstre qui reste le monstre. Ce n'est pas qu'un repentir tardif l'exonérerait de sa faute : mais parce que rien ni personne ne saurait en alléger le fardeau, qu'à l'éternel pervers le juste peut faire obole de son infini pouvoir de grâce. Ce n'est plus parce que le temps efface ou que la distance excuse qu'il faudrait *se résoudre* à taire les vieilles querelles : mais parce que le temps ne règle rien et qu'il est étranger au Temps du Mal, que je peux *me décider* à acquitter l'ineffaçable, à suspendre l'inexcusable. La mémoire n'est pas rancune mais deuil et c'est dans la mesure où l'oubli n'est pas une catégorie morale que la seule véritable morale est celle qui, paradoxalement, prescrit l'imprescriptible, remet l'irrémissible, passe outre l'inoubliable qui, loin de s'éroder, est confirmé, en son excès même, par cet excessif pardon. Et ce n'est pas un hasard, alors si l'Élohim irascible et vengeur est si souvent dit « longanime » littéralement « long de narines », c'est-à-dire « lent à la colère [90] ». Si, dans le même verset de l'Exode, Celui qui « punit la faute des pères sur les fils » est aussi « abondant en véritable bienveillance », gardant cette bienveillance « jusqu'à la millième génération [91] ». Si, dans les psaumes de David enfin, on trouve des accents presque chrétiens pour chanter la douce mansuétude d'un Dieu de miséricorde qui renonce à « punir les péchés [92] ».

Je dis presque chrétien. Car on est loin de la simple alternative de la haine et du pardon. Très loin d'une morne dialectique de la Justice et de l'Amour. Au bord d'une conception du monde où se sont ces dichotomies elles-mêmes qui perdent leur sens et leur tranchant. Et où, du strict point de vue du Droit, il devient aussi absurde de *punir* que tout à l'heure d'*amnistier*... Car enfin, comment juger celui qui n'a plus de visage, de Tu à qui parler, mais un masque seulement, sur un faciès de bête ? Il n'est pas un prochain déchu, progressivement lointain, écarté par étapes et gradations, mais un infiniment lointain, un étranger absolument, qui s'est à jamais mis hors d'atteinte de tout jugement possible. Au nom de quoi le châtier, dans l'ordre de quel discours et de quelle juridiction ? dire « crime contre l'humanité », c'est plonger dans un abîme qui, défiant la raison, la passion, l'entendement des hommes, est aussi un vivant défi à toutes les lois concrètes, à tous les codes imaginables, à toutes les sanctions pensables. N'est-ce pas trop donner que de donner la mort à l'assassin qui, en fait et en droit, méritait cent fois la mort ? par un étrange retour des choses, cette peine capitale devient une peine minimale qui, produisant le sentiment que le mal est expié et que cette expiation a comblé le trou qu'il avait fait dans l'être, devient la plus inattendue des méthodes pour effacer l'excès du crime et le banaliser encore. C'est à peu près ce que pensait l'avocat Serge Klarsfeld, ce « vengeur de sang » au « cœur froid » quand, braquant le nazi Lishka avec un revolver chargé à blanc, il le mit à sa merci et renonça pourtant à le tuer, suggérant ainsi qu'il n'est pas de moyen humain pour expier l'inexpiable. C'est exactement ce que disait le philosophe Gershom Cholem quand, dans une polémique fameuse[93], il redoutait que la pendaison d'Eichmann ne créât l'illusion d'un épilogue, d'un point enfin final, d'un dénouement burlesque et dérisoire à une tragédie sans précédent, — « qu'on le pende et qu'on n'en parle plus ». Et c'est le sens ultime, surtout, du récit de la Genèse où l'énigmatique pardon à Caïn avait encore ce motif que, si la faute est trop grande pour que le fautif la porte, elle est trop grave également pour qu'Élohim la pèse : et c'est pourquoi, peut-être, mieux qu'une banale mise à mort qui, clôturant l'épisode et fermant la parenthèse, fût en fait revenue à une atténuation de peine, le chroniqueur a préféré un exil perpétuel qui confrontât le fratricide à son irréductible horreur. Pour un Juif, autrement dit, le Bien n'est pas le symétrique ni l'antonyme du Mal. A chaque mal ne répond pas, ne s'oppose pas un bien qui en serait comme le revers ou le juste prix de sang. Le Juste c'est aussi, c'est surtout celui qui sait la vanité, la colossale futilité de Justice. Contre le talion, la Loi.

4

L'OASIS DU TEMPS

De nouveau donc, la Loi. Entre les plages de l'Alliance et les vagues de l'Insensé. Le propre nom du Roc et l'émail de ses exigences. Bâtie dans la pierre dure qui fait l'humanité de l'homme. Et dont il est temps maintenant, au terme de ce parcours, de récapituler le chiffre. En achevant enfin de répondre à la question qui, de fait, n'a pas cessé de hanter ce livre : que veut dire, aujourd'hui, le recours — non le retour — à la tradition biblique ? comment fait-il sens, ce recours, pour tous ceux qui s'obligent à l'impératif de Résistance ? que signifie la méditation d'un Texte dont les textes nous disent qu'elle fait de quiconque s'y adonne l'égal du plus grand des grands prêtres ?

Ce qui est sûr désormais, et que je crois avoir établi, c'est qu'il n'y aurait pas pire contresens que de voir dans cette méditation un souci législatif, une paranoïa prescriptive qui feraient de chacun l'égal d'un grand inquisiteur. On se souvient de la radieuse amertume d'Isaïe, constatant sans s'en plaindre : « J'ai peiné pour rien, œuvré pour le néant[1]. » Le Deutéronome ne disait rien d'autre qui, prenant acte du « petit nombre » des tribus d'Israël, posait expressément que la mission de la Loi n'est pas de rallier ni de maîtriser la terre[2]. Peu importe, ajoute à présent Ézéchiel, que les peuples « écoutent » ou « s'abstiennent » car il suffit « qu'ils sachent qu'il y a un prophète au milieu d'eux », et ce prophète ne prophétise jamais mieux que dans la solitude du désert[3]. Serait-il même « faux », ce prophète du désert, semblable à ces « oracles » dont l'ombre hante tous les textes bibliques et qui « suivent, nous dit-on, leur inspiration mais sans avoir rien vu[4] », — que la Thora, selon Jérémie, « ne périrait pas plus faute de prêtres » que la « parole » faute de locuteur[5]... Car c'est bien à une Parole qu'il faut la comparer. C'est de l'ordre du discours qu'elle relève le plus explicitement. C'est à la forme d'une langue que, depuis l'inscription du Sinaï, elle emprunte le plus volontiers ses plus insistantes métaphores. C'est parce qu'il partage avec son peuple une Langue, rien que cela mais tout cela, qu'écouté ou ignoré, Ézéchiel est, tout compte fait, justifié à lui parler[6]. C'est parce qu'elle est *comme* une Langue qu'à l'image de l'hébreu justement qui dut longtemps sa sainteté à son statut, si singulier, d'idiome conservatoire, vivant de sa lettre morte, sacré parce que non usité, — la Loi juive n'a pas à se graver dans la finitude des choses pour prouver sa légitimité et son infinie valeur. C'est parce qu'une langue est toujours une métalangue dont la « compétence », nous disent encore les linguistes modernes, préexiste à ses « performances », que la Loi est, par analogie, une véritable méta-Loi dont l'absolu message peut, en droit au moins, se disjoindre des relatifs énoncés que les hommes, les foules et les princes tailleront ou non dans le stock de son alphabet. Mi-loquace, mi-muette, perpétuellement mé-dite même si indéfiniment ressassée, elle ne peut que se mi-dire et il serait sacrilège de prétendre toute l'incarner. Essentiellement mal-entendue même si point « incompréhensible » (Ézéchiel), ordonnée au symbolique bien davantage qu'au réel, c'est au registre de l'Interdit plus que dans l'ordre du Politique qu'elle s'inscrit le plus constamment. Et c'est cela déjà, venir au judaïsme aujourd'hui, à un judaïsme ancien certes, inscrit dans le grimoire du Livre, mais dont les sources sont toujours vives, plus vives que jamais peut-être, à l'heure des grands délires de pleine « libération » que nous chante l'âge contemporain : penser un commandement qui, structuré comme un langage, ne dit rien finalement, avant la leçon freudienne, que la colossale béance qui, au flanc de chaque sujet, inscrit la marque du manque, le marque au fer du tabou, et l'ouvre, tout autant, à la prolifération du sens.

Car il est sûr également que l'avènement de cette Loi est rigoureusement inassignable et qu'il faut, pour la penser, se passer de l'idée naïve et naïvement substantialiste qu'elle ait, au temps jadis ou présent, un Auteur, un Garant, un Maître qui la nomme. C'est Jérémie qui le suggère, à la fin du même verset, quand il ajoute qu'elle ne périt pas plus « faute de prêtre » que le « conseil », cette fois, « faute de Sage[7] ». De cette « sagesse », en effet, on trouve une curieuse mais éclairante définition dans un texte des Proverbes qui la montre « antérieure aux œuvres de Yahvé », formulée « dès le début, antérieurement à la terre[8] ». Le texte dit : « *possédée* dès le début », et non simplement « *créée* » comme traduisent les Septante, atténuant beaucoup trop la portée de cette troublante et fondamentale « antériorité ». Le mot hébreu est, exactement, « quanah », le même verbe qui, dans le Pentateuque[9], jouait sur le nom de « Caïn » et dont l'inopiné retour semble indiquer maintenant une sorte de radicalité — radical comme le Mal — de cette Sagesse du tout « début[10] ». On croit rêver dans les versets suivants quand, au long d'une éblouissante théologie négative, l'auteur lui fait enjamber un à un les épisodes de la Genèse pour l'installer comme en leur avant-veille, au vestibule du Ciel, de la Terre et de ses premiers matins[11]. Ce n'est plus, ici, que l'Origine soit dupliquée, découpée à l'infini en autant de commencements que d'Alliances perpétuées, mais elle est proprement niée, excédée, transgressée par une orée qui était là, toujours et déjà là, en un « là » parfaitement utopique, où les choses, elles, n'étaient point. Il n'est pas même suffisant de parler d'une orée, d'une « chose cachée depuis la fondation du monde », puisqu'elle était prédite, dressée dans le néant, en cette heure sans calende où le monde tout entier n'avait pas commencé de se fonder. Ce serait trop dire, à la limite, que de prétendre la ressusciter au forceps de la mémoire et d'une recherche de site, puisque cet avant sans avant, ce topos de non-lieu et véritablement inconditionné, échappe tout d'un coup tant à la catégorie du Temps qu'à la forme a priori de l'Espace. En suspens dans l'Histoire et suspendant ses enchaînements, la Loi est d'une vieillesse qui a tout vu en même temps que d'une jouvence dont nul œil ne verra la défection, — pas même Dieu, dit Isaïe, qu'il faudrait, en toute rigueur « *obliger* à se souvenir [12] » de ce qu'il savait à l'heure où il ne pouvait pas encore. Il faudrait l'appeler Archi-Loi maintenant, cette Loi, mais en précisant que son « archè » n'est pas un « archaïsme » mais plutôt un « anachronisme », une non-coïncidence avec le temps, — qui fait du peuple de la Bible un « peuple du passé [13] » dont le destin se conjugue pourtant, presque toujours, au plus moderne des futurs. Et c'est cela encore revenir au judaïsme aujourd'hui, en ces temps où, à entendre la rumeur publique, nous n'aurions le choix qu'entre les plus immondes régressions et le progressisme sans rivages : s'adosser à ce sentiment confus qu'il y a en ce monde des valeurs, des principes d'Éthique et de Justice dont l'origine est si peu repérable, si profondément inassignable, qu'ils sont, au sens strict du terme, *immémoriaux*.

Ce sentiment confus, c'est lui que les Prophètes, sans exception, s'emploient à éclaircir : ils le font de la façon la plus concrète, la plus brutale, la plus bouleversante qui soit. Ils posent simplement — mais inlassablement — cette simple question : que se passerait-il, qu'est-ce qui ne passerait pas plutôt, si, d'aventure et par hypothèse, la Création venait à être foudroyée, ramenée à cette avant-veille, à cette archè sans orée ? La réponse tient en un mot, psalmodié telle une litanie, d'apparence bien sibylline : « Je laisserai un reste » (Ézéchiel) [14], « un reste reviendra » (Isaïe) [15], « le reste de Jacob sera comme une rosée » (Michée) [16], « ceux qui restent de Juda » (Jérémie) [17], « à Jacob je donnerai un reste » (Ecclésiastique) [18], « la souche reste et sera une race sainte » (Isaïe encore) [19]... Or, le plus étrange est que cette souche ne désigne pas, comme on pourrait croire, les survivants, les rescapés qui, par chance ou inadvertance, réchapperaient du grand désastre : c'est dans l'horizon de l'holocauste, de l'extermination totale, que se placent expressément la plupart de ces fragments — et, chez Ézéchiel par exemple, « quiconque » aura été « préservé » mourra « par la famine » car il est dit que Yahvé « *poussera à bout* sa fureur [20] ». Ce n'est pas non plus d'une banale élection qu'il s'agit, d'un tri, d'un privilège où, Dieu reconnaissant les siens, choisirait de les épargner comme il fit jadis pour Noé [21] : c'est dans la perspective d'une forfaiture universelle, d'une infidélité cosmique, d'une méchanceté sans exception, que l'on raisonne maintenant et Michée, par exemple, prend soin de préciser que « le dévot a disparu du pays », qu'il n'y a plus du tout d' « homme équitable » et que « la droiture » même est devenue « comme une haie d'épines [22] ». C'est encore moins à un résidu qu'ils songent, à une réserve indestructible, à quelque ressource de sacralité ou de justice qui, comme dans les mystères païens, continuerait de sourdre dans les hauts lieux, même si tous les hommes, soudain, avaient cessé de s'y abreuver : Isaïe, en effet, pousse son hypothèse si loin que la Justice, au lieu d'être ce qui demeure, devient proprement ce qui « déferle », anéantit et, « recouvrant tous les hauts lieux », « met à sac toutes les réserves [24] »... Ni survivance donc, ni élection, ni résidu : il faut bien en conclure que ce qui ne passe pas n'est nulle part en ce monde et qu'il n'a ni statut ni site ontologique. Aussi loin qu'on le traque, il demeure introuvable et se dérobe par définition à toute identité : l'énigme ne se dissipe que si l'on consent à y voir le nom de code de ce qu'il faut bien baptiser une Transcendance. En amont de toute aurore, on l'a vu, en aval de tout crépuscule, on le voit maintenant : le « Reste » est ce qui reste quand il ne reste rien et que le monde lui-même a fini de s'exténuer. En clair, et pour appeler les choses par leur nom, ce que donne à penser cette hypothèse biblique, ce qu'elle nous donne à penser, à nous encore, enfants d'un siècle si prompt à décréter la « relativité » des commandements de Morale, — c'est l'idée, la conviction, que les valeurs immémoriales de la Loi, l'impératif par exemple de ne point tuer ni meurtrir, sont *valables*, en tous lieux, en tous temps, en toutes circonstances, — parce qu'ils sont, à la lettre, *transis d'éternité*.

Qu'est-ce alors que l'Homme au regard de cette Éternité ? Que vaut, que peut, que doit un homme en face de ces valeurs ? Habitant d'une demeure qu'il a définitivement quittée et où il sait aussi qu'il ne retournera jamais, il en est, disent les textes, avec une insistance plus grande encore, le vivant, le vibrant, le fidèle et le scrupuleux « *Témoin* »... Le mot s'entend d'abord au sens purement passif de rendre « témoignage de » : gage et suppôt de Dieu, trace et monument sur ses voies, le sujet est un objet, à peine une effigie, qui atteste de son être éphémère l'impassible exigence de l'Éternel [25], — et les « stèles » attestent ainsi, comme on voit chez Josué, pour les douze pierres de Guilgal [26] ou la roche du désert de Sichem [27]. En un sens un peu plus fort, l'homme est celui qui « rend témoignage à » : fine fleur de Yahvé, ondée de son vouloir, inspiré et frémissant hommage à ses pompes répétées, Israël est un « peuple témoin » créé, dit Isaïe, « à la gloire du créateur », pour en illustrer « les œuvres [28] », — et l'Arche de l'Alliance illustre aussi de cette manière, que Moïse nomme, la rencontre n'est pas fortuite, « Arche du Témoignage [29] ». Plus profondément encore, le Témoin est, comme dans un procès, celui par qui la vérité advient et sort des limbes muets où elle fût demeurée sans lui : l'homme biblique, cette fois, fait corps avec son roc, il est lui-même la Voie où passent les défilés de Dieu, c'est « *en* Jacob », dit le Psalmiste, que Dieu a « mis » la Loi pour qu'il la manifeste [30], — et la Loi, en tant que telle, manifeste également de cette façon, comme il ressort par exemple du fameux « psaume alphabétique » où, à vingt-trois reprises, elle est justement dite, une fois encore, « témoignage [31] »... En sorte que, à l'image d'une stèle, d'une Arche ou de la Thora elle-même, le rôle de l'Élu s'inscrit au registre de vigilance et de commémoration. Effigie, enluminure tacite, disert et pompeux aveu, c'est égal : il est, dans chaque cas, mais avec une contention croissante, celui dont le nom rappelle, conserve,

« garde », disent les Psaumes [32], le nom absent de l'Innommable. Témoigné et témoignant, être de chair ou d'esprit, qu'importe : il devient comme un reste à son tour, le reste ultime du Reste, tout ce qui reste du Reste en une Histoire qui, *par nature,* travaille à l'oublier. D'une vieillesse qui a tout vu et remonte au seuil de Parole, sis en une demeure de vent où, seul, demeure le souffle, il n'a pas de plus haut destin que de se hisser lui-même à hauteur d'Éternité et de s'en faire, mieux que l'écho, la sentinelle métaphysique. D'Ézéchiel à Samuel, des Rois à Isaïe, les textes bibliques fourmillent de ces « guetteurs » mystérieux, de ces « voyants » parfois « aveugles [33] » qui, aux avant-postes de la mort [34], aux confins de ce qui passe [35], scrutent pour ceux du bas le rythme de ce qui ne passe point. Et c'est cela toujours, la modernité du message hébraïque. Et c'est cela, être homme pour l'homme hébreu. Et c'est cela, peut-être, la plus belle mission qui se puisse présentement assigner à ceux que l'on appelle aujourd'hui les intellectuels : se sentir, se penser, se vouloir, depuis la tour de guet, *plus ancien dans le monde que le monde et ses désordres...*

Oh ! il est très simple, ce savoir du « guetteur ». Très simple et très obscur, comme une évidence sans âge. A la question familière qui lui est « criée de Seïr : veilleur, quelles nouvelles de la nuit ? [36] », — il est, chez Isaïe, celui qui mystérieusement répond : « Le matin vient mais aussi la nuit, et si vous voulez interroger, interrogez et revenez encore une fois [37] »... Qu'est-ce que cela signifie ? Qu'entendre en ce « revenir » haut clamé « sur Doumah [38] » ? Il signifie, étrangement, ce que ne saura bientôt plus signifier Job, hurlant les mêmes mots, exactement, mais du bas de sa déréliction, — « si je me couche, je dis : à quand le matin ; si je me lève, je dis : à quand le soir [39] ». Il donne à entendre cela que, justement, n'entend plus, d'après le Deutéronome, ce mort en sursis, ce « vivant en suspens » qu'est le Juif déporté, — « le matin : qui donnera qu'il fasse soir ; le soir : qui donnera qu'il fasse matin [40] ». D'un côté, une existence somnambule où des hommes hébétés ont perdu le sens intime de la succession des jours, en une diaspora dont l'horreur consiste moins, comme on le croit toujours, à ne plus avoir d'espace qu'à ne plus disposer du temps ; de l'autre, la veillée alerte d'un être-plein au monde dont le bonheur tient moins, symétriquement, à posséder une terre qu'à s'assurer d'un temps, à dire et maîtriser mieux qu'un cadastre un calendrier. Ce qui manque aux premiers et qui les comble de détresse c'est, plus précisément, la loi des régularités, le nombre des répétitions, la mesure des tours, des retours et ressacs qui feraient de la suite finie des crépuscules autre chose qu'une « divagation [41] », une « navette » insensée [42], un désordre « mercenaire [43] » ; ce qui sauve le « guetteur », en revanche, ce qui le sauve de l'« anxiété » et de l'« effroi » schizophrène [44], ce qui donne à sa « grande attention [45] » son « grain » de « sérénité [46] », c'est de connaître l'ordre des cycles, des cercles opiniâtres, des sourdes permanences sans quoi la coulée n'est que chaos et le moment désastre. Mieux : si on lit bien les textes, Job et le déporté savent que « le jour » vient après « la nuit », mais ils ne savent pas ce qu'ils savent, ils ne savent pas qu'ils le savent, ils ne sont rien pour le savoir, car ils ont perdu, en fait, et au creux de leur cœur cette fois, le principe d'unité, de synthèse, d'aperception qui, seul, empêche que la vie ne soit un « vent » et une atroce « dissipation [47] » ; et le génie du « veilleur », à l'inverse, est de trôner en une « aire », un site intemporel, un guet métempirique qui est comme le point fixe, soustrait au devenir, d'où il peut voir s'organiser la course délirante des choses parce que lui qui la voit et qui, la voyant, la scande, demeure en son assiette... Deux millénaires, par conséquent, avant Spinoza et Kant, la Bible découvre la double nécessité, subjective et objectale, d'une idéalité transcendantale qui fonde en pérennité l'appréhension de l'éphémère. Mieux, la parabole signifie que, livré à lui-même et livrant l'homme à son caprice, le périssable est mortel et source de misère tant qu'il ne s'adosse pas, tant dans l'âme que dans l'être, à un guet impérissable. Être guetteur c'est se raidir contre ce qui passe au nom de ce qui dure. Garder, disait Hegel, la mémoire des vérités de minuit à l'heure de plein midi[48]. Le temps est un calvaire, un insoutenable chemin de croix si, à l'heure où toute nature et toute histoire ne nous parlent que de midi, il n'est proprement *gravi par les pas du Souvenir.*

Car qu'est-ce que ce souvenir dont parlent les Prophètes ? Quelle est cette « maladie du souvenir » que les Princes totalitaires modernes parleront régulièrement d'extirper[49] ? Si la mémoire est, comme telle, une arme inégalable de Résistance c'est qu'elle est d'abord, tant dans les faits que dans les textes, une machine de guerre contre l'Histoire. Il ne dit pas oui à ce qui est, le Psalmiste, quand il fait du souvenir le premier devoir de l'homme : mais non plutôt, non à son lot d'inévitable, non à son lot d'irréversible, non à la petite mort qui est son nombre premier et contre quoi, simplement, il suppose que proteste en son âme quelque chose qui n'y a point pleinement part[50]. Cette protestation n'est jamais une conservation, un plat ressentiment qui archiverait, telles quelles, des traces sauvées du néant : mais un ouvrage douloureux, une réactivation grandiose où il n'est point de monument qui ne sorte brûlé, transfiguré, de l'infinie démiurgie qui, mieux que le ressusciter, le transfigure Le contraire de l'oubli, ce n'est pas la réminiscence, mais l'anamnèse, le « regard vers le haut » encore, où se reconstruisent les successions, se brouillent et se déplacent les plus archaïques généalogies : et c'est de là que venait, finalement, l'acharnement de la Genèse à rectifier les filiations, corriger les droits d'aînesse, que le Deutéronome, pourtant, codifie si scrupuleusement[51]. Est-ce bien le passé qui revient d'ailleurs, au long de cet artifice ? De même que le miracle du *Temps retrouvé* proustien est que le temps y est perdu, aboli à jamais dans les espaces de sens que découpe le génie d'une langue[52], de même le génie biblique et surtout talmudique est de faire deuil du révolu, de l'endeuiller, d'en faire son deuil, de le soumettre inlassablement à ce que les freudiens, aujourd'hui, appellent « travail du deuil ». Est-ce même au passé que ce deuil a d'abord rapport et est-ce bien vers lui que la mémoire dirige l'arc de sa raideur ? Bien avant

Nietzsche et Freud encore, les Prophètes inventent l'idée d'une mémoire du futur, tendue vers l'avenir, ressort de la fidélité et principe de tout engagement, où l'essentiel est moins de se remémorer le jadis de la promesse formulée que de se rappeler le demain où il y a lieu de la tenir : et c'est le sens profond de l'Alliance nouée « avec vos Pères, Abraham, Isaac et Jacob » [53]. Mieux : est-ce du Temps qu'il s'agit toujours, du temps de tous les jours, au jour de cette promesse ? L'ultime leçon d'Adam et de Caïn c'est que le temps réel, c'est-à-dire en fait l'instant, est toujours le temps de la faute, naturelle et inévitable : et quand Yahvé enjoint au futur fratricide les vertus d'attente et de patience [54], il ne fait rien que lui souffler le rythme d'*un autre temps,* d'un temps intelligible, du temps de la morale, qu'il faut supposer, derrière le temps apparent, pour qu'aient un sens la Liberté, la Justice et les valeurs d'universalité humaine. « Ô Yahvé, chante le psaume de David, ton nom dure à jamais [55] » : car ce que dit ce « nom » c'est que le temps, comme tel, c'est l'horreur ; que le spontané, spontanément, c'est le meurtre ; que ce qui passe ne charrie d'abord que limon de sang et de boue ; et que le Temps, donc, n'est vivable que mis au rouet d'une part d'éternité.

Mais aussi, inversement, et par un dernier retournement, que l'Éternité n'est pensable et supportable que, paradoxalement, mise au supplice du Temps. C'est *dans* le monde, disais-je, que l'homme est plus vieux que le monde, et il est de mauvais veilleurs qui, oubliant ce détail, défigurent proprement leur lot d'anachronisme. « Malheur, tonnera Yahvé dans le Livre de Zacharie, au pasteur de néant » qui, brisant la « houlette Liens » qui le retenait aux hommes, a rompu la « houlette Grâce » qui le rattachait au ciel [56]. Honte au « pasteur folâtre » qui, abandonnant ses brebis à leur destin d'errance et à la temporalité chaotique qui est leur sort ici-bas, n'est plus digne de son onction ni de l'auguste « manteau de poils [57] » qui servait, dans les Rois, à identifier « Elie le tisbite [58] ». Malédiction même sur Abel, oui Abel le Juste, dont le patronyme signifiait aussi « chose vaine[59] » et dont on comprend maintenant qu'il affichait trop de mépris à l'égard des lois de la terre pour ne pas trouver la mort à l'*instant* même où il vint au « champ[60] ». N'était-il pas déjà un « pasteur de néant », celui dont le chroniqueur précisait qu'il faisait son oblation « de son côté[61] », sans égard à son frère, sans regard sur ses frères, loin, si loin du temps réel des hommes où, seul, son souffle divin pouvait effectivement s'exprimer[62] ? N'avait-il pas ainsi sa part de responsabilité au crime et n'est-ce pas la raison qui fait que son nom ne réapparaisse plus jamais dans la Bible, après l'épisode fatidique ? N'est-ce pas la raison surtout qui fait qu'il soit mystérieusement rangé, dans l' « Éloge des Pères » de l'Ecclésiaste, au même titre que son frère assassin, parmi ces hommes « sans gloire », sans « héritage », sans « souvenir » qui sont « passés comme s'ils n'avaient pas été[63] » ? La vérité, c'est que le bon guetteur, celui qui, selon l'Ecclésiaste toujours, « laisse un nom » et dont on « redit la louange[64] », c'est celui qui sait aussi demeurer, « fixer » sa descendance et surmonter finalement la ruineuse déchirure du sol et du ciel, du cultivateur et du pasteur. Amos, par exemple, « l'un des bergers de Teqoa[65] », ne commença de « prophétiser[66] » qu'après que Dieu l'eut « pris de derrière le petit bétail[67] » et qu'ainsi arraché à son originaire univocité il fut devenu « pinceur de sycomores » en même temps que simple « bouvier[68] ». Dans les premières lignes d'Isaïe, le « gardien » est comme une « cabane », mais cette cabane est « dans la vigne », c'est la « ville » qu'elle « surveille » et elle n'a point d'autre cité que ce modeste « champ de concombres[69] ». Au livre cinquante-deux, ce n'est point dans les nuées qu'il siège mais sur les murs de la ville encore où, entre ciel et terre, il ne laisse point de répit à Dieu et le harcelle insolemment pour qu'Il « raffermisse Jérusalem[70] » Yahvé s'offusque-t-il de tant de zèle et d'arrogance ? Au livre suivant, c'est le contraire qui le « consterne » et déclenche sa « fureur » meurtrière[71], — c'est le spectacle honteux de ce peuple apathique où il ne trouve ni « soutien » ni « auxiliaire » dans sa tâche harassante de perpétuer le temps. Car tel est bien le paradoxe qui finit là de se nouer. Si dans l'ordre de la pure raison, l'archivieillesse des valeurs se passait de toute référence à l'Être, dans l'ordre de la raison pratique elle ne peut esquiver le détour et l'ancrage en étance. S'il est exact de dire que l'Éternité est le chiffre métaphysique du Temps, il est décisif d'ajouter que le Temps est, concrètement, le nombre de l'Éternité. Et c'est cette métaphysique concrète, cette alliance encore entre ce qui dure et ce qui passe, qui rend probablement le mieux compte du rapport de l'homme juif à l'Histoire et de sa disposition à y résister.

Encore faut-il s'entendre. Et oublier, pour cela, les ressources du lieu commun. Nous vivons, en réalité, nous autres Occidentaux, sur trois conceptions distinctes de cette étreinte problématique. La première nous vient des Grecs, singulièrement d'Aristote, et fait de la Durée une substance physique, une bruissante nature qui, faisant ontologiquement corps avec chaque corps et chaque lieu propre, se dissipe en autant de parcelles qu'il est d'occasions où elle s'incarne et, en chacune, laisse sourdre comme un fulgurant soupçon de l'intemporel : ce sensualisme amnésique où puiseront à l'âge moderne tous les romantismes de l'ardeur et les esthétismes du pur présent [72], ce matérialisme qualitatif où l'Éternité n'est rien qu'un poudroiement d'instants et l'instant réciproquement qu'un scintillement d'Éternité, — c'est lui qui, dans la Genèse, était le propre Temps du Meurtre et il n'en jaillissait guère que le fulgurant face-à-face avec l'atroce passage à l'acte [73]. La seconde peut se dater des Lumières, particulièrement de Kant, et voit dans la durée un a priori mathématique, une forme morte et figée qui, donnant à tout déplacement son cadre ontologique, demeure tel un théâtre sous les pas de ce qui passe, persisterait à être là même si plus rien n'y transitait et devient, mieux que le soupçon, le nom sempiternel de la sempiternité : cette cinématique de la quantité, où l'Éternité est comme l'abscisse du Temps et le Temps ce qui, patiemment, lotit sa ligne vide, cet idéalisme spatialisant qui nourrit depuis deux siècles l'effort obstiné des despotes pour réduire la durée des hommes à l'étiage de l'uniforme, — c'est le second volet de la diaspora du Deutéronome et c'est l'illusion de sa permanence que niait, fondamentalement, la parabole du « Reste ». La troisième, enfin, hégélienne d'inspiration, transforme le théâtre en chantier et les tréteaux kantiens en forge où, vouée dès l'origine à l'avènement de sa parousie, une « âme du monde » se consume en autant de moments qu'il est d'étapes à sa gésine et les ruine tous d'autant mieux qu'en chacun sommeille, croit-elle, la promesse de l'Absolu : cette dialectique de la quantité-qualité où il n'est pas de présent cette fois qui ne vaille d'être sacrifié au monde futur, ce progressisme exploratoire où la temporalité devient une perspective fuyante sur l'Éternité et celle-ci, en retour, un survol lancinant sur celle-là, — c'est cela aussi, c'est cela surtout, que la Bible n'a cessé de refuser en dénonçant les faux prophètes qui annoncent continuellement la fin des temps... Car tel est bien, en fait, le point commun à ces trois conceptions. Elles n'enlacent les deux termes que pour mieux les abolir et les confondre au même horizon. Qu'il en soit le soupçon, le nom propre ou l'âme promise, le Temps n'est jamais qu'un morne inventaire, une redondance de l'Éternité. Qu'elle le hante, le sous-tende ou s'y révèle, la seconde n'est jamais que le rythme secret et clandestin du premier. Et c'est pourquoi, contre ces trois versions d'une identique conjonction qui, toutes, culminent également dans l'horizon de la mort reçue ou donnée, le message monothéiste ne se comprend qu'arc-bouté à l'idée inverse d'une fondamentale disjonction.

Qu'est-ce que cette disjonction ? Si l'homme hébreu croit à l'Éternité, ce n'est pas, comme les modernes, dans l'espoir qu'un beau matin il n'y ait plus de Temps du tout et que l'errance s'achève dans l'éblouissante flambée d'une finale révolution : c'est parce qu'il y a du Temps au contraire, parce qu'il y aura éternellement du Temps, parce que le Temps, en fait, n'en finira jamais de finir et de charrier après soi son infinie détresse, —

que l'Éternité a un sens, s'impose à sa conscience et appose son sceau de majesté à la misère du quotidien. S'il y a du Temps et qu'il en prend ainsi son parti, ce n'est pas, comme tant de sophistes d'hier et d'aujourd'hui, pour qu'il n'y ait plus d'Éternité du tout et que sa sublime suffisance se monnaie, dans les choses, en une chatoyante pluralité de positivités dansantes : mais c'est parce qu'il y a de l'Éternel et que le lot de cet Éternel n'est pas de se lotir, de s'enliser dans le lopin du monde, — que le Temps reste le Temps, si lourd et si chaotique, et qu'il est, comme tel, intolérable. S'il y a du Temps *et* de l'Éternité, alors, si ce « et » de conjonction ressemble si fort à un « ou » d'alternative, c'est qu'aucune connivence ne les promet l'un à l'autre en ces fiançailles de haut parage dont on aime tant, chez les mystiques, lire les bans dans l'origine : la conviction d'un Jérémie par exemple est que nul couple ne fut plus mal apparié, nulle union plus mal nouée, nulle épousée plus infidèle que cette « jeune chamelle légère » qu'on appelle Jérusalem, — et dont le Prophète, pourtant, ne cesse de tarauder la croupe au dard de son inaudible Loi. Il n'est pas simplement « défaitiste », Jérémie, mais proprement défait, mis en déroute par une temporalité qu'il éprouve d'abord en son étrangeté et sa rébellion. Souffrirait-il ces mille morts dont son livre conte l'épisode s'il y avait entre les deux ordres cette complicité fondamentale qu'y voient les optimistes ? Faudrait-il le travail, le dur labeur du « témoignage » si tout, ici, spontanément, nous parlait de l'au-delà et que la prophétie était une extase, bénie de la terre et des cieux ? Non, la première expérience de l'homme hébreu est celle d'une séparation radicale, d'une étrangeté absolue, de l'absence du Ciel sur la terre et de la terre au Ciel : de *l'inexistence* radicale de celui qu'il appelle son Seigneur.

NOTES

PREMIÈRE PARTIE

Avant-propos

1. D'où vient la légende qui veut que les juifs n'aient pas résisté à l'hitlérisme et se soient laissé mener au massacre, comme veaux à l'abattoir ? Pour 1 % de la population française d'avant-guerre, ils entrent pour 15 à 20 % dans les divers mouvements de résistance. Le premier condamné à mort pour résistance est un juif de Bordeaux, Israël Laizer Karp (27 août 1940). Hors de France, nombreux maquis juifs dans les régions de Bialystok, Slonim, Naliboki, par exemple. Un « bataillon spécial juif » (2 000 hommes) en Yougoslavie. Révolte en 1942, d'ouvriers spécialisés juifs (sionistes et communistes) réquisitionnés pour travailler à Berlin dans l'industrie de guerre : tous fusillés. La « brigade juive de Palestine » participe activement aux batailles d'Égypte, d'Italie et d'Autriche. Elle parachute des membres derrière les lignes allemandes. Nombreuses révoltes dans les ghettos : Lodz, Zitomir, Vilna (Pologne), Nicolaïeff (Russie). Trois grandes révoltes dans les camps d'exterminations : Treblinka (2 août 1943), Sobibor (14 octobre 1943), Chelmno (janvier 1945). Sans compter le « groupe de résistance d'Auschwitz ». Sur tous ces exemples, et quelques autres qu'il serait trop long d'énumérer, voir l'*Encyclopedia judaïca ;* l'irremplaçable et superbe *Bréviaire de la haine* de Léon Poliakov, auquel je me référerai souvent ; *la Résistance juive en France* d'Annie Latour (Stock).

2. Salut aussi à Vladimir Jankélévitch, philosophe et moraliste dont l'ardeur à penser m'a bien souvent obligé. A Albert Camus, celui de *l'Homme révolté* et des *Actuelles* dont on ne répétera jamais assez la haute figure d'intellectuel qu'il fut et qu'il demeure. Aux quelques proches qui ont cru à ce livre, l'on voulu avec moi ou, comme Roseline Dussard, l'ont concrètement baptisé. A Françoise Verny enfin, éditeur et amie, dont il me suffit de dire que, sans elle, il n'eût peut-être pas vu le jour.

Chapitre 1

1. Cité par Jean Beaudrillard : *Oublier Foucault,* Galilée, 1977, p. 83.
2 Jonas, IV, 11.

3. *La Barbarie à visage humain,* « L'aurore de la Loi », p. 45, Grasset, 1977.

4. Cf. le beau livre de Jean Lacouture : *Survive le peuple cambodgien,* Seuil, 1978.

5. Eric Weill : *Philosophie politique,* Vrin, 1971, p. 133.

6. Cité par Camus : *l'Homme révolté,* Gallimard, bibliothèque de la Pléiade, p. 580

7. *Ibid.*, p. 569.

8. Bakounine, traducteur du *Capital* en russe, y voyait une « magnifique », « profonde » et « décisive » théorie à quoi il ne reprochait que d'être « trop métaphysique et abstraite » et « inaccessible » donc aux « travailleurs ». Pour le détail, voir P. Ansart : *Marx et l'anarchisme,* Paris, 1969 ; Henri Arvon : *Michel Bakounine,* Paris, 1966 ; V. Dave : *Michel Bakounine et Karl Marx,* Éd. de l'Humanité nouvelle, 1890 ; Michel Bakounine : *Correspondance,* lettres à Herzen et à Ogareff (1860-1874), Paris, 1896, 384 p., Bibl. nat. 8° Z. 14347.

9. Cf. *Aux compagnons des sections internationales du Jura,* manuscrit de février-mars 1872.

10. On sait que Lénine trouvait « majestueuse » une conception de la prise du pouvoir fondée sur le « secret rigoureux, le choix minutieux des membres, la formation des révolutionnaires professionnels » ; cité par Camus : *l'Homme révolté,* p. 580.

11. D'après le compte rendu de la *Gazette générale de Francfort* du 15 décembre 1972.

12. Cf. Léo Strauss : *Droit naturel et histoire,* Plon, p. 196.

13. Hobbes, *Behemoth,* p. 242 ; E. W. VI. Cité par Pierre Manent dans son remarquable ouvrage : *Naissances de la politique moderne,* Payot, 1977.

14. *Ibid.*, p. 68.

15. Montesquieu : *l'Esprit des lois,* 1, 2.

16. Hobbes : *le Corps politique,* traduit par Samuel de Sorbière (1652), réédité par les Publications de l'Université de Saint-Étienne, n° 5, 1977.

17. A noter que Hobbes parle régulièrement de Léviathan comme d'un « Dieu mortel » ; les commentateurs ont souvent noté l'analogie entre la preuve ontologique de saint Anselme et la déduction de ce Léviathan ; l'une et l'autre étant fondées sur le rapport entre un être « illimité » et l'idée que s'en fait un être « limité ».

18. Décalogue d'Exode, XX, verset 13.

19. Cf. Jean Poutet : *l'Argentine de la peur,* Plon, 1978.

20. Soljenitsyne : *l'Archipel du Goulag,* Seuil, t. I, p. 73.

21. Cf. Jacques et Claudie Broyelle : *le Bonheur des pierres,* Seuil, 1978, *passim* et p. 101.

22. Ante Ciliga : *Dix ans au pays du mensonge déconcertant,* réédition Champ libre, 1977, pp. 50 et 51.

23. On relira avec profit Jean Pasqualini : *Prisonnier de Mao,* Gallimard, 1975.

24. Cf. Christian Jambet : « La volonté de pureté », in *le Monde,* en collaboration avec Guy Lardreau, Grasset, 1978.

25. Par exemple la lettre à Kugelmann du 12 avril 1871. Ainsi, bien sûr, que les textes célèbres sur la Commune de Paris.

26. Le premier article de Schmitt sur l' « État total » est publié, au début des années 30, dans l'*Europaïsche Revue* de Karl Anton Prinz Rohan, proche des « jeunes conservateurs ».

27. Les « Éditions Hanséatiques » naissent au début des années 20 dans la mouvance d'une importante organisation syndicale, liée à l'opposition nationaliste de droite.

28. Le livre d'Ernst Forsthoff (juin 1933) est le seul à s'être explicitement intitulé *l'État total* et l'idée serait venue de l'éditeur lui-même, pour faire pièce à la dictature nazie menaçante. Quant au *Reich en devenir,* il est publié en août 1932 (cf. J. P. Faye. *Langages totalitaires,* Hermann, 1972, p. 270).

29. Sur le rapport de Wagner au nazisme voir le texte, à mon sens implacable, de Philippe Sollers, dans *Musique en jeu,* Paris, 1976 : *D'un albhomme de famille.*

30. *Völkischer Beobachter,* 9 janvier 1934.

31. Roland Freisler, *Deutsche Justiz,* 12 janvier 1934.

32. Wilhelm Stuckart : *Der Staatsaufbau des Deutschen Reiches in systematischer Darstellung,* Leipzig, 1943.

33. Sur les rapports entre romantisme et nazisme, voir J. Droz : *le Romantisme politique en Allemagne,* Colin, 1963 ; ainsi que les dernières pages de Eric Eugène : *les Idées politiques de Richard Wagner,* Publications universitaires, 1978. Sur le néoromantisme et son influence directe sur l'hitlérisme, Edmond Vermeil : *Doctrinaires de la révolution allemande,* Nouvelles Éditions latines, 1948.

34. Dernier plaidoyer pour l' « État total » : l'article de E. R. Huber publié dans la revue *l'Action* en avril 1934. Mais il y prend acte des critiques opposées par Rosenberg au livre de Forsthoff.

35. Fait significatif : cette publication, qui dure jusqu'en 1939, se fait sous l'égide des Éditions Hanséatiques de Hambourg.

36. De même, au congrès du parti de 1935, Hitler dira : « Il est nécessaire de comprendre le but par-dessus les formes qui ne sont que des moyens » ; puis : « L'État n'est qu'une forme d'organisation de la vie du peuple, mais qui est impulsée et dominée par l'expression immédiate de la volonté populaire de vivre » (Hitler, *Discours,* Zentral-Verlag der NSDAP, Munich 1938, p. 262).

37. De même, pour le premier meeting de Goebbels à Berlin, en janvier 1927, les affiches disaient : « L'État bourgeois touche à sa fin... Thème : l'effondrement de l'État bourgeois. »

38. Cf. l'*Organisations Buch der NSDAP* qui était la Bible de chaque membre du parti et où Hitler écrit dans sa préface : « Étant donné que l'État ne peut être qu'un moyen pour atteindre un but, l'œuvre de la renaissance allemande n'est pas dans un changement de forme du Reich allemand ou de sa constitution. Elle est une question d'éducation raisonnée et d'un nouveau façonnement du peuple » (Organisationsleiter Ley éd., p. XXVII).

39. Cf. Castellan : *le Réarmement clandestin du Reich,* Plon, 1954, pp. 54 et suiv.

40. Septembre 1934. Les SS utilisent des armes lourdes comme canons de campagne. Le général von Brauchitsch, commandant militaire de la Prusse-Orientale, les confisque. Arbitrage du parti : l'ordre de von Brauchitsch est cassé et Lorenz, chef du groupe SS, confirmé dans ses fonctions.

41. A. Bullock *(Hitler ou le mécanisme de la tyrannie,* Marabout éd., 1963, t. II, p. 9) constate : « Hitler fut l'un des rares Allemands à se libérer du légendaire militarisme germanique. » Et en août 1940, Hitler lui-même : « On ne souffrira plus jamais, à l'avenir, que la Wehrmacht [...] soit engagée [dans] des situations critiques à l'intérieur [...] La Wehrmacht est destinée, une fois pour toutes, à être engagée seulement et exclusivement contre l'ennemi extérieur du Reich » (cité par J. Billig : *l'Hitlérisme et le système concentrationnaire,* PUF, 1967).

42. Hermann Rauschning : *la Révolution du nihilisme,* trad. française Gallimard, 1939.

43. D'excellentes remarques, sur ce point, dans Léo Scher : *la Société sans maître,* Paris, Galilée, 1977.

44. Rauschning, *op. cit.,* p. 58.

45. Au lieu d'une « constitution », un « plan de travail », une organisation cellulaire de « coopératives » où règne le « Travailleur ».

46. Subordonnée à la SA jusqu'en 1934, la SS est proclamée autonome le 20 juillet

1934, et subordonnée exclusivement au Führer. Cf. H. Volz : *les Dates de l'Histoire du NSDAP,* Verlag A. G. Ploetz, Berlin 1939.

47. Ce sont : la politique démographique par exemple, la politique d'occupation ou la gestion des camps. Hitler, en août 1940, opposera cette « association fière de sa propreté (Sauberkeit) » au « prolétariat ». Et en septembre, Himmler résumait ainsi la mission de la SS : « Créer un Ordre du Sang. » Cité par Joseph Billig, p. 170.

48. Sur la permanence du rêve messianique de l' « Empereur des derniers jours », hérité de la chrétienté hérétique du Moyen Age, voir Norman Cohn : *les Fanatiques de l'apocalypse,* Julliard.

49. L'organisation des polices du Reich est à soi seule un puzzle extrêmement complexe. Police d'État, police auxiliaire (Hilfs-polizei), Gestapo de Göring, Gestapa de Diels puis de Heydrich, SS de Himmler, et bien sûr SA. Empiétements des unes sur les autres puisqu'en avril 34, par exemple, Himmler seconde Göring à la Gestapo et qu'Heydrich remplace Diels au Gestapa. Conceptions différentes de la répression puisqu'à Göring qui tient pour la liquidation massive et expéditive des opposants (cf. Delarue : *Histoire de la Gestapo,* Fayard, 1952) s'opposent vite les services d'Himmler qui voient dans les camps un *laboratoire racial* (cf. décret du 20 septembre 1937). D'un côté on parle de « camps d'*État* pour le redressement et pour le travail » : de l'autre, d'une « antirace concentrationnaire ». La Gestapo tente de contourner autant que possible les complications raciologiques de la SS et tente même d'accréditer le principe de la révision des détentions : tandis que la SS se préoccupe de façonner une population concentrationnaire stable (cf. actes des procès de Nuremberg, déposition d'Himmler, t. XLII, p. 299). Toujours est-il que, finalement, après de nombreux allers et retours et conflits de compétence, le système se stabilise comme suit : à la Gestapo les tâches proprement policières (interrogatoires, exécutions, chambres à gaz), mais à la SS la haute direction des camps et leur *gestion* quotidienne.

Chapitre 2

1. Cf. A. Schinz (*la Pensée de Jean-Jacques Rousseau,* Paris, Alcan, 1929) qui soutient la thèse d'un *revirement* de Rousseau. Cf. aussi Maurice Halbwachs : édition critique du *Contrat social,* Paris, Aubier-Montaigne, 1976, pp. 431 et suiv.

2. *Contrat social,* L IV, chap. VIII.

3. *Ibid.,* L II, chap. VII « Du législateur ».

4. *Ibid.,* L III, chap. IV.

5. *Ibid.,* L II, chap. VI.

6. Lettre du 26 juillet 1767.

7. *Contrat social,* L III, chap. IV.

8. Sixième lettre, Gallimard, Pléiade, t. III, p. 808.

9. Pascal : « La nature est telle qu'elle marque partout un Dieu perdu » (*Pensées*) ; Maître Eckhart : « mort divine », « tuer Dieu » (*Traités et Sermons,* Paris, Aubier, pp. 137 et 221) ; le choral de Luther : « Dieu lui-même est mort. »

10. Nietzsche n' « invente » pas la « mort de Dieu » : il est le premier à s'être voulu le *rival* de Dieu. Cf. lettre du 14 février 1883 à l'éditeur Schmeitzner où il présente son *Zarathoustra* comme un « cinquième Évangile ».

11. L I, chap. VII : « La sainteté du Contrat ». On sait d'autre part, que l'idée de « volonté générale » et d'infaillibilité qui s'y attache ont leur source chez Malebranche Cf. Émile Bréhier : « Les lectures malebranchistes de Jean-Jacques Rousseau », *Revue internationale de philosophie,* 15 octobre 1938, pp. 98-120.

12. De là, toute l'ambiguïté du rapport au christianisme dans les dernières pages du *Contrat*. Cf. Maurice Halbwachs, *op. cit.*, pp. 450-452.

13. L IV, chap. VIII : « Il y a donc une profession de foi purement civile dont il appartient au souverain de fixer les articles... » Cf. aussi la *Lettre à Voltaire* de 1756.

14. Louis Althusser a bien vu ce cercle dans un texte classique, « Sur le *Contrat social* », *Cahiers pour l'analyse*, 1967, n° 8, pp. 5-42.

15. *Contrat social*, L I, chap. VIII ; qui se termine pudiquement par : « Mais je n'en ai que trop dit sur cet article, et le sens philosophique du mot *liberté* n'est pas ici mon sujet. »

16. *Ibid.*, L I, chap. VI : « ... État quand il est passif, Souverain quand il est actif... »

17. Dans le *Manuscrit*, le chapitre VIII du livre II s'intitule « Du Peuple *à instituer* ». (C'est moi qui souligne.)

18. L III, chap. I : « ... ce n'est absolument qu'une commission, un emploi, dans lequel, simples officiers du souverain, ils exercent en son nom le pouvoir... »

19. *Idem.*

20. Ferdinand Alquié : *la Découverte métaphysique de l'homme chez Descartes*, PUF, p. 309.

21. Rufin : légiste du début du XIIIe siècle ; auteur d'un *De bono pacis*. Longuement cité dans Dufourcq : *Histoire moderne de l'Église*, tome 6, Paris, 1932.

22. Manegold, né vers 1060, mort en 1103 ; auteur d'un *Liber ad gebehardum*, *idem*.

23. Pour l'origine de ces thèses, voir saint Thomas : *De regimine principum* (deux premiers livres). Et se reporter à H. R. Feugueray : *Essai sur les doctrines politiques de saint Thomas d'Aquin*, Paris, 1857, qui demeure la meilleure synthèse sur la question. Simon de Montfort, né vers 1210 et mort en 1265 sur le champ de bataille d'Eversham, est le fils de Simon de Montfort, chef fameux de la croisade contre les albigeois.

24. Manque une histoire des *sacres* en France et hors de France. Au XIVe siècle encore, les rois sont régulièrement déposés par leurs sujets : ainsi Edouard II d'Angleterre, le 20 janvier 1327 ; et même Jean II de France (1358). Saint Bernard entendait punir *par l'épée* les « oppresseurs des pauvres » (*Bernardi Vita*, II, 8, 52). De saint Thomas à Abbon de Reims, l'Église a toujours préféré l'élection à l'hérédité. On consultera Émile Chénon et Olivier Martin : *Histoire générale du droit français public et privé*, Paris, t. 1, 1926. Et Émile Chénon : *le Rôle social de l'Église*, Paris, 1921.

25. « Prélibation » : concept central dans la politique de Proudhon. Cf. par exemple *Premier mémoire*, Rivière, chap. V, pp. 337-346.

26. Chez Proudhon le « droit sacré à gouverner » appartient plutôt à la société qui, en son « autonomie », est censée s'auto-organiser, *ibid.*, p. 341.

27. Saint-Just, déjà : « Il faut s'attaquer à former une conscience publique : voilà la meilleure police. » In *Discours et Rapports*, présentés par A. Soboul, Éditions Sociales, 1977, p. 185.

28. Ce point a été souligné par Jacques et Claudie Broyelle dans *le Bonheur des pierres* (Seuil, 1978), à propos du discours du chancelier Schmidt au Parlement fédéral, au lendemain de la mort d'Andreas Baader.

29. Voir Meister : *l'Autogestion yougoslave*, Anthropos, p. 257

30. Charles Bettelheim, *Révolution culturelle et organisation industrielle en Chine*, Maspero, 1970, p. 40.

31. *La CFDT et l'autogestion*, éd. du Cerf, p. 48 et *passim*.

32. *Ibid.*, p. 45. Voir aussi, dans une autre perspective, Jean Dru, *l'Expansion*, février 1969. Et Proudhon, cité dans J. Bancal · *Proudhon, pluralisme et autogestion*, PUF, t. II, p. 40.

33. *Cahiers du CERES,* janvier 1972, n° 11 ; reproduit dans Didier Motchane et Jean-Pierre Chevènement : *Clefs pour le socialisme,* Seghers, 1973, p. 253.

34. Santiago Carrillo : *Eurocommunisme et État,* Flammarion, 1977, pp. 41, 47, 50, 63, 65 où l'on verra une cocasse utilisation des thèses althussériennes. Lire aussi l'inénarrable chapitre (pp. 123-130) sur « la pensée soviétique et la voie démocratique ».

35. Louis Althusser : *Réponse à John Lewis,* Maspero, 1973. Et Jean Elleinstein : *Histoire du phénomène stalinien,* Grasset, 1976.

36. On sait que c'est Staline qui, le premier, parle de « marxisme-léninisme ».

37. Cf. Alexander Motyl. « Soviet dissidents and eurocommunism », in *Dissent Magazine,* New York, printemps 1978.

38. Jean-François Revel et Branko Lazitch ont souligné l'ambiguïté des rapports du PCF avec Moscou dans leur article : « La vraie vie de Georges Marchais », publié par *l'Express* en juillet 1978.

39. Cf. Gilles Hertzog et Bernard-Henri Lévy : « Jeu de massacre et conflit de légitimités », *le Monde diplomatique,* octobre 1975.

40. Fustel de Coulanges, *la Cité antique,* III, chap. 18 : « De l'omnipotence de l'État ; les Anciens n'ont pas connu la liberté individuelle ».

41. Benjamin Constant : *Cours de politique constitutionnelle,* Laboulaye, 1861, t. II, p. 842.

Chapitre 3

1. Husserl : *la Philosophie comme science rigoureuse,* trad. par Quentin Lauer, PUF, 1955, pp. 108-122.

2. Cf. chapitre suivant.

3. Deutéronome, XVII, 18-20 ; VIII, 14.

4. Cf. Deutéronome X, 8-9 ; XVIII, 1-2. « Consacre-moi tout premier-né », disait déjà Yahvé à Moïse, dans Exode, XIII ; Cf. aussi XXII, 28 ; XXX, 2. C'est avec les Nombres que semble se fixer définitivement aux lévites le processus « sacrificiel » : « ... j'ai pris les lévites du milieu des fils d'Israël *à la place* de tout premier-né... » (III, 12 ; III, 41).

5. Jérémie, II, 36.

6. Premier livre de Samuel : à partir du livre VIII.

7. « Yahvé dit alors à Samuel : écoute leur voix et fais régner un Roi sur eux. » (I Samuel, VIII, 22).

8. On trouve dans les *Fragments* le tracé d'une cité idéale dont la vie quotidienne est scandée par le travail et la prière ; où on commence la journée par des hymnes à l'Éternel ; où on prévoit des sanctions pour celui qui « ne croit pas à l'amitié » ; où les bons et les mauvais citoyens se distinguent par une « écharpe blanche » (les vieillards sans reproche), un « habit noir » (les meurtriers), une « étoile d'or » (les soldats émérites).

9. Karl Popper : *The Open Society and its enemies,* Londres, 1966, t. I, chap. 9 ; et surtout Maurice Clavel : *Deux siècles chez Lucifer,* Seuil, 1978, qui démonte superbement le mécanisme de cette « théocratie athée ».

10. J'ai souligné ce point dans « A la guerre comme à la guerre », paru dans *Lotta Continua* du 11 janvier 1978.

11. Cf. Laurent Dispot : *la Machine à terreur,* Grasset, 1978.

12. J'emprunte la formule à Guy Lardreau : *le Monde,* Grasset, 1978.

13. Cité par H. de Lubac : *le Drame de l'humanisme athée,* p. 342.

14. *Ibid.*

15. C'est, à mes yeux, la grande leçon du magnifique et terrible *Avenir radieux*, l'Age d'homme, 1978.

16. *Éthique à Nicomaque :* I, 1, 1094a 27 ; plus, tout le chapitre I, 6.

17. Maxime Gorki, article paru dans *Vie nouvelle*, le 10 juin 1918.

Chapitre 4

1. L'exemple le plus récent est, bien entendu, celui de la révolution iranienne. Faut-il absolument crier victoire parce qu'un chef religieux et obscurantiste a succédé à un autocrate civil, sanguinaire et paranoïaque ? On entendit peu de voix, dans l'intelligentsia occidentale, au début de l'année 1979, pour évoquer, par exemple, les mérites d'une solution *démocratique*.

2. Cf. Gérard Mairet, « Peuple et nation », in *Histoire des idéologies* sous la direction de François Châtelet, Hachette, 1978, t. III, pp. 57-75. Je signale, dans le même volume, le texte éblouissant d'Evelyne Pisier, « L'obéissance et la loi ».

3. *De cive*, XII, 8

4. Grotius, *De jure belli ac pacis*, I, 3 : « Le droit de gouvernement ».

5. Jurieu, 16e *lettre pastorale*, 15 avril 1689. Thème identique chez Marsile de Padoue, dans *Defensor pacis*, livre 1er, chap. XII et XIII.

6. *Second Traité*, chap. XIX, article 222.

7. *Ibid.* chapitre XIX, art. 230 ; cf. Rousseau, *Du contrat social*, II, 3.

8. *Ibid.*, chap. VIII, art. 99.

9. *Ibid.* chap. XIV, art. 168. Explicitement contredit par chap. XIX, art. 240, 241, 242.

10. *Ibid.*, chap. XIX, art. 222 ; chap. XIX, art. 243.

11. Macpherson : *la Théorie de l'individualisme possessif de Hobbes à Locke*, Gallimard, 1971.

12. Par exemple, *Second Traité*, chap. XIV, art. 164 ; chap. XIV, art. 166 ; chap. XIV, art. 168 ; chap. XIX, art. 239.

13. *Ibid.*, chap. XIX, art. 242.

14. *Ibid.*, chap. XVIII, art. 208.

15. *Ibid.*, chap. XIX, art. 230 ; chap. XVIII, art. 209.

16. Littéralement : « the right to act and conclude the rest » : *Ibid.*, chap. VIII, art. 95. De même, chap. X, art. 132.

17. Qui sont toujours, chez Locke, les attributs du simple individu.

18. *Second Traité*, chap. II, art. 8 et 10.

19. Cité dans G. Lenotre : « Hanriot », *Vieux Papiers*, III, 1906.

20. 27 mai.

21. Dispot, *op. cit.*

22. « Nous parlons de race juive par commodité de langage, car il n'y a pas, à proprement parler, et du point de vue génétique, de race juive [...] La race juive est avant tout une race mentale. » *Testament politique d'Hitler*, Fayard, pp. 84-85.

23. « Tous les peuples ont le droit de disposer d'eux-mêmes. En vertu de ce droit, ils déterminent librement leur statut politique et assurent librement leur développement économique, social et culturel... »

24. Comme chez Locke où elle exclut le « vagabond », comme chez Hitler où elle exclut le « Juif » l'idée de souveraineté populaire a, là encore, une connotation qu'il faut

bien dire raciste : les Vietnamiens, les Cambodgiens — les Iraniens peut-être — ne sont pas « faits » pour la démocratie.

25. « La politique étrangère n'est qu'un moyen pour le but, le but étant exclusivement la promotion de notre entité *populaire* » (*Mein Kampf*, éd. allemande, p. 687, cité par J. Billig, *op. cit.*, p. 73.) Et Joachim Fest (*Hitler*, Gallimard, 1974, t. 1, p. 260) souligne bien comment, dans les années 20 au moins, la notion d' « espace vital » ne jouait aucun rôle dans la pensée du Führer.

26. Hitler rencontre Haushofer en 1922, à l'époque de la détention à Landsberg, par l'entremise de Rudolf Hess. Haushofer (1869-1946) est déporté en 1938. Il dirigeait depuis 1924 la *Revue de géopolitique*.

27. Cf. Rauschning, *op. cit.*, pp. 249-254.

28. *La Russie occidentale et son importance pour l'Europe centrale*, Berlin, 1917.

29. Cité par J.-M. Domenach : *le Retour du tragique*, Seuil, 1967, p. 148.

30. « Le national-socialisme est aujourd'hui dans la situation des girondins », écrit Otto Strasser le 30 octobre 1932 dans son journal. Au même moment Wilhelm Kube, président du groupe parlementaire nazi, publie un *Moscou, monarchie, national-socialisme*. La *Nouvelle Gazette prussienne de la croix* s'alarme des mouvements de grève où se mêlent les nazis. Et lorsque le 27 janvier 1932, Hitler prononce son fameux discours devant l'Industrie Club de Dusseldorf, ses promesses ne convainquent guère une presse libérale qui continue d'écrire que « les frontières entre nazis et bolcheviks sont plus fluides que jamais » (*Vossische Zeitung*, 3 novembre 1937).

31. L'émeute dure de janvier 1928 jusqu'en mars 1929. Boycott de l'approvisionnement des villes. Grèves de l'achat. Bombes et attentats. Soutenue par tous les groupuscules nazis.

32. Ce quotidien est fondé dans la petite bourgade d'Itzehoe et non à Hambourg ou à Kiel, note Ernst von Salomon, qui y voit la preuve de l'extrême importance attachée par les nazis au mouvement (*Questionnaire*, p. 235 de l'édition allemande). Ce quotidien, ajoute-t-il, est dirigé par un des journalistes nazis « les plus extrémistes et les plus doués, un homme du nom de Bodo Uhse ». Lequel Bodo Uhse était probablement, au même moment, un militant communiste (J. P. Faye, *op. cit.*, p. 327).

33. Le comité est fondé, en février 1932, par le bras droit d'Otto Strasser, le commandant Buchrucker. La « ligue des paysans » communistes rallie le comité, grâce aux bons offices de l'étonnant Bodo Uhse. Nazis et communistes y vivent en bonne intelligence, jusqu'aux élections présidentielles où les premiers encouragent Heim à se porter candidat, tandis que les seconds soutiennent la candidature Thälmann.

34. *La Ville* voit, dans cette insurrection, « la troupe de choc d'une réalité nouvelle » qui « vise à la transformation radicale de sa situation allemande » Gallimard, 1937, p. 37.

35. Der Vormarsch, novembre 1928, *Conséquences nationales-révolutionnaires*. Plass entrera dans la SS en 1934.

36. Niekisch : cf. H. Rauschning, *op. cit.*, p. 86. Hitler : cf. J Billig, *op. cit.*, p. 26.

37. *Mémoire secret* : « Les luttes entre les conceptions idéalistes du monde ont leurs dernières causes dans les buts et les fins fournis par l'*existence populaire*. »

38. Ainsi les *élections* du 31 juillet, organisées par von Papen, où les nazis prennent 700 000 voix aux communistes. La *grève* des métallos berlinois d'octobre 1930 où les éléments les plus actifs sont les strassériens, groupés derrière le syndicaliste nazi Johannes Engel. Les *piquets de grève* communs, devant les dépôts de transports en commun, au moment des manifestations de novembre 1932.

39. Cf. Jean Pierre Faye, *op. cit.*, p. 447.

40. C'est exactement le cas de cette grève des transporteurs où la presse social-démocrate unanime s'alarme de ces « solutions prolétariennes (J. P. Faye, *Ibid.*).

41. Publié au début des années 30. Traduit en France par les « Éditions Saint-Just », en 1966. On y lit aussi, par exemple, que l'« ouvrier n'a rien à perdre que ses chaînes »... En 1925 déjà, dans le n° 2, des « Lettres-nationales socialistes », le même Goebbels publiait une *Lettre ouverte à un ami de la gauche* où il disait notamment : « Vous et moi, nous nous combattons sans être réellement ennemis. » Ce qui lui vaudra, peu après, une réponse indignée de Rosenberg dans le *Volkischer Beobachter* du 14 novembre (cf. J. P. Faye, *op. cit.*, p. 544).

42. Standarte, 20 mai 1926. Jünger se propose, dans le même article, de délivrer « le mot révolution du ridicule qui le marque depuis cent ans ».

43. Nombreuses citations tirées de *Mein Kampf*, dans Joseph Billig, *op. cit.*, pp. 26-27.

44. Quelques noms parmi d'autres. Rudolf Rehm, vieux nazi passé au KPD en 1933. Beppo Romer, fondateur du corps franc Oberland qui passe au KPD en 1932. Wilhelm Korn qui fait le trajet dans les deux sens. Giesecke qui va du KPD au NSDAP en 1932. Le lieutenant d'extrême droite Scheringer qui, dans sa cellule de Berlin, découvre en même temps *Mein Kampf* et *le Capital.*

45. Voir, dans le livre de Jean Pierre Faye, la topographie complexe de ces « circulations ». Déjà, en 1923, Radek prononçant son hommage fameux à Schageter..

46. Erich Koch, préfet de Prusse, puis gauleiter de l'Ukraine occupée, mais lié dans sa jeunesse aux frères Strasser.

47. L'exemple le plus net est celui de Goebbels qui fut le lieutenant de Strasser jusqu'en 1926, proche des SA jusqu'en 1931, et qui, en 1925, notait dans son *Journal* (23 octobre) : « En dernière analyse, il vaudrait mieux finir nos jours dans un régime bolchevik que d'être esclaves du Capital. »

48. Cf. Otto Strasser : *Hitler et moi*, trad. Grasset, 1940, P. 122.

49. *Ibid.*

50. En 1930 *encore*, Hitler propose à Otto Strasser d'être son « chef de presse » (*Hitler et moi*, p. 119). Gregor est incontestablement le n° 2 du parti, le chef le plus populaire après le Führer. A la Reichswehr et au palais présidentiel, c'est *sur lui* plus que sur l'aventurier de Landsberg que l'on mise. Et le NSDAP est perçu comme un parti rouge et strassérien.

51. J. P. Faye, *op. cit.*, p. 449.

52. Discours prononcé le 15 novembre 1933, à l'ouverture de la Chambre de culture du Reich.

53. Cf. Norman Cohn : *les Fanatiques de l'apocalypse*, Julliard, 1962, p. 295.

54. Cf. Jean Pierre Faye encore. Notamment pp. 230 et suiv.

55. Les premiers massacres de Juifs se sont déroulés pendant la première croisade. Ils étaient le fait des *pauperes* pour qui l'élimination des musulmans et des Juifs devait constituer le premier acte de l'anéantissement du Prince du Mal. Et on trouve, de cela, sans la moindre ambiguïté, l'illustration dans *la Chanson de Roland* qui fut, comme on sait, la plus haute expression littéraire de cette première croisade : « L'empereur a pris Saragosse : par mille Français on fait fouiller à fond la ville, les synagogues et les mahommeries. A coup de mails de fer et de cognées, ils brisent les images et toutes les idoles : il n'y demeurera maléfice ni sortilège. Le roi croit en Dieu, il veut faire son service ; et ses évêques bénissent les eaux. On mène les païens jusqu'au baptistère : s'il en est un qui résiste à Charles, le roi le fait pendre ou brûler ou tuer par le fer » (*la Chanson de Roland*, traduction J. Bédier, v. 3660.3670).

56. *Mein Kampf*, Munich, 1942, p. 70.

57. Goebbels : *Journal. op. cit.*, 21 juillet 1926. « Le Juif est bien l'Antéchrist de l'histoire mondiale. »

58. Norman Cohn, *op. cit.*, pp. 134-135.

59. Chaque prince à son avènement s'y voyait assimilé. Puis, la déception aidant, baptisé « précurseur ». Toute l'histoire des résurrections de Frédéric, dont les prédicateurs souabes nous ont laissé la trace, est scandée par ce mouvement.

60. Frédéric demeure un personnage clé de la mythologie hitlérienne. Cf. Shirer : *le IIIe Reich*, t. 1, pp. 121, 222, 323, 698 ; t. 2, pp. 376, 595.

61. Toujours le thème messianique, lisible tout au long du *Mythe du XXe siècle*, d'une conjuration mondiale appuyée par l'Église romaine et ses suppôts, les Juifs. *Idem* chez Darré.

62. Œuvre d'un publiciste anonyme de haute Alsace. La dernière et la plus exhaustive des eschatologies médiévales. Longuement cité par Cohn, *op. cit.* pp. 113 et suiv.

63. La formule est exhumée par le « néoromantique » Moeller Van den Bruck, en 1923.

64. Hitler, discours de clôture au congrès du parti de 1938 : « L'empire germanique de la nation allemande, le voici qui est ressuscité. »

65. Isaïe, IX, 16.

66. Isaïe, XXIII, 19.

DEUXIÈME PARTIE

Introduction

1. André Malraux : *la Tentation de l'Occident*, Grasset, p. 174. *Ibid.*, beaucoup plus tard, dans *l'Adresse aux intellectuels.*

Chapitre 1

1. H. Rauschning : *Hitler m'a dit*, Paris, 1939, p. 263.

2. A commencer, bien sûr, par la Révolution française en sa phase terroriste.

3. Cf. Ricarda Huch : *les Romantiques allemands*, t. I, Paris, 1978, pp. 117-131.

4. Gérard Mendel : *le Meurtre du Père*, Payot, 1972, pp. 216-276.

5. Charles Maurras : *la Politique religieuse*, Paris, 1900, pp. 4 et suiv. Comte : *Système de politique positive*, 2, 134.

6. Cf. l'entretien accordé à *Art Press* (n° 26, mars 1979) par J.-E. Hallier, où la revendication de « celtitude » conduit à une « extermination métaphysique du judaïsme ».

7. Alain de Benoist : article paru dans *le Figaro Magazine* du 27 janvier 1979. Étrange aussi le jeu qui semble se jouer autour de Georges Dumézil à qui le magazine néofasciste *Nouvelle École* consacrait récemment un numéro spécial (nos 21-22, hiver 1972/1973).

8. Julia Kristeva : « L'antisémitisme aujourd'hui », *Art Press, id.*

9. Denys d'Halicarnasse, Thuc. 8.

10. La Sagesse de Salomon, 17, 11.

11. Apocalypse, 23, 1 ; Timothée, 3, 9.

12. Cette légende ne naît en fait qu'à la fin du XVIe siècle, avec le courant néostoïcien de Charron, du Vair, Juste Lipse.

13. Aristote : *De l'âme*, 403a 28 : la psychologie est une branche de la physique.

14. « La noble épouse de son père, Phèdre, le vit et fut ***selon mes desseins,*** mordue au cœur d'une passion furieuse. » *Hippolyte,* in *Théâtre complet* d'Euripide, Flammarion, 1966. Première tirade d'Aphrodite, p. 171.

15. *Ibid.*, p. 189. Phèdre ne parle pas : elle « écoute » le bruit de querelle dans le palais.

16. *Ibid.*, p. 171.

17. *Ibid.* : « Que gémissante et blessée, [...] la malheureuse se consume en silence. »

18. *Ibid.* : « Moi à Thésée je dévoilerai la chose. »

19. *Ibid.*, p. 188, vers 565.

20. *Ibid.*, p. 195, vers 770.

21. *Ibid.*, p. 187, vers 512.

22. *Ibid.*, p. 189, vers 591, 593.

23. *Ibid.*, p. 190, vers 594 : « Hélas ! affreuse chose ! Elle a causé une perte en révélant son mal. »

24. *Ibid.*, p. 194, vers 715. Le coryphée : « Par la sainte Artémis, fille de Zeus, je jure de n'ébruiter jamais quoi que ce soit de ton funeste secret. »

25. Cité par Jean-Marie Domenach dans son beau *Retour du tragique,* Seuil, 1967, p. 25.

26. *Déjanire,* vers 727.

27. La morale grecque est, aussi bien, une morale de l'optatif davantage que de l'impératif. L'idée de Loi au sens de « commandement » lui est à peu près étrangère.

28. Ce qui est le propre sens de l'*érotique* platonicienne par exemple.

29. Aristote : *la Métaphysique,* B, 5, 1001 b 33 ; cf. aussi : *Index arist.* 495 b 45.

30. Aristote : *la Métaphysique,* Z, 10, 1036 a 8 ; cf. aussi : *la Physique,* I, 7, 191 a 7.

31. Aristote : *la Politique,* introduction et livre 1.

32. Sans doute n'ignorent-ils pas le partage des genres et des espèces, qu'on trouve encore chez Diogène Laërce (VIII, 60). Mais il n'entre plus guère dans leur logique ni dans leur métaphysique qui s'étaient de simples « qualités individuelles et concrètes ». Et c'est ainsi que, dans la théorie de la définition de Chrysippe (Diog., 60), il n'est plus question d'essence du tout. La force du stoïcisme est d'avoir résolu la contradiction aristotélicienne (« il n'y a de science que du général » / « l'individu seul existe réellement ») en biffant tout simplement le premier terme.

33. Privée en effet, d'ancrage en essence, ils doivent bien trouver un autre principe pour que le syllogisme et, au-delà, la science soient possibles. Et ce principe c'est : la raison qui gouverne l'Univers est toujours d'accord avec elle-même et, par conséquent, ***nécessaire.*** A une logique de l'essence générique se substitue une logique de la loi naturelle.

34. Épictète, *Diss* I, XXIX, 43.

35. Voir sur ce point, les analyses d'Émile Bréhier : *Sur une théorie de la valeur dans la philosophie antique,* Actes du IIIe congrès des sociétés de philosophie de langue française, Paris, 1947, sect. IV.

36. *Les Travaux et les Jours,* vers 154.

37. Cf. Victor Brochard : *Études de philosophie ancienne et de philosophie moderne,* Vrin, 1974, p. 496.

38. *Phédon,* 64c.

39. *Phédon,* 82 e-83 a.

40. Marc Aurèle II, 5, 2 : « Se rendre libre de toutes les préoccupations ; or, tu t'en rendras libre, si tu accomplis chaque action de ta vie comme si c'était la dernière » et en VI, 69 : la « perfection morale », c'est « passer chaque journée comme si c'était la dernière ».

41. *Phédon,* 68 de ; cf. Spinoza : *Ethique,* IV, prop. 63.
42. *Lachès,* 198-199.
43. Eschyle, *Prométhée enchaîné, passim* et 1080-1093.
44. Eschyle, *Agamemnon.*
45. *Hippolyte, op. cit.*, p. 174, vers 105
46. *Ibid.* : « Homme ou dieu, chacun a ses amis personnels. »
47. « Adieu, dit Artémis, car à moi, il n'est pas permis de voir les morts ni même de souiller mon œil du souffle des vivants. » *ibid.*, p. 215.
48. Il faut traduire comme Reinhardt (*Sophocle,* édit. de Minuit, Paris, 1971, p. 133), c'est-à-dire sans faire d' « Antigone emmurée » le complément d'objet du verbe.
49. Je cite d'après l'édition Garnier encore, *Théâtre complet,* 1964, vers 450, p. 79.
50. *Ibid.*, p. 91.
51. *Ibid.*, p. 88.
52. *Ibid.*, p. 75 : « Prétendre que les dieux prennent soin de ce cadavre est une idée révoltante. »
53. Cf. J.-P. Vernant et son *Mythes et pensées chez les Grecs.* De là, la querelle de sourds et le formidable malentendu, entre Antigone et Créon, autour des notions de « philos » et d' « echtros ».
54. *Ibid.*, pp. 83-84. Il s'agit du deuxième stasimon. Vers 583 à 625. Le mot « atar » revient quatre fois (v. 524, 614, 624, 625) qui signifie « aveuglement coupable ». En 584, 597, 604 et 624 encore, elle est expressément condamnée *au nom du ciel.* Et en 855 enfin, c'est « contre le trône altier de Justice » qu'Antigone s'est dressée.
55. *Ibid.*, p. 90.
56. *Ibid.*, p. 79.
57. *Ibid.*, p. 71.
58. *Ibid.*, p. 89.

Chapitre 2

1. Commentaire sur saint Jean, t. 13, nº 28.
2. Grégoire de Nysse : *Sur la création de l'homme*, chap. 16. Jean Damascène : *De duabus voluntatibus.* Maxime le Confesseur : *Mystagogie.* Grégoire de Nazianze : 38e discours, c.11. Clément d'Alexandrie : *Protreptique.*
3. Bossuet : *Sermon sur l'Annonciation ;* de saint Thomas, la formule célèbre : l'âme est « continens magis quam contenta ».
4. On sait, cependant, quel obstacle demeurait, pour le thomisme, la référence à Aristote : car s'il est vrai, comme celui-ci le croit, que l'individuation se fait par la matière, alors on voit mal comment l'âme, après la mort, séparée du principe qui l'individualisait, peut survivre et s'immortaliser. Saint Thomas s'en tire pourtant en montrant, dans la matière, l'existence « en puissance » des dimensions « déterminées » qui individualisent l'âme-forme du corps.
5. Sur quoi je fonderai les troisième et quatrième parties de ce livre.
6. Auguste Comte : *Système de politique positive,* II, 110.
7. Quelques textes significatifs : *De div. quaest. ad simpl.*, I, 11-13 ; *De civ. dei,* XII, 6-7 ; et surtout tous les livres V, VI et VII des *Confessions.*
8. Vitrier : gardien du couvent franciscain de Saint-Omer. C'est une des figures majeures de ce courant qui, autour de Jacques Lefèvre d'Étaples, Charles de Bovelle, Guillaume Budé et bien sûr Érasme, s'attache moins à un « retour à l'Antique » qu'à la définition d'une « *devotio moderna* ».

9. Cf. dédicace de son *Nouveau Testament* adressée à Léon X.

10. *Système de politique positive,* III, 550, lettres à Henri X Hutton, 34.

11. Saint Ignace : *Constitutions de la compagnie de Jésus,* t. 1 et 2, Desclée de Brouwer, 1967, pp. 264-267.

12. Arnauld : *De la fréquente communion,* 1643. Cf. Jean Laporte : *la Doctrine de Port-Royal,* t. 1, Vrin, 1951.

13. Chateaubriand, *Vie de Rancé,* Lausanne, Guilde du livre, 1956, p. 145. L'auteur, énumérant les « constitutions », puis « règlements », puis « instructions générales » de l'abbaye de la Trappe, parvient à celle-ci : « On ne demeurera jamais seul dans aucun lieu dans l'obscurité. » Et il commente alors : « Et cependant, il mettait l'homme seul devant ses passions. »

14. Verlaine : *Parallèlement.*

15. *Confessions,* livre I : « Je me suis montré tel que je fus, méprisable et vil quand je l'ai été », etc.

16. Et Lacan, aujourd'hui encore : « Il n'y a d'amour que de Dieu. »

17. Évêque de Lincoln de 1235 à 1253. Commentateur d'Aristote et de Boèce, de Job et des Psaumes, de saint Paul et de l'Aréopagite.

18. Guillaume d'Auvergne, chanoine dès 1223, évêque de Paris de 1228 à 1249. Son plus important ouvrage : le *De Universo.*

19. Sa position peut ainsi se résumer : contre Aristote et Averroès, l'association d'une substance spirituelle à la matière n'est pas le seul principe d'individuation des êtres ; en elles-mêmes, « suivant l'essence et la vérité », les âmes, substances spirituelles, ont chacune leur individualité propre. Consulter Noël Valois : *Guillaume d'Auvergne, évêque de Paris, sa vie et ses ouvrages,* Paris, 1880.

20. Duns Scot, né probablement vers 1274 en Irlande et mort à Cologne en 1308 Franciscain au couvent de Newcastle, il est l'auteur d'un monumental *Commentaire des sentences.* Et c'est en 1304 qu'il soutient dans une dispute solennelle, la thèse de l'immaculée conception de Marie.

21. Contrairement à Duns Scot, Occam ne dit plus que telle chose est un « individu » en vertu d'une « détermination individuante » qui se surajouterait en elle à une nature commune. Il fait un pas de plus, décisif : la chose est un individu du seul fait qu'elle *est.* « Nihil est a parte rei nisi singulare determinatum » (*In Sent.* I, dist. XXV). Voir Maurice de Gandillac, in Flèche et Martin : *Mouvement doctrinal du* IXe *au* XIVe *siècle,* pp. 432 et 435/436.

22. « Avertissement » de *Phèdre.*

23. Cf. Thierry Maulnier : *Lecture de Phèdre,* Gallimard, dont j'aurais mauvaise grâce à ne pas reconnaître la qualité.

24. Sainte-Beuve : *Port-Royal,* Gallimard, Pléiade, p. 576.

25. Berdiaev : *Un nouveau Moyen Age,* Gallimard, coll. « les Essais », p. 21.

Chapitre 3

1. Voir, dans *l'Homme révolté,* le commentaire du réquisitoire de Saint-Just au procès de Louis XVI (Gallimard, Pléiade, pp. 526 et suiv.).

2. *Libres propos sur la guerre et sur la paix,* recueillis sur l'ordre de Martin Bormann, Flammarion, t. 1, p. 8. On retrouve le même thème dans *le Bolchevisme de Moïse à Lénine : dialogue entre Hitler et moi* de Dietrich Eckart, publié un an après sa mort. Déjà en 1887, paraît a Leipzig le *Manuel de la question juive* (Éditions du Marteau) de Theodor Fritsch, qui arrive à son 145e mille en 1933 et dont la thèse centrale était

qu' « il n'y a pas eu dans l'histoire une puissance spirituelle, politique ou économique qui, d'un côté, se soit tant déclarée contre le judaïsme et, d'un autre côté, soit ainsi intervenue pour le protéger ». Sur tout cela, cf. chapitre suivant.

3. *Op. cit.*, t. II, p. 306.
4. Maurice Clavel, *op. cit.*
5. André Gide : *Dostoïevski*, Gallimard, rééd. 1970, p. 223.
6. Gérard de Nerval : *Aurélia*, Gallimard, Pléiade, pp. 111-114.
7. J.-M. Domenach, *op cit.*, p. 200.
8. Et avec plus de génie, surtout...!
9. *Le Temps retrouvé*, Gallimard, 1945, t. II, p. 112.
10. *Albertine disparue*, t. II, p. 118.
11. *Cocteau*, Fayard, 1931.
12. Le thème de la « fuite » est un des motifs majeurs du *Bon Apôtre* de Philippe Soupault qui fut considéré à l'époque comme le livre clé de la nouvelle génération (cf. l'article de François Mauriac dans la *NRF*, novembre 1923).
13. Maurice Betz : *l'Incertain*, Émile-Paul, 1925.
14. P. Drieu La Rochelle, Gallimard, 1931.
15. André Obey, Paris, 1920.
16. Robert Desnos, 1930.
17. Paul Morand.
18. *Op. cit.*, p. 57.
19. *Journal*, Gallimard, Pléiade, p. 108.
20. *L'Annonciatrice.*
21. Montherlant, *Aux fontaines du désir*, Grasset, 1927, p. 33.
22. René Crevel, *Détours*, Paris, NRF, 1924. Avec, en prime, quelques scènes exaltant tel boucher qui plonge le bras dans le sang (p. 27), ou une « jolie noyée » repêchée dans la Seine (*id.*).
23. *Les Nouvelles Nourritures*, Gallimard, Folio, p. 193.
24. Cf. par exemple, « Lettre à Barbusse », *Art Libre*, janvier 1922.
25. *L'Annonciatrice*, t. II, p. 58. De ce livre Radek dira : « Il est notre plus grande victoire » (discours au Congrès des écrivains soviétiques, août 1934).
26. Cité par Maurice Nadeau : *Documents surréalistes*, Seuil, 1948, p. 14.
27. Breton a rappelé la surprise que fut ce ralliement dans les *Entretiens* avec A. Parinaud, NRF, 1962, pp. 164-166. *Hourra l'Oural*, Denoël, 1931.
28. *Vie de Staline, le Couteau entre les dents, Russie.*
29. Romain Rolland : *Quinze ans de combat*, Paris, Rieder, 1935, p. LVI.
30. Cité dans l'excellent ouvrage de Micheline Tison-Braun : *la Crise de l'humanisme*, t. II, Nizet, 1967.
31. Maurice Bardèche : *Lettre à François Mauriac*, p. 178.
32. Cf. *Mes idées politiques*, Fayard, 1937, *passim.*
33. Romain Rolland : *Robespierre*, Albin Michel, 1939, p. 62.
34. *Cent heures chez Hitler*, in *Notre avant-guerre*, Paris, Plon, 1941, pp. 182-183.
35. Gide : *les Nouvelles Nourritures*, p. 245.
36. On retrouve le thème encore dans Maurice Genevoix (*Ceux de 14*). G. Bonnet (*l'Ame du soldat*), Adrien Bertrand, proche de Barrès et de Bordeaux (*l'Appel du sol*, Calmann-Lévy, 1916). Comme le montre très bien Micheline Tison-Braun (*op. cit.*) toute l'époque vit dans le sillage de cette question : comment les hommes ont-ils « tenu », résisté à l'horreur de la guerre ? Et cette réponse unanimement ressassée : à cause d'un lien sourd, organique, filial à la terre.

37. *Lettre à François Mauriac,* p. 43.
38. *L'Annonciatrice, op. cit.*
39. M. Tison-Braun, *op. cit.*, pp. 302-303.
40. *Retour d'URSS,* Paris, NRF, 1936 : l'homme communiste est celui qui « supporte l'ardeur des charbons et cette épreuve le fortifie. En lui, je ne sais quoi de *surhumain* (je souligne, B. H. L.) se prépare, de robuste et d'inespérément glorieux » (p. 9)
41. Tison-Braun, *op. cit.*, p. 373.
42. *Ibid.*, pp. 259-261.
43. Je cite de mémoire.
44. Cf. déjà, *l'Enfer* ou *les Suppliants.*
45. *Journal des années de guerre,* Gallimard, Pléiade, p. 1586. *Jean-Christophe, le Buisson ardent,* Paris, Ollendorf, 1912, p. 324.
46. Cf. notamment *la Gerbe des forces,* Paris, Grasset, 1937 ; *la Brière,* Grasset, 1923.
47. C'est la « religiosité » dont Heidegger dit qu'elle n'est nullement exclue par la « dédivinisation » (Holzwege, p. 70, Gallimard).
48. Cité par Christian Jambert dans le Monde, *op. cit.*
49. Soljenitsyne encore, *le Dante de notre temps.*
50. Cité par J. Billig, *op. cit.*, p. 40.
51. On ne rappellera jamais assez que le *Cours de philosophie positive* achève d'être publié l'année même où Feuerbach publie son *Essence du christianisme.*
52. *Système de politique positive,* 2, 134.
53. Comte dit exactement que l'État positif est le rétablissement de l' « État normal, interrompu pendant la transition occidentale ou plutôt dans sa dernière phase » (*Système de politique positive,* 4, 22).
54. Ou bien, ce qui revient au même, le retour de ce qu'au livre V du *Cours,* il appelle la « religion du Moyen Age » cet « éminent chef-d'œuvre politique », héritier, dit-il encore (*Système de politique positive,* 2, 112) du polythéisme de jadis.
55. Voir note 1.
56. Cité par Michel Spannent : *Permanence du stoïcisme,*Duculot, 1978.
57. *Discours et rapports à la Convention,* édités par Marc Bouloiseau, UGE 10/18, 1965, p. 131.
58. Emprisonnée en juin 1793, Manon Roland, cette « prétendue Lucrèce », comme l'appelle l'acte d'accusation du Comité de sûreté générale, vint à son procès du 8 novembre, toute vêtue de blanc, rédige de fiévreux *Mémoires* pendant sa détention qui s'achèvent par : « Nature, ouvre ton sein... Reçois-moi. A trente-neuf ans. » (édités en l'an III sous le titre *Appel à l'impartiale postérité*). Garat, ministre révolutionnaire suspect, conte, dans ses Mémoires encore, son admiration pour Sénèque, qui « apprend à mourir » (*Mémoires de Garat,* Paris, 1862). Quant à Choderlos, on trouvera de précieuses indications dans E. Dard : *le Général Ch. de Laclos, auteur des « Liaisons dangereuses »* (Paris, 1936).
59. Le même Naigeon qui sera l'auteur de quelques-uns des articles antisémites de *l'Encyclopédie* (cf. chapitre suivant).
60. Spannent, *op. cit.*
61. Bernardin de Saint-Pierre : *Études de la nature* et *Harmonies de la nature.*
62. Shaftesbury : *Principes de philosophie morale,* Œuvres complètes, J. Assérat, t 1, Paris, 1875, p. 117.
63. Sur la définition du corps : cf. Cicéron : *De finibus,* livre III, chap. 5 et 6. La définition de l'*uneasiness* dans le *Second Traité* (II, 21, art. 44) fait penser à Cicéron encore : *Tusculanes,* IV, 7. Comparer, à propos de la sociabilité lockienne, avec *De*

Officiis (1, 7 et 16). Et l'obligation, enfin, de se conserver soi-même, à *De finibus* (III, 5 art. 16).

64. Ce n'est qu'à l'invitation de Molyneux que Locke insère, dans la seconde édition de l'*Essai sur l'entendement,* un vingt-septième chapitre à la deuxième partie pour éclaircir ce point et nommer enfin son « sujet ».

65. La grande différence entre les déclarations française et américaine, est probablement que celle-ci fait explicitement appel au « *Créateur* ».

Chapitre 4

1. Peu importent, dit le Führer à Rauschning, « ces ignorants qui échafaudent des mythes nordiques » (*Hitler m'a dit,* Paris, 1939, p. 66).

2. Cf. Gérard Mendel : *la Révolte contre le père,* Payot, 1972, chap. 4 et 5.

3 W.L. Shirer (*le Troisième Reich des origines à la chute,* Livre de Poche, Paris, 1973. pp. 313-317) dit bien les transferts de sacralité par quoi le livre devient bible et son auteur Messie.

4. Cf. J.-J. Goux : *les Iconoclastes,* Seuil, 1978, p. 56.

5. Hitler fut initié aux « mystères » indo-européens par Lanz von Liebenfels.

6. « La vermine sera définitivement extirpée de l'Europe. » « J'ai percé le furoncle juif. » « On sera éternellement reconnaissant au national-socialisme d'avoir *effacé* les Juifs en Allemagne et en Europe centrale. » (*Testament politique d'Hitler,* Paris, 1959.) Ce langage de la rature et de la prophylaxie n'est pas effet de simple délire, mais volonté de *ne rien laisser* d'un peuple dans l'histoire. Et quand le texte s'achève sur l'ordre incroyable adressé au « gouvernement de la nation » d'observer simplement les « lois raciales » et de « résister impitoyablement » à un judaïsme pourtant largement décimé, — on sent bien qu'il ne s'agit pas d'une haine ou d'une extermination « ordinaires ».

7. Montherlant : *le Solstice de juin,* Grasset, 1941, p. 294. Montherlant, il faut lui rendre cette justice, ne fut pas un collaborateur ordinaire. Il écrivit et parla peu pendant les quatre ans que dura la honte. Mais on trouve tout de même dans *le Solstice* des remarques de ce style : « Et je me disais, haussant un peu le regard vers les exterminateurs : que ne suis-je avec eux ! Que ne m'est-il licite de faire un avec leur joie ! Et mon cœur était gonflé de sang » (p. 89). Ou bien, pis : « Faire tout ce qu'il faut pour anéantir l'adversaire, mais une fois qu'il a montré que c'était lui qui tenait le bon bout, s'allier du même cœur avec lui » (p. 288). Ce qui est la propre formule de la collaboration. Et... du stoïcisme.

8. Drieu La Rochelle, *Mauriac,* NRF, octobre 1941. Il est vrai que Drieu crut *aussi* à une réconciliation des deux traditions, comme en témoignent, par exemple, ses *Notes pour comprendre le siècle* (Gallimard, 1941, p. 26). En novembre 1941, il discute même la position de Montherlant dans un article de la *NRF* intitulé *Christianisme et Paganisme* où il espère du fascisme la résurrection d'un « christianisme viril ». Mais il est clair que ce christianisme-là a peu à voir avec le message des Écritures, — et beaucoup, en revanche, avec le fascisme.

9. Entendons-nous. Je dis « romantique » au sens très large qui va de Schelling à Spengler et Jünger en passant par Wagner. Je songe aux « idéologues » de ce courant et non à ses « poètes » qui, comme poètes précisément, valent ce que valent leurs œuvres. Mais je pense simplement qu'il n'est guère plus possible d'exonérer les frères Schlegel, par exemple, de leurs traces concrètes en Histoire, que Marx et Engels des effets du socialisme réel.

10. On trouvera des indications précieuses dans Le Bris : *l'Homme aux semelles de vent,* Grasset.

11. *Fragments de l'Athenaum :* « Tout ce qui est antique est génial » (p. 248). Friedrich Schlegel, *Idées :* « La philosophie de Platon est une majestueuse préface à la relition de l'avenir » (p. 527).

12. Ricarda Huch, *op. cit.*

13. Cf. pour la France : *Romantisme fasciste* de Paul Sérant, Fasquelle, 1960.

14. Ernst Jünger : *la Guerre notre mère,* Albin Michel, 1934, p. 232.

15. *Orages d'acier,* Plon, 1960, p. 126.

16. *Ibid,* p. 183.

17. Friedrich Schlegel : *Fragments antiques,* fgt. 38.

18. Cf. Laurent Dispot : « Wagner, charron politique », *Art Press,* n° 25, 1979.

19. Cité par Léon Poliakov, dans son *Histoire de l'antisémitisme, de Voltaire à Wagner,* Calmann-Lévy, 1976, p. 462.

20. Cf. Poliakov, *op. cit.,* pp. 363-77. Et notamment ses remarques à propos de la réactivation du mythe du Juif errant.

21. D'Épictète à Marc Aurèle la métaphore de « l'homme acteur ». Qu'on retrouve sur le « théâtre » de la dialectique hégélo-marxiste.

22. Cf. Chalcidius, in plat. tim. 142 (*Chrysippe*).

23. Sur l'idée d' « Exégèse », voir par exemple Épictète, *Diss.* I, VI, 19.

24. *De vita beata,* XV, 5 ; Ep. 107, 11.

25. Marc Aurèle, *Pensées.*

26. Cicéron : *De finibus,* III, 9, 31.

27. Marx : *Ébauche d'une critique de l'économie politique,*Gallimard, Pléiade, p. 81.

28. Kant : *Idée d'une histoire universelle au point de vue cosmopolitique,* cinquième proposition.

29. Je risque l'hypothèse — que je vérifierai plus loin, en III/3 — que le totalitarisme commence avec le mythe d'un Être total. Avec la lutte de Sénèque par exemple contre la *turba causarum* (Ep. 65, 11) qui est l'autre nom du monisme matérialiste moderne. Où l'on voit que l'antimarxisme est, comme tel, une position dérisoire et que les enjeux vont bien au-delà.

30. *La Question juive,* traduction Molitor, Paris, 1946, pp. 118, 189.

31. *Ibid.*

32. *Le Capital,* t. I, chap. 4. Cette image et d'autres de ce genre furent conservées par Marx dans les trois éditions du tome I publiées de son vivant.

33. Citations extraites de E. Silberner : *Sozialisten zur Judenfrage,* pp. 136-148.

34. Cf. l'ouvrage récent de Mark Mitine, cité par *le Matin* du 30-1-1979.

35. Cf. Roderich Stoltheim : *le Mystère de la réussite juive* (1934). Cité par Henri Arvon : *les Juifs et l'idéologie,* PUF, 1978.

36. Cf. Wilhelm Bockelmann : *De Marx à Hitler* (1944). Cité par Arvon, *op. cit.,* p. 98.

37. Discours prononcé, au lendemain de la guerre des Six Jours, au congrès de la CGT et publié dans *l'Humanité* du 17.6.1967.

38. M. Thorez : « *Renégats et politique d'Union sacrée : Léon Blum tel qu'il est* », in *Internationale communiste,* n° 2, février 1940, Moscou.

39. Cité par H. Arvon, *op. cit.,* p. 56.

40. *Ibid.*

41. Bruno Bauer : *le Christianisme démasqué,* Zurich, 1843.

42. Cf. Poliakov, *op. cit.,* p. 422.

43. *Encyclopédie,* article « Judaïsme ». Article fortement nourri de citations et de références à Sénèque. Pour prouver, en miroir, l'infinie pauvreté de la langue et de la pensée biblique, et la sublime éminence de la seule religion qui tienne à l'aune du

paganisme, — la religion civile qui ordonne de se plier à l'État et à ses lois.

44. Cette requête fait suite à celle des Juifs désireux de pratiquer le « commerce et les arts » à Paris. Ainsi, ce mémoire est-il rédigé par l'avocat Goulleau à la demande des marchands de la ville : « On peut, dit-il, comparer les Juifs à des guêpes qui ne s'introduisent dans les ruches que pour tuer les abeilles, leur ouvrir le ventre et en tirer le miel qui est dans leurs entrailles. » Mais nulle part, je le répète, n'est fait mention du crime de déicide.

45. Publication posthume, neuf ans après la mort de l'auteur, à l'initiative d'Holbach.

46. *L'Esprit du judaïsme,* pp. XIX-XX et pp. 200, 201.

47. Voltaire, *Dictionnaire philosophique,* article « Anthropophage ». « Job » trouve grâce aux yeux de Voltaire, car il n'est pas juif mais... arabe. L'article « Juif » est le plus long du *Dictionnaire :* trente pages. Et il se conclut, après une série d'injures rarement égalées à l'époque par cette recommandation : « Il ne faut pourtant pas les brûler. »

48. Voltaire : *Traité sur la tolérance,* où on lit les accusations habituelles sur le goût juif des meurtres et le fait que l'hébreu est au grec ce que la langue d'un paysan est à celle d'un académicien.

49. Éditions Sociales.

50. P. Charbonnel : *D'Holbach, textes choisis.* Voir le prière d'insérer de l'ouvrage.

51. Cf. Poliakov, *op. cit.,* p. 107.

52. Voltaire : *Lettres de Memmius à Cicéron,* 1771.

53. *Dictionnaire philosophique,* article « Abraham ».

54. Lettre au chevalier de Lisle, 15 décembre 1773.

55. Se reporter à l'excellent ouvrage de Arthur Hertzberg : *The French Enlightment,* Schocken Books, New York, 168, p. 305.

56. *Ibid,* p. 301.

57. Cités par Arvon, *op. cit.,* pp. 32-33.

TROISIÈME PARTIE

Chapitre 1

1. Voir, sur ce jeu de la « remarque » et cette ronde de la déréliction le très beau livre de Philippe Nemo, *Job et l'excès du Mal,* Grasset, 1978.

2. En quoi, soit dit en passant, le discours convenu sur le peu de réalité du Maître est le pire ennemi de la concrète résistance. On le verra bientôt, plus en détail.

3. Maine de Biran : *Œuvres,* Tisserand, t. 1, p. 144.

4. La notion moderne de nature humaine naît, comme on sait, avec la question du rapport de l'Occident aux Indiens. Nommé « procureur des Indiens » par Charles Quint, Las Casas engage en 1516 un combat qui aboutira, au milieu du siècle, à l'interdiction des expéditions de conquête. Mais c'est Francisco de Vitoria surtout, théologien de Salamanque qui, dans le cadre de deux « leçons », affirme la notion d'une « nature », indépendante de la Foi et des aléas de la lutte religieuse, irréductible à la nature cosmologique et à ses lois. Les Indiens sont des Hommes du simple fait qu'ils sont des hommes, et cela au-delà de toute assurance de science ou de militance chrétienne. Lire, à ce propos, la synthèse de J. Baumel : *les Problèmes de la décolonisation et de la guerre dans l'œuvre de Francisco de Vitoria.* Montpellier, 1936.

5. Nietzsche : *Volonté de puissance, passim.*

6. Maurice Clavel : *Ce que je crois,* Grasset, 1976.

7. C'est le texte fameux de *l'Homme révolté :* « La singulière volupté dont parle Épicure réside surtout dans l'absence de douleur ; c'est le bonheur des pierres. »

8. Ou, comme dit encore Kierkegaard, en reconnaissant dans l'impératif kantien. une version du Décalogue : un dialogue entre moi-même et Dieu.

9. J'emprunte le « mot » à Philippe Sollers et au commentaire qu'il fit, en novembre 1978, d'un fragment de *Paradis* dans le cadre du Colloque international de psychanalyse de Milan. Probable qu'il conviendrait qu'il n'est d'Éthique que freudienne, — c'est-à-dire, en fait, monothéiste.

10. Franz Fanon le disait, dans les premières pages des *Damnés de la Terre* (Maspero) où il analysait le discours du « colonisateur » sur le « colonisé ».

11. Albert Cohen : *Solal,* Gallimard, 1936 : « Oui, nous sommes, nous les juifs, un monstre d'humanité. »

12. Malachie, II, 9.

13. Exode, XXXII, 33.

14. Selon le Midrasch, Dieu a offert la Thora à Edom et Ismaël qui l'ont refusée, l'un parce qu'il a les mains tachées de sang et qu'il est dit : « tu ne tueras point », l'autre parce qu'il vit de rapines et qu'il est dit : « tu ne voleras point ».

15. Israël, au contraire, accepte sans préliminaire ni conditions.

16. Isaïe, XLIX, 1.

17. Jérémie, I, 1.

18. Genèse, VI, 9.

19. Ézéchiel, II, 3.

20. Proverbes, VI, 3.

21. Cité par Emmanuel Levinas : *Difficile Liberté,* Albin Michel, 1976, p. 48.

22. Cf. E. Levinas, *ibid*

Chapitre 2

1. Platon, *Philèbe,* 35 ab. C'est même cela qui fait l'extraordinaire et si lucide mélancolie du *Philèbe : infinité* des plaisirs et capacité *finie* que nous avons à en jouir (*Philèbe,* 27e). Comparer *Phédon,* 58e, 61d, 63a, 64a.

2. Rousseau : *Rêveries du promeneur solitaire.*

3. « Comme la mort, à la bien considérer, est le vrai but de notre vie [...], son image, loin d'être effrayante pour moi, n'a rien que de doux et de consolant ! Je remercie mon Dieu de m'avoir donné la grâce de reconnaître la mort comme la clef de notre véritable béatitude. » (Cf. H. de Curzon : *Lettres de W. A. Mozart,* Paris, 1928, lettre du 4 avril 1787.)

4. *La Barbarie à visage humain, op cit.,* première partie.

5. C'est à la fin de l'année 1978 que l'hebdomadaire *l'Express,* publia un entretien de Philippe Ganier-Raymond avec l'ancien haut-commissaire aux affaires juives, Louis Darquier de Pellepoix. Suivit une étrange psychose collective où se vérifia une fois de plus que le vrai partage de la France demeure celui des staliniens et des pétainistes. Et que tout, là, se joua, que cela plaise ou non, dans ces quelques années cruciales, sur quoi nous vivons encore.

6. Fin 1978, toujours, une polémique m'opposa au secrétaire général du PCF. L'ayant mis en cause dans un entretien accordé à Maurice Szafran du *Matin* (1er novembre 1978) où je faisais état du « fantôme discret » de l' « antisémitisme » qui persistait à « rôder » dans « telle » de ses « déclarations », j'eus droit, ainsi que Claude Perdriel, directeur du *Matin,* à une réponse publique où l'absurde le disputait à l'ignoble. Claude Perdriel

rétorqua fort dignement (*le Matin*, 3 novembre 1978). Et je crus bon, pour ma part, de rappeler la *constance*, au sein du PCF, d'une tentation *antisémite* qui dépassait bien entendu le cas de son secrétaire général (*le Matin*, 3 novembre 1978). Je me permets de renvoyer à ce texte où je rappelais quelques évidences et posais quelques « questions » qui, à ce jour, au jour où j'écris ces lignes, sont demeurées sans réponse.

7. *Charlie Hebdo*, « Comment écrire un article de droite », juin 1978.

8. Mussolini... Hitler... Staline... Pol Pot... Et si « fascisme rouge » était un pléonasme ? C'est la question que pose Laurent Dispot dans sa *Machine à terreur, op. cit.* Lire aussi Ernst Nölte : *les Mouvements fascistes*, Calmann-Lévy, p. 62.

9. Dont le maître livre, faut-il le rappeler, est celui de Gilles Deleuze et Félix Guattari, *l'Anti-Œdipe* (Minuit, 1970).

10. J'emprunte la formule au titre du livre de Mariella Righini (Grasset, 1978).

11. Ce point a été souligné par Guy Lardreau et Christian Jambet, *le Monde, op. cit.*

12. Cf. par exemple, en France, le repli des mouvements féministes sur l'arsenal judiciaire et répressif : affaires de viol, etc.

13. Il est significatif, aussi, que les Juifs de la Bible se soient donné à eux-mêmes le nom de Bneï Israël, « enfants d'Israël ». Alors que lorsqu'il s'agit des Égyptiens, des Hittites ou des Assyriens, on dit toujours « peuple ». En clair cela signifie que l'idée d'Élection ne suppose ni lien de *sang*, ni racine *biologique*. Mais une Alliance. Dont on verra plus loin (IV.3) la structure.

14. Malachie, II, 9.

15. Genèse, II, 21-23. Je rappelle le passage : « Alors Yahvé Elohim fit tomber une torpeur sur l'homme et celui-ci s'endormit. Il prit une de ses côtes et enferma de la chair à sa place. Yahvé Elohim bâtit en femme la côte qu'il avait prise de l'homme. Il l'amena vers l'homme et l'homme dit : “ Cette fois, celle-ci est l'os de mes os et la chair de ma chair. Celle-ci, on l'appellera Femme parce que d'un homme celle-ci a été prise ”. »

16. Genèse, I, 27.

17. Genèse, V, 1-2.

18. Genèse, I, 7. Le verset repose sur un jeu de mots entre 'Adâmâh qui veut dire « sol » et 'âdâm qui, issu de la même étymologie, veut dire « homme ». Cet 'âdâm deviendra nom propre en IV, 25 et V, 1, 3.

19. Genèse, I, 5-24.

20. Emmanuel Levinas : *Quatre lectures talmudiques*, Minuit, 1976.

21. Deutéronome, XXIX, 14-14. « Et ce n'est pas avec vous seuls que je conclus cette alliance, ainsi que cette adjuration, mais encore avec quiconque se trouve ici présent aujourd'hui avec nous en présence de Yahvé, notre Dieu, et avec quiconque ne se trouve pas ici aujourd'hui avec nous ! »

22. Jérémie, XII, 15-15. Et ce n'est qu' « après, dit le prophète, que je les aurai déracinés que je recommencerai à avoir pitié d'eux et les ramènerai chacun à son héritage et chacun à son pays ». Voir aussi Jérémie, XII, 2. Et Isaïe, XL, 24

23. Isaïe, I, 29.

24. Zacharie, II, 8 ; Ézéchiel, IV, 2-6.

25. Jérémie, L, 21-27.

26. Cf. par exemple, premier livre des Rois, XIII, 8.

27. « Remplissez la terre et soumettez-la », commande la Genèse, I, 28.

28. Cette catégorie d'Exil est à ce point attachée à la tradition biblique qu'elle demeure jusqu'à la modernité, au cœur même de l'idée de « nation ». Ce n'est qu'au XVIe siècle, avec Rabbi Loewe Ben Bezalel qu'apparaît, pour *la première fois*, la possibilité de penser une nation contre l'Exil, une « nation » dont l'Exil ne serait pas le constituant fondamental. Là, et là seulement naît l'idée sioniste et le *rattachement* à une

terre. Il n'est pas interdit de penser, du coup, que l'Exil ne devint un obstacle à la vie nationale juive qu'avec l'éveil des « nationalismes » en Europe. Et c'est à partir de là, aussi, avec le déni de l'identité nationale juive, que naît, de Voltaire à Hitler l'antisémitisme moderne.

29. Genèse, XVII, 5 : « On ne t'appellera plus du nom d'Abram, mais ton nom sera Abraham, car je te rendrai père d'une multitude de nations. » Genèse, XVII, 15 : « Saraï, ta femme, tu ne l'appelleras plus du nom de Saraï, mais son nom sera Sarah. » Genèse, XXXII, 29 : « On ne t'appellera plus du nom de Jacob, mais Israël, car tu as combattu avec Elohim comme avec des hommes et tu as vaincu ! »

30. Cf. le remarquable texte de Guy Scarpetta : « Éloge du cosmopolitisme », *Art Press*, n° 26, mars 1979.

31. Smolensky.

32. Cité par Levinas, *Difficile Liberté, op. cit.*

33. *Noces.*

34. Vladimir Jankélévitch : interview du *Nouvel Observateur*, 19 février 1979.

35. Fin 1978, la *Pravda* saluait en Jim Jones un « dissident » américain.

36. Jean Seznec : *The survival of the pagan gods ; The mythological and its place in Renaissance Humanism and Art*, New York, 1953.

Chapitre 3

1. C'est la raison pour laquelle l'argument classique qui, de l'Inquisition, remonte à la Révélation et suspend la validité de l'une au nom des excès de la première est absolument impertinent. Et la grande différence d'avec le marxisme par exemple et l'impeccable conséquence qui du Goulag remonte au *Capital* est là : au lieu que Marx et Engels ne se lassent pas de dire que la pratique est le critère de toute théorie et que nulle théorie ne vaut hors de sa vocation à *transformer* le monde, — le chrétien est celui qui croit à un message spirituel qui, même dévoyé, démenti et trahi, continue, *par définition*, de valoir dans l'absolu.

2. Lire l'excellente synthèse de Claude Lepelley, *l'Empire romain et le christianisme*, Flammarion.

3. *Les Martyrs* seront mal reçus tant par Hoffmann que par Sainte-Beuve, par Flaubert que par Benjamin Constant, par Taine bientôt, Faguet et toute la critique du XIXe siècle. Constant par exemple, dans *le Mercure de France* du 31 mai 1817, reproche à l'auteur d'avoir opposé « la religion d'Homère, religion qui avait disparu depuis bien des siècles au catholicisme de Bossuet ». (Cité par A. Vinet, *Études sur la littérature française au XIXe siècle*, t. 1, pp. 398 et suiv.)

4. Est-ce un hasard, alors, si Chateaubriand avoue, au livre II, préférer Le Tasse à Dante ; si dans le *Génie* déjà (deuxième partie, livre IV, chap. VII : des « Saints »), il était si « certain » que « les poètes n'ont pas su tirer du merveilleux chrétien tout ce qu'il peut fournir aux muses » ? Si dans l'*Examen des Martyrs* encore, il déclare : « J'adore les Anciens, les regarde comme nos maîtres, j'adopte entièrement les principes posés par Aristote, Horace et Boileau... » ? Si, dans la *Préface* enfin, il cite si abondamment Aristote, Denys, Strabon ? Et le siècle de Louis XIV, en ceci seulement qu'il fut d'abord « nourri de l'Antiquité » ? La vérité est qu'on retrouve chez ce premier grand romantique le motif commun à tous, du *retour* à l'Antique.

5. La loi mosaïque distingue en effet les « prosélytes de la porte » des « prosélytes de justice », complètement convertis au judaïsme. Cf. Élie Benamozegh : *Israël et l'humanité*, Albin Michel, 1977, pp. 282 et suiv.

6. Le noachide a la *possibilité* d'observer certaines de ces prescriptions. Le sabbat, par exemple : Isaïe, LVI, 3-7 ; L XVI, 23.

7. Les textes, bien entendu, abondent en ce sens. Par exemple : « toutes les familles de la terre seront bénies en toi » (Genèse, XII, 3) ; « en ce jour-là, dix hommes de toutes les langues de l'humanité s'attacheront au vêtement de chaque juif (Zacharie, VIII, 23).

8. Raschi, commentant Deutéronome XX, 18 : « On en déduit que s'ils font pénitence, on les accueillera » (Benamozegh, *op. cit.*, p. 274).

9. Cette loi minimale, moins religieuse qu'éthique, on en trouve le catalogue dans le Talmud Sanhédrin par exemple (48b) : « Nos Docteurs ont dit que sept commandements ont été imposés aux fils de Noé : le premier leur prescrit d'avoir des magistrats ; les six autres leur défendent : 1° le sacrilège ; 2° le polythéisme ; 3° l'inceste ; 4° l'homicide, 5° le vol ; 6° l'usage d'un membre d'un animal vivant. »

10. Jérémie, XXXV, 12-18.

11. Exode, IX, 20 ; XII, 38.

12. La circoncision, par exemple, Benamozegh, *op. cit.*, p. 72.

13. Symboles tyriens ou phéniciens.

14. Sanhédrin, 91b ; Pesahim, 90.

15. Benamozegh, *op. cit.*, p. 65.

16. Cf. André Chouraqui : *Juifs d'Afrique du Nord*, Hachette Littérature, 1976.

17. Sens traditionnel et sans doute étymologique.

18. Spinoza : *Traité théologico-politique*, Gallimard, Pléiade, p. 835.

19. Le mot hébreu est Nâbî'. Ce mot vient de Nâbâ' « appeler ».

20. En grec : « apo-stellein ».

21. Levinas le dit bien, dans *Difficile Liberté, op. cit.*

22. Mallarmé : conférence parlée d'Oxford et reprise dans *la Musique et les Lettres*.

23. On connaît ce « drame » de l'Assimilation dont Gershom Cholem a analysé les origines et où je ne suis pas loin de voir, pour ma part, une forme spécifique de servitude volontaire. Ne jamais oublier que lorsque Lénine reconnaît et théorise les droits des « nationalités », il les dénie aux Juifs qui n'ont, dit-il, ni langue ni territoire.

24. Cf. *l'Ange*, Lardreau et Jambet, Grasset, 1976.

25. Isaïe, LVI, 6, 7.

26. Nombres, XI, 26-27.

27. Nombres, XI, 28, 29.

28. Joël, III, 1, 5.

29. Talmud Sanhédrin, 99a. Avec référence à Jérémie, XXX, 2, où il est dit : « Son chef sera issu de lui. »

30. Talmud Berakhot, 61a. Commentaire de Genèse, II, 7.

31. A propos de l'Exil, de cet Exil métaphysique où l'on part « de jour » et « sous les yeux de tous », voir Ezéchiel, XII, 3. A propos de la lettre qui tue, voir Isaïe, X, 1, où il est expressément dit que le plus grand « malheur » est de « mettre le malheur par écrit ».

32. Nombres, XXXIII, 9.

33. *Confessions*, livre VIII, Œuvres complètes, Gallimard, Pléiade, t. 1, p. 362.

34. C'est la question que pose J. Starobinsky : *J.-J. Rousseau : la transparence et l'obstacle*, Gallimard, p. 54.

35. Quels qu'aient pu être, ensuite, les démêlés de Saint-John Perse avec le général de Gaulle, il reste que Perse fut parmi les premiers à être bannis de Vichy. Personnellement opposé, et dès 1938, à la politique d'apaisement à l'égard d'Hitler, il est dénoncé comme belliciste au moment de l'armistice. Remplacé au secrétariat général du Quai d'Orsay, il refuse le poste d'ambassadeur à Washington que lui offre l'« État français ». Le 16 juin,

il s'embarque, dans l'estuaire de la Gironde, sur un cargo anglais à destination de l'Angleterre. Invité aux Chequers par Churchill, pour discuter du sort de la France et du ralliement des forces françaises, il s'embarque pour New York le 14 juillet 1940. En octobre, il apprend que le gouvernement de Vichy l'a frappé de déchéance de la nationalité française, de confiscation de biens, de radiation de l'ordre de la Légion d'honneur.

36. Cité par Claude Vigée : « Saint-John Perse, parole de vivant » in *l'Art et le Démonique,* Flammarion, 1978, pp. 28 et suiv.

37. *Dante, ce rebelle-né :* discours d'inauguration du Congrès international de Florence à l'occasion du VIIe centenaire de Dante.

38. Hobbes : *De Cive,* I, 5 ; *Léviathan,* XV.

39. Destutt de Tracy, en 1796, dans un *Mémoire* présenté à l'Institut national des sciences et des arts.

40. De là, publication, en l'an IX, chez Didot, des *Projets d'Éléments d'idéologie.* Dans la préface (p. XVII), il explique comment l'homme peut désormais, muni de ce concept et de sa claire définition, être assuré de toujours parfaitement raisonner et de faire suivre à son raisonnement la voie droite et sans faille de la science. Cette science des idées est ensuite assimilée à la science naturelle, dans la plus pure tradition mécaniste (p. XIX de la préface). Et ainsi, Destutt retrouve le thème commun à son siècle et qui prendra la forme qu'on sait au suivant, — d'un progrès nécessaire, linéaire et mathématique des connaissances (préface, p. XX).

41. Stendhal idéocrate ? Non, certes. Mais témoin, en tout cas, de l'esprit du temps. *Les Éléments d'idéologie, la Grammaire générale, la Logique,* sont sa bible. Toute sa *Correspondance,* son *Journal* de l'époque, ses *Pensées* (éditées par M. H. Martineau sous le titre *Filosofia nova*) attestent de cette empreinte. Tout le problème de la pensée, de l'éthique et de l'action, pense-t-il à peu près, est de savoir de quel ressort il faut jouer, quand et comment. Et on retrouvera, jusque dans son œuvre littéraire, le goût des nomenclatures, des herbiers de caractères, des répertoires de traits singuliers dont on sait (*Correspondance*) qu'il adjurait sa jeune sœur Pauline de l'aider à les constituer.

42. Hitler : *Mein Kampf,* Paris, traduction française, Nouvelles Éditions latines, 1934, p. 585.

43. Staline : *Voprosy Leninizma,* 2e édition, p. 545. Voir aussi Gramsci : *ŒUvres choisies,* Éditions Sociales, 1959, p. 74.

44. Article dans *les Temps modernes.*

45. Cf. la dernière interview de Camus, recueillie dans l'édition de la Pléiade.

46. Roland Barthes, chronique du *Nouvel Observateur* reproduite dans *Sollers écrivain,* Seuil, 1979.

47. Talmud Sanhédrin, cité par Levinas, in *Difficile Liberté, op. cit.*

Chapitre 4

1. Cf. la belle analyse de Jean-Paul Dollé, dans *le Désir de Révolution,* Grasset, 1972.
2. Locke, *Second Traité,* II, 4 ; II, 6 ; IV, 39 ; V, 27 ; V, 44.
3. *Ibid.,* IV, 23 ; XI, 135.
4. Locke, *Premier Traité,* chap. IV, art. 86.
5. Locke, *Second Traité,* chap. V, art. 27.
6. *Ibid.,* chap. V, art. 26, art. 28, art. 36.
7. *La Barbarie à visage humain, op. cit.*
8. Thomas More : *Utopie,* cité d'après Pierre Mesnard : *l'Essor de la philosophie politique au XVIe siècle,* Vrin, 1977, p. 165.

9. *Ibid.*, p. 171.

10. *Ibid.*, p. 176.

11. Au point que ce n'est guère que là, avec ce droit de propriété, qu'un système tellement occupé, on s'en souvient, de « Peuple » et de « souveraineté », parvient à réellement penser l'*Individu.* L'exemple le plus net : à propos du droit des gens dans les guerres, *Second Traité,* chap. XVI, art. 193.

12. Dont je détourne bien sûr, le sens, — qui, chez les Prophètes, désigne plutôt la rébellion contre Dieu.

13. Isaïe, XXVI, 20. Le texte exact est : « Va mon peuple, entre dans tes chambres et ferme tes deux battants sur toi ; cache-toi juste un instant, jusqu'à ce que le courroux soit passé. »

14. Cf. Maurice Bardèche : *Stendhal.*

15. Acte I, scène 5.

16. Acte V, scène 2.

17. *Ibid.*

QUATRIÈME PARTIE

Chapitre 1

1. « La preuve du pudding, c'est qu'on le mange », disait Engels. Nous l'avons mangé le pudding, — et la preuve est administrée.

2. On aura reconnu la sainte famille : Leibniz, Hegel, Marx.

3. Le mouvement gaulliste comptait sept mille hommes tout au plus en juillet 1940, 35 000 à la fin de l'année, où il plafonnera jusqu'en novembre 1942 (Robert O. Paxton, *la France de Vichy,* Seuil, 1976).

4. Cf. André Beaufre : *le Drame de 40,* Paris, 1965, p. 265. Cette affaire ne fut pas isolée.

5. Cf. Gérard Miller : *les Pousse-au-jouir du maréchal Pétain,* Seuil, 1975.

6. Paul Reynaud démissionne. Lebrun charge Pétain de former un nouveau gouvernement. Ce gouvernement est un modèle d'union nationale dans le style de la IIIe République. On ne saurait rêver moins spectaculaire, plus *légale* révolution.

7. Parmi les 80 : 35 SFIO, 13 radicaux et quelques divers. La majorité des socialistes et des radicaux votent oui. Édouard Herriot s'abstient (cf. Robert Aron, *Histoire de Vichy,* Fayard, 1954).

8. Cf. Poliakov, *le Bréviaire de la haine,* Livre de Poche, 1974, pp. 257-277.

9. Je ne parle bien entendu pas des nombreux gestes isolés, isolés comme toujours, de ceux qui, au péril de leur vie, refusèrent de devenir des héros du *Chagrin et la Pitié,* — et je ne sous-estime pas *ce que nous leur devons.* Mais il reste que, pendant ces années de honte, On ne vit jamais la sacro-sainte classe ouvrière, ni le bon peuple de France en ses tréfonds, engager la moindre grève, la moindre manifestation de masse contre le port de l'étoile jaune.

10. Cf. *la France de Darquier de Pellepoix,* Syros éd., Paris, 1979

11. Cf. l'irremplaçable *Histoire du Parti communiste français* de Jacques Fauvet (Paris, 1965) qui cite de très larges extraits de la presse communiste de l'époque. Quant aux affiches, voir A. Rossi, *la Guerre des papillons* (Paris, 1954).

12. Jacques Soustelle, *Envers et contre tout,* Paris, 1947

13. Paxton, *op. cit.*, p. 76.

14. L'Ecclésiastique, XVIII, 22.

15. Genèse, XXI, 14-21.

16 *Ibid.*, XXI, 16.

17. *Ibid.*, XXI, 20.

18. Cité par Levinas, *Difficile Liberté, op. cit.* De même : « Il n'y aura plus de délai en ce qui concerne mes paroles » (Ézéchiel, XII, 28). De même encore : Deutéronome, XXIII, 24.

19. Après l'appel lancé, fin 1971, par André Malraux.

20. Je me souviens encore de ces fins stratèges de « gauche », qui, au printemps 1977, en France, redoutaient que la voix des dissidents « ne perturbe leurs cantonales » (Clavel).

21. « Un appel de Marek Halter pour lutter contre la barbarie », *le Monde* du 19 octobre 1977, *New York Review of Books* du 18 novembre 1977. « Une rage que je voudrais faire partager », *le Matin* du 4 octobre 1977. « Pourquoi l'Argentine », *le Monde* du 4 février 1978. Le 12 janvier 1978, le parti socialiste, par la croix de Lionel Jospin, se rallia à la position de Marek Halter.

22. Cf. Nicolas Grimaldi : *le Désir et le Temps,* PUF, 1971.

23. Hegel : *Esthétique.*

24. Ecclésiaste, III, 23. Dans le même sens, Isaïe, VIII, 10.

25. Ce comité, animé notamment par Claudie et Jacques Broyelle, s'était donné pour vocation d'affréter un navire pour aller repêcher en mer de Chine les réfugiés vietnamiens. On y trouvait, associées, les signatures de Raymond Aron et de Jean-Paul Sartre.

26. Robert Hersant : lettre ouverte à Olivier Todd, in *le Figaro* du 10-12-78.

27. Olivier Todd, interviewé par Antenne II, le soir même.

28. De là, des itinéraires politiques qui ne paraissent tortueux qu'aux malveillants : les maos ou mon ami, Ph. Sollers, dont les prétendues « apostasies » ne sont peut-être rien que le mouvement d'*un antifascisme continué.*

29. Exemple encore de ce refus de la « logique alternative » : l'attitude de Camus au moment de la guerre d'Algérie.

30. Isaïe, XLIX, 4. De même, Isaïe, L, 2 : « Pourquoi suis-je venu, sans qu'il y ait quelqu'un, pourquoi ai-je appelé sans que personne réponde ? »

31. Marx : *Introduction à la critique...*

32. *Euthydème,* 290 c. 291 a.

33. Citation textuelle des *Sept contre Thèbes* d'Eschyle.

34. *Phèdre,* 266 b-c.

35. Comme Hobbes dans le *Léviathan,* Spinoza pose dans le *Tractatus* la question : Quelle est la parole de Dieu ? Qui la prophétise ? Quels sont les vrais et les faux prophètes ? Hobbes répondait (*Léviathan,* chap. 38) : c'est l'Église anglicane qui sanctifie les livres saints ; Spinoza, de la même manière (*TTP,* chap. 19) : « Le règne extérieur de Dieu » ne peut être établi que si un droit positif, des décrets, renforcent la lumière naturelle. Et c'est la vraie raison pour laquelle, hors toute préoccupation de « libre arbitre », il attaque les sectes et les Églises.

36. A l'exception peut-être de Kant.

37. C'est Staline lui-même qui, en 1924, dénonce la social-démocratie comme l'« aile modérée du fascisme » et déclare ces deux tendances « non point antithétiques mais jumelles ». Des effets concrets de cette ligne et de son impact sur le terrain, on trouvera de nombreux et spectaculaires exemples dans le livre de Jan Valtin : . *Sans patrie ni frontière,* Dominique Wapler, 1941, réédition Lattès, 1975.

38. Cf. *Frankfurter Zeitung* du 26 août 1931 : devant l'étrange conjonction des mots d'ordre, l'identique clameur autour de la libération « nazionale und soziale », ce quotidien titre : « L'anneau se referme ». Cf. également Joseph Rovan : *L'Allemagne n'est pas ce que vous croyez*. Seuil, 1978

39. La formule se trouve en toutes lettres dans l'hebdomadaire d'Otto Strasser en date du 26 août 1930.

40. Cf. *Frankfurter Zeitung,* 30 octobre 1930.

41. Cf. Jean Pierre Faye : *Langages totalitaires,* Hermann.

42. Au moins, au plan électoral.

43. Anarchiste allemand, antinazi de la première heure, cité dans Eve Dessarre : *les Sacrifiés,* Olivier Orban, 1978. Cf. aussi Trotsky lui-même, à qui la ligne Neumann semble si redoutable qu'il éprouve le besoin de publier en 1931 son *Contre le national-communisme* (édité en France, chez Marcel Rivière, sous le titre fautif de *Contre le national-socialisme*).

44. Hannah Arendt : *Eichmann à Jérusalem,* Gallimard, 1966.

45. Léon Poliakov : *le Bréviaire de la haine,* Livre de Poche, 1974, p. 344.

46. André Gide : *Voyage au Congo,* 1927, et *le Retour du Tchad,* 1928, Gallimard, où il accusait les compagnies concessionnaires de soumettre les Africains au travail forcé. Procès en diffamation. Qu'il gagne. Après quoi le monopole de la Forestière ne sera pas renouvelé.

Aujourd'hui encore, il est quelques hommes qui, dans la grande clameur de l'ordre partisan, ont l'audace de dire les vertus de lucidité. Ainsi, Jean Daniel (« Le retour de la belle âme », *le Nouvel Observateur,* 1977) que je tiens pour l'un de ceux qui, depuis vingt ans, font l'honneur de la gauche française.

47. E. Jünger : *Traité du rebelle,* éd. du Rocher, 1957.

48. Par exemple, l' « union de salut public » des pasteurs contre les chrétiens allemands.

49. Cité par Ève Dessarre, *op. cit.,* p. 165.

50. Goerdeler protégera, avec la même obstination, les juifs de sa ville. Il démissionnera en 1936 quand les nazis enlèveront contre sa volonté la statue de Mendelssohn.

51. Ossietzky : directeur de la *Weltbuehne,* prix Nobel de la paix en 1936, meurt le 4 mai 1938 dans un hôpital berlinois. Erich Mühsam : exclu du KPD en 1925, poète et orateur hors pair, il est arrêté le 26 février 1933 et meurt en camp de concentration en 1934. Ludwig Quidde, prix Nobel de la paix en 1937, directeur de la « Société allemande pour la paix », meurt aussi en déportation.

52. Ève Dessarre, *op. cit.,* p. 170.

53. Arrêté en 1933, il survit à la guerre et s'exile à Paris.

54. Ève Dessarre, *op. cit.,* p. 180. On trouvera dans ce témoignage bouleversant, des foules d'anecdotes et de portraits qui illustrent l'ampleur de cette résistance de l'intérieur

Chapitre 2

1. Leibniz : *Théodicée,* § 196-213.

2. Thèse officielle du Parti communiste français à la veille de son XXIIIe Congrès

3. Descartes : *Discours de la méthode.*

4. Épictète : *Diss.,* III, 17 ; III, 9, 3-4 ; IV, 7, 36-39. Marc Aurèle : XII, 16, 2 ; VIII, 4, 6.

5. C'est sans doute la fonction des intellectuels dits libéraux au sein des partis occidentaux. Au tableau d'honneur Jean Elleinstein et les auteurs de *l'URSS et nous,* Éditions Sociales, 1978.

6. Simone Veil, *le Matin,* 1er novembre 1978, à propos de l'affaire Darquier de Pellepoix

7. Dominique Desanti : *Drieu La Rochelle ou le séducteur mystifié,* Flammarion, 1978, dont je tiens à souligner, malgré le différend, la rigueur et le talent.

8. En quoi, qu'on le veuille ou non, Malraux n'est pas Drieu. Ni Nizan, Aragon.

9. Malebranche : *Recherche de la vérité,* I, 1, 2 ; *Traité de morale,* I, 3, 15

10. Henri Amouroux : *les Collabos,* Laffont, 1978.

11. Sbirer : *Histoire du IIIe Reich,* Livre de Poche, t. 2.

12. Chateaubriand : *Vie de Rancé,* Guilde du livre, p. 214 ; même thème chez Montaigne : les *Essais,* I, 18.

13. *L'Espoir ;* cf. aussi le « mourir le plus haut possible » de Tchen dans *la Condition humaine.*

14. Voir, sur ce point, les magnifiques analyses de Vladimir Jankélévitch dans *la Mort,* Flammarion, 1976, pp. 188 et suiv.

15. Ecclésiaste, VIII, 8.

16. Job, XIX, 8, 10, 20.

17. Genèse, IV, 3-16.

18. Genèse, IV, 6-7.

19. Genèse, IV, 8.

20. *Id.*

21. Genèse, IV, 7.

22. Ecclésiastique, III, 29.

23. Genèse, IV, 15.

24. Ricœur : *Finitude et Culpabilité,* Aubier-Montaigne, t. 2, p. 74.

25. Genèse, IV, 11.

26. Osée, IV, 12 ; Jérémie, IX, 14 ; II, 23 ; Ézéchiel, XXIII, 20.

27. Jérémie, V, 23 ; Jérémie, XXXI, 33 ; Ézéchiel, XI, 19 ; etc ; etc.

28. Guy Lardreau a souligné ce point dans la préface à *la Mort de Joseph Staline,* Grasset, 1977.

29. A l'exception de Paul Ricœur dans *Finitude et Culpabilité, op. cit.,* p. 222.

30. Genèse, II, 15.

31. Genèse, III, 1.

32. Genèse, II, 19.

33. Genèse, III, 14.

34. Genèse, III, 12 et 13.

35. Genèse, III, 6 et 7 ; voir sur ce point le commentaire de Ricœur, *op. cit.*

36. Isaïe, LI, 17, 22 ; Jérémie, XXV, 15 — 16 ; Jérémie, LI, 7 ; Lamentations, IV, 21.

37. Amos, *passim ;* et notamment VIII, 3 et 10.

38. Isaïe, XXVII, 1.

39. Isaïe, XXIV, 3-6 ; XXVIII, 22 ; XLIX, 19 ; Jérémie, IV, 27 ; Ézéchiel, V, 9.

40. Isaïe, V, 1, 7 ; Ézéchiel, XVII, 10.

41. Michée, II, 7-9.

42. Habacuc, I, 2.

43. Platon : *le Politique.*

44. Cf. Philippe Nemo : *Job et l'excès du Mal, op. cit.*

45. C'est la propre définition de la « philosophie de l'Histoire ».

46. Jérémie, *passim.*

47. Genèse, IV, 8.

48. Genèse, III, 5.

49. Isaïe, V, 20.

50. Deutéronome, XV, 11 ; commenté dans Talmud *Derachoth,* 34b.

51. Cette dépossession n'est-ce pas cet abus de pouvoir dont parle Ézéchiel à propos

de ceux qui « capturent les âmes » des hommes pour « assurer la vie de leur propre âme » ? (Ézéchiel, XVIII, 8).

52. Psaumes, XVIII, 3 ; Isaïe, LI, 1 ; Psaumes, XVIII, 32 ; Habacuc, I, 12 ; Deutéronome, XXX2, 18 ; II Samuel, XXII, 3 ; Psaumes, CXLIV, 2 ; Isaïe, XLIV, 8 ; Psaumes, LXXIII, 26.

Chapitre 3

1. Esdras, I, V, VI ; Daniel, *passim,* notamment X.
2. Isaïe, LI, 1 ; Deutéronome, XXXII, 18.
3. Jérémie, XVIII, 6 ; Lamentations, IV, 2.
4. Isaïe, LI, 1.
5. Aristote : *la Métaphysique.*
6. Isaïe, LI, 1.
7. Isaïe, LI, 2.
8 Isaïe, LI, 1.
9 Le mot hébreu ***Maqqébéth,*** « cavité », évoque ***neqébah,*** « femme »
10. Isaïe, LI, 3.
11. Genèse, VI, 6 : « Yahvé se repentit d'avoir fait l'homme sur la terre et il s'irrita en son cœur. Yahvé dit : Je supprimerai de la surface du sol les hommes que j'ai créés, depuis les hommes jusqu'aux reptiles et jusqu'aux oiseaux des cieux, car je me repens de les avoir faits. »
12. J'emprunte le mot à Jean-Joseph Goux · *les Iconoclastes,* Seuil, 1978.
13. *Mein Kampf, op. cit.*
14. Genèse, II, 6.
15. Isaïe, LI, 23.
16. Isaïe, *id.*
17. Genèse, IV, 1.
18. Genèse, IV, 2.
19. « J'ai acquis (qanîtî) un homme », dit Ève en Genèse, IV, 1. Quant à Abel, son nom vient de Hébél, « souffle ».
20. Genèse, XXV, 21.
21. Genèse, XXV, 22.
22. Genèse, XXVII.
23. Genèse, XXV, 27.
24. Isaïe, L, 13, 14 : « Mais où est la fureur de l'oppresseur ? Celui qui est prostré va bientôt être libéré. »
25. Psaumes, XVIII, 1.
26. II Samuel, XVII, 3.
27. Isaïe, LI, 4.
28. Isaïe, LI, 10.
29. Nahum, I, 4.
30. Genèse, VI, 7.
31. Ézéchiel, XXXVI, 36
32. Psaumes, CIV, 1 à 4, puis 10 à 15
33. Jérémie, XXXI, 9.
34. La Sagesse de Salomon, XIX, 6
35. Exode, XXXI, 18.
36 Exode, XXXII, 15.

37. Jérémie, XXXI, 31-32
38. Josué, VIII, 32. De même, Deutéronome, XVII, 18 : « Quand il sera assis sur le trône de sa royauté, il écrira pour lui un double de cette Loi sur un livre d'après les prêtres... »
39. Genèse, XXXII, 3.
40. Exode, XIX, 9.
41. Exode, XIX, 12.
42. Par exemple, Jérémie, XIX, 15.
43. Jérémie, XXXIII, 22.
44. Sophonie, I, 15 ; Psaumes, XIII, 2, etc.
45. Cf. Levinas, *Difficile liberté, op. cit.*
46. Habacuc, I, 4.
47. Jérémie, II, 8.
48. Deutéronome, XXXIV, 10.
49. Jérémie, VIII, 5.
50. Jérémie, XXXI, 31.
51. Ézéchiel, III, 3.
52. Ézéchiel, III, 1.
53. Ézéchiel, XXXIV, 2 ; puis 4 et 5.
54. I Samuel, VIII, 5.
55. I Samuel, X, 22.
56. I Samuel, XVI, 14.
57. Deutéronome, XXIX, 14.
58. Exode, XXXIV, 12.
59. Cf. Anders Nygren : *Éros et Agapè,* Aubier, 1962, t. 1, p. 58.
60. Luc, X, 25 et suiv. ; Marc, XII, 28 et suiv.
61. Matthieu, XXII, 38 et suiv.
62. Exode, XXXIV, 12.
63. Jean, XVII, 11.
64. Matthieu, V, 44 ; Matthieu, V, 45 ; Matthieu, II, 17 ; Matthieu, X, 8 ; Luc, XV, 4 ; Luc, XV, 11 à 32.
65. Job, XXXIV, 11 ; Psaumes, XII, 13 ; Proverbes, XXIV, 12 ; Jérémie, XVII, 10 ; Jérémie, XXXII, 19.
66. Matthieu, XX, 1 à 16.
67. Jonas, IV, 11.
68. Matthieu, V, 38 et suiv.
69. Psaumes, XVII, 8 et 9.
70. Psaumes, XVIII, 21 et 22.
71. Psaumes, IX, 10 ; Psaumes, XXXI, 4.
72. Genèse, IV, 14.
73. Jonas, IV, 11.
74. Proverbes, III, 32.
75. Proverbes, III, 31.
76. *Id.*
77. Ézéchiel, XIV, 3 à 8.
78. Deutéronome, XIX, 14.
79. Exode, XX, 5 ; Exode, XXXIV, 7 ; Nombres, XIV, 18 ; Deutéronome, V, 9.
80. Jérémie, XXXI, 29 ; Ézéchiel, XVIII. ; Deutéronome, XXIV, 16 ; Isaïe, LIX, 18.
81. Psaumes, XLII ; XLIV.
82. Genèse, IV, 15.

83. Nombres, XXXIV, 19.
84. Deutéronome, XIX, 6.
85. *Ibidem ;* Dhorme traduit simplement : « qu'il ne le frappe à mort ».
86. Deutéronome, XIX, 2 ; Nombres, XXXIV, 6, 11, 13.
87. Deutéronome, XIX, 3.
88. Exode, XXXIV, 7 ; cf. aussi Jérémie, XXX, 11.
89. Psaumes, XXXVII, 220.
90. Nombres, XIV, 18 ; Psaumes, LXXVIII, 38 ; Psaumes, LXXXVI, 15 ; Exode, XXXIV, 6 ; Nahum, I, 3.
91. Exode, XXXIV, 7.
92. Psaumes, XXXII, 1-5 ; Psaumes, CIII, 10.
93. Polémique avec Hannah Arendt ; recueilli dans *Fidélité et Utopie,* Calmann-Lévy, 1979.

Chapitre 4

1. Isaïe, XLIX, 4 ; XLVIII, 4 ; L, 2.
2. Deutéronome, VII, 17.
3. Ézéchiel, II, 5.
4. Ézéchiel, XIII, 3 ; Deutéronome, XVIII, 10.
5. Jérémie, XVIII, 18.
6. Ézéchiel, III, 5.
7. Jérémie, XVIII, 18.
8. Proverbes, VIII, 23 ; comparer Job, XL, 19 ; Ecclésiastique, I, 4 ; XXIV, 9.
9. Genèse, IV, 1.
10. Proverbes, VIII, 23.
11. Proverbes, VIII, 24-31.
12. Isaïe, LXII, 6.
13. Isaïe, XLIV, 7, XLIII, 10.
14. Ézéchiel, VI, 8.
15. Isaïe, X, 13-23.
16. Michée, V, 6.
17. Jérémie, XLIV, 28.
18. Ecclésiastique, XLVII, 22.
19. Isaïe, VI, 13.
20. Ézéchiel, VI, 12.
21. Genèse, VII, 1.
22. Michée, VII, 2.
23. Michée, VII, 4.
24. Isaïe, X, 13.
25. C'est le sens propre de « créature ».
26. Josué, IV, 20-24.
27. Josué, XXIV, 25-27.
28. Isaïe, XLIII, 10 ; XLIV, 8.
29. Exode, XXXI, 18 ; XXXII, 15 ; XXXIV, 29.
30. Psaumes, LXXVIII, 5.
31. Psaumes, CXIX, 32.
32. Psaumes, CXIX, 2.
33. C'est le cas d'Éli « assis sur le siège à côté de la route, en train de guetter, car son

cœur était anxieux à cause de l'arche d'Élohim » (I Samuel, IV, 3). Et le chroniqueur ajoute : « or Éli était âgé de quatre-vingt-dix-huit ans et ses yeux étaient figés, et il ne pouvait plus voir » (I Samuel, IV, 15)

34. Ézéchiel, III, 16-21.
35. II Rois, IX, 17-20; II Samuel, XVIII, 24; I Samuel, XIV, 16; Isaïe, LII, 8
36. Isaïe, XXI, 11.
37. Isaïe, XXI, 12.
38. Isaïe, XXI, 11.
39. Job, VII, 4.
40. Deutéronome, XXVIII, 63-68.
41. Job, VII, 4.
42. Job, VII, 6.
43. Job, VII, 1.
44. Deutéronome, XXVIII, 65.
45. Isaïe, XXI, 7.
46. Isaïe, XXI, 10.
47. Job, VII, 7 et 9.
48. *Phénoménologie.*
49. « Maladie du souvenir » est une expression des nouveaux maîtres du Cambodge dont un des premiers soucis fut, comme on sait, de détruire toute archive.
50. Psaumes, XLIV.
51. Deutéronome, XXI, 15-21; cf. aussi Genèse, XXV, 31, 34; XXVII, 36; XLIII, 33.
52. Cf. de Jean-François Revel, le remarquable *Sur Proust*, Gonthier, Biblio Médiations, n° 67.
53. Encore, le « modernisme ».
54. Genèse, IV, 7.
55. Psaumes, CXXXV, 13; CII, 13.
56. Zacharie, XI, 7, 17.
57. Zacharie, XIII, 14.
58. II Rois, I, 8; Matthieu, III, 4; Marc, I, 6.
59. Abel : « Hébél ».
60. Genèse, IV, 8 : « comme ils étaient aux champs ».
61. Genèse, IV, 4 : « Abel, de son côté, apporta les premiers-nés de son petit bétail, avec leur graisse. »
62. Zacharie, XIII, 15 : « Je ne suis pas prophète, je suis cultivateur du sol. »
63. Ecclésiastique, XLIV, 9.
64. Ecclésiastique, XLIV, 8.
65. Amos, I, 1.
66. Amos, VII, 14.
67. Amos, VII, 16.
68. Amos, VII, 14.
69. Isaïe, I, 8.
70. Isaïe, LXII, 7.
71. Isaïe, LXIII, 3-6.
72. Cf, par exemple, Barbey d'Aurevilly : *Du dandysme et de George Brummell*, Gallimard, Pléiade, 1966, pp. 694, 689, 703, 687.
73. Cf. aussi Isaïe, LIX, 7 : « Leurs pieds courent au Mal et sont prompts à verser le sang innocent. »

COLLECTION « FIGURES »
dirigée par Bernard-Henri Lévy

PARUS

Jean-Paul Dollé, *Voie d'accès au plaisir.*
Philippe Nemo, *l'Homme structural.*
Jean-Marie Benoist, *la Révolution structurale.*
Michel Serres, *Zola, Feux et signaux de brume.*
Gilles Susong, *la Politique d'Orphée.*
Christian Jambet et Guy Lardreau, *l'Ange.*
François Châtelet, Jacques Derrida, Michel Serres, Michel Foucault, Jean-François Lyotard, *Politiques de la Philosophie* (textes réunis par Dominique Grisoni).
Françoise Paul-Lévy, *Karl Marx, histoire d'un bourgeois allemand.*
Michel Guérin, *Lettres à Wolf ou la répétition.*
Jean-Luc Marion, *l'Idole et la distance.*
L'Identité : Séminaire dirigé par Claude Lévi-Strauss, 1974-1975.
Bernard-Henri Lévy, *la Barbarie à visage humain.*
Jean-Paul Dollé, *l'Odeur de la France.*
Michel Le Bris, *l'Homme aux semelles de vent.*
Catherine Clément, *les fils de Freud sont fatigués.*
Guy Lardreau, *la Mort de Joseph Staline.*
Philippe Nemo, *Job et l'excès du mal.*
Christian Jambet et Guy Lardreau, *le Monde.*
Laurent Dispot, *la Machine à terreur.*
Armando Verdiglione, *la Dissidence freudienne.*
Jean-Paul Aron et Roger Kempf, *le Pénis et la démoralisation de l'Occident.*
Guy Scarpetta, *Brecht ou le soldat mort.*
Catherine Clément, *l'Opéra ou la défaite des femmes.*

A PARAÎTRE

Claudie et Jacques Broyelle, *le Procès Camus.*
Michel Guérin, *le Génie du philosophe.*
Dominique Grisoni, *Propos barbares.*
Jérôme Bindé, *les Hommes de fiction.*

TABLE DES MATIÈRES

Troisième partie
Le miracle du nom

Quatrième partie
La Bible de Résistance

Achevé d'imprimer le 17 octobre 1979
sur presse CAMERON,
dans les ateliers de la S.E.P.C.
à Saint-Amand-Montrond (Cher)
pour le compte des éditions Grasset
61, rue des Saints-Pères, 75006 Paris

Nº d'Édition : 5215. Nº d'Impression : 1061.
Dépôt légal : 4ᵉ trimestre 1979.
Imprimé en France

ISBN 2-246-00764-X